Belles Histoires Zen

Dhamma Bouddha

Published by Dhamma Bouddha, 2024.

While every precaution has been taken in the preparation of this book, the publisher assumes no responsibility for errors or omissions, or for damages resulting from the use of the information contained herein.

BELLES HISTOIRES ZEN

First edition. June 26, 2024.

Copyright © 2024 Dhamma Bouddha.

ISBN: 979-8227877581

Written by Dhamma Bouddha.

Table des Matières

Le voici...

CHAO CHOU DEMANDE À NAN CHUAN : "QU'EST-CE QUE LE TAO ?"

NAN CHUAN A RÉPONDU : "L'ESPRIT ORDINAIRE EST LE TAO".

CHAO CHOU A ENSUITE DEMANDÉ : "COMMENT PEUT-ON L'ABORDER ?"

NAN CHUAN A RÉPONDU : "SI VOUS VOULEZ VOUS EN APPROCHER, VOUS LE MANQUEREZ CERTAINEMENT".

"SI VOUS NE L'APPROCHEZ PAS, COMMENT POUVEZ-VOUS SAVOIR QU'IL S'AGIT DU TAO ?

"LE TAO N'EST NI UNE QUESTION DE SAVOIR, NI UNE QUESTION DE NE PAS SAVOIR. SAVOIR EST UNE FAÇON ILLUSOIRE DE PENSER, ET NE PAS SAVOIR EST UNE QUESTION D'INSENSIBILITÉ.

SI L'ON PEUT RÉALISER LE TAO SANS ÉQUIVOQUE, SON ESPRIT SERA COMME LE GRAND ESPACE - VASTE, VIDE ET CLAIR. COMMENT PEUT-ON ALORS CONSIDÉRER CECI COMME JUSTE ET CELA COMME FAUX ?"

EN ENTENDANT CETTE REMARQUE, CHAO CHOU S'EST IMMÉDIATEMENT RÉVEILLÉ.

Nous entrons aujourd'hui dans le monde très particulier du zen. Il est très spécial parce qu'il s'agit de l'état de conscience le plus ordinaire - c'est sa spécialité. L'esprit ordinaire veut toujours être extraordinaire ; seul l'esprit extraordinaire se détend dans l'ordinaire. Seul l'exceptionnel est prêt à se détendre et à se reposer dans l'ordinaire. L'ordinaire se sent toujours inférieur ; c'est à cause de ce complexe d'infériorité qu'il essaie d'être spécial. Le spécial n'a pas besoin de faire d'effort pour être spécial - il est spécial. Il y a

Il n'y a pas de complexe d'infériorité en lui. Il ne souffre d'aucun vide. Il est si plein, si débordant, qu'il peut être ce qu'il est.

Le monde du zen peut être qualifié de plus spécial et aussi de plus ordinaire. C'est un paradoxe si l'on regarde de l'extérieur ; si l'on regarde de l'intérieur, il n'y a pas de paradoxe du tout. C'est un phénomène très simple. La fleur de rose, le souci, le lotus ou le très ordinaire brin d'herbe n'essaient pas du tout d'être spéciaux. Du brin d'herbe à la plus grande étoile, ils vivent tous dans leur nature. Il n'y a pas d'effort, pas de lutte, pas de désir. Il n'y a pas de devenir. Ils sont absolument heureux dans leur être. Il n'y a donc pas de comparaison, pas de compétitivité. Et il n'y a pas de question de hiérarchie - qui est inférieur et qui est supérieur. Personne n'est inférieur, personne n'est supérieur. En fait, la personne qui essaie de se prouver qu'elle est plus élevée est plus basse.

La personne qui accepte ce qu'elle est avec joie - pas avec résignation, attention, pas avec désespoir mais avec une profonde compréhension - et qui en est reconnaissante, reconnaissante envers l'existence, reconnaissante envers le tout - est la plus élevée.

Jésus le dit : Heureux les derniers de ce monde, car ils seront les premiers dans mon royaume de Dieu. Il parlait un langage différent parce qu'il s'adressait à un autre type de personnes, mais la déclaration a la qualité du zen. Ceux qui sont les derniers... Mais si vous essayez d'être les derniers, vous n'êtes pas les derniers, souvenez-vous.

C'est ce que font les chrétiens depuis des centaines d'années : essayer d'être les derniers pour être les premiers dans le royaume de Dieu. Ils sont passés à côté de l'essentiel. Être le dernier - non pas par l'effort, non pas par la lutte, mais par la simple compréhension que "quoi que je sois, je suis ; il n'y a pas d'autre façon pour moi d'être. Je ne peux pas être quelqu'un d'autre, je n'ai pas besoin d'être quelqu'un d'autre. C'est ainsi que le tout veut que je sois et je me détends. Je m'abandonne à la volonté du tout..."

Un maître zen ne dira pas : "Tu seras le premier". C'est parce que Jésus parlait à des gens qui ne connaissaient pas du tout le zen. Jésus savait ce qu'est le zen. Il est allé en Inde, au Ladakh, au Tibet, et on raconte qu'il est même allé au Japon. Il y a un endroit au Japon où les gens pensent qu'il est venu et qu'il a visité. C'est possible, car pendant dix-huit ans, il a voyagé, passant d'une école de mystère à une autre. Mais il devait parler d'une manière juive.

Les Juifs sont des personnes très orientées vers un but, qui essaient toujours d'arriver quelque part. Même les hindous sont très orientés vers un but ; c'est pourquoi ils n'ont pas pu comprendre Gautam le Bouddha, ils l'ont mal compris. Bouddha était mieux compris par les Chinois, et encore plus par les Japonais, pour la simple raison que les Chinois ne sont pas aussi spiritualistes - parce que lorsque quelqu'un est spiritualiste, il a un but, un but dans l'autre monde. Il veut être spécial quelque part, si ce n'est pas dans cette vie, c'est dans la suivante, si ce n'est pas ici, c'est après la mort, si ce n'est pas sur la terre, c'est au paradis.

Le paradis n'est que l'imagination des personnes qui mènent une vie orientée vers un but. Ils ne peuvent être religieux que s'il existe un but au-delà de la mort. Une fois qu'ils ont un but, ils sont prêts à tout sacrifier pour lui. Ils ne peuvent pas être simplement religieux - la religion n'est pas leur compréhension, la religion n'est pas leur joie, la religion n'est pas leur façon d'être ; c'est leur désir, c'est encore une fois, au fond, un trip de l'ego. C'est l'ego qui crée le paradis.

Les Chinois n'ont jamais été des spiritualistes comme l'ont été les Indiens. Ils n'ont jamais été très orientés vers un but, contrairement aux Juifs qui ont toujours été orientés vers un but, toujours à la recherche d'une solution.

la terre promise. La terre promise, c'est l'Hérenov, et depuis trois mille ans, ils la cherchent et la cherchent encore. La recherche a commencé avec Moïse, elle continue et elle continuera. Ils attendent toujours la venue du Messie. C'est à cause de leur attente et de leur recherche qu'ils n'ont pas pu accepter Jésus comme le Messie, car s'il est le Messie, qu'adviendra-t-il de leur attente et de leur recherche ? S'il est le Messie promis, alors quoi ? Que feront-ils alors ? Tout leur mode de vie est ancré dans la recherche d'une terre promise, dans la recherche d'un sauveur. S'il est le sauveur, toute leur joie disparaît. Ils ne peuvent pas l'accepter pour la simple raison qu'ils veulent continuer à désirer, à rêver et à devenir.

Les Chinois, d'une certaine manière, étaient des gens très différents. Bouddha les a immédiatement séduits ; il a connu un succès immédiat dans la conscience chinoise. Au Japon, il a même pénétré plus profondément, car les Japonais ont toujours été très terre à terre ; ils vivent ici et maintenant.

Zen, le mot même, vient d'une racine sanskrite, dhyana. Il s'agit d'une erreur de prononciation d'une autre erreur de prononciation d'une autre erreur de prononciation d'une autre erreur de prononciation. Je ne suis donc pas le seul à mal prononcer les mots ! C'est une vieille habitude des personnes éveillées. Le mot sanskrit est dhyana. Bouddha l'a prononcé comme jhana - la première erreur de prononciation a commencé avec Gautam le Bouddha. Lorsqu'il est arrivé en Chine, les maîtres chinois, Hui Neng et d'autres, l'ont prononcé comme chana, et finalement chana a été raccourci en chan. Lorsqu'il est arrivé au Japon, Rinzai et d'autres maîtres l'ont prononcé comme Zen. Il s'agit du même mot sanskrit, dhyana, mais avec chaque changement, il a pris une saveur différente ; avec chaque changement de climat, il a pris un nouveau parfum. Il est devenu de plus en plus beau. Aujourd'hui, il est bien plus beau qu'il ne l'a jamais été, et il a parcouru un long chemin.

Du dhyana au zen, il y a une formidable évolution ; de nouvelles dimensions inimaginables sont apparues, à tel point que si les anciens voyants sanskrits et védiques découvrent le zen, ils ne croiront pas que c'est ce qui est arrivé à leur dhyana. Il est passé presque à la polarité opposée, mais il est devenu beaucoup plus beau, beaucoup plus esthétique, beaucoup plus gracieux, beaucoup plus féminin. Il n'a rien perdu.

D'ordinaire, c'est l'inverse qui se produit : au fil du temps, les choses se détériorent. Ce n'est pas le cas du zen. Avec chaque âge qui passe et avec la conquête d'un nouveau pays, d'un nouveau climat et d'un nouveau peuple, le zen était si capable qu'il a absorbé de nouvelles qualités ; il s'est enrichi. Le zen était si capable qu'il a absorbé de nouvelles qualités ; il s'est enrichi. Il a commencé à faire pousser de nouvelles fleurs avec de nouvelles couleurs.

C'est la rencontre de tout le génie de l'Asie car le génie indien, le génie chinois et le génie japonais - ce sont les trois grands courants du génie asiatique - ont tous contribué au zen.

La première chose à comprendre est qu'elle n'est pas orientée vers un but. C'est un mode de vie actuel ; il n'a rien à voir avec une vie future, avec un quelconque paradis. Elle n'est pas, au sens ordinaire du terme, une autre branche de la spiritualité. Elle n'est ni spirituelle ni matérielle ; elle est une transcendance des deux. Ce n'est pas l'autre monde, ce n'est pas non plus ce monde-ci, mais c'est une grande synthèse.

Le maître zen vit dans la vie ordinaire, comme tout le monde, mais il vit d'une manière extraordinaire, avec une vision totalement nouvelle, avec une grande exquise, avec une énorme sensibilité, avec la conscience, la vigilance, la méditation, la spontanéité. Il n'y a rien de sacré dans le zen, rien de banal. Tout est un, indivisiblement un ; vous ne pouvez pas le diviser en mondain et sacré.

C'est pourquoi vous trouverez des maîtres zen engagés dans des activités très mondaines ; aucun saint hindou ne sera prêt à faire de telles choses. Il les qualifiera de mondaines. Aucun saint jaïn ne peut s'imaginer coupant du bois, tirant de l'eau du puits ou transportant de l'eau de la rivière - c'est impossible ! Ce sont des activités mondaines ; elles sont destinées aux gens du monde. Mais les maîtres zen ne font aucune distinction. Vous pouvez trouver un maître zen en train de couper du bois, de cuisiner, de tirer de l'eau du puits, de creuser un trou dans le jardin, de planter des arbres - toutes sortes d'activités ordinaires. Mais si vous l'observez, vous verrez la différence.

La différence est énorme, mais elle n'est pas quantitative : elle est qualitative. Il travaille avec une telle conscience, un tel silence, une telle joie et une telle célébration qu'il transforme toute l'activité.

Le jaïn, l'hindou, s'échappent du monde. Le maître zen vit dans le monde et le transforme. Il y a là un grand message pour l'avenir de l'humanité - ce sera la voie de la religiosité future. La vieille idée de renoncer au monde a totalement échoué, entièrement échoué. Elle est fondamentalement erronée et peu pratique. Combien de personnes peuvent renoncer au monde ? - Seulement une très petite proportion, parce qu'ils doivent dépendre du monde. Le moine jaïn peut ne rien faire ; cela signifie simplement que d'autres personnes font les choses pour lui. Le saint hindou peut vivre dans une grotte au fin fond de l'Himalaya, mais quelqu'un lui apporte de la nourriture depuis le village, des vêtements viennent à lui et tout ce dont il a besoin.

Si le monde entier vit comme des moines et des nonnes, qui s'occupera de ces personnes ? Ce sera un suicide mondial ! Ils mourront de faim. C'est une idée très peu pratique pour transformer le monde en un mode de vie religieux.

Le zen est très pragmatique, pratique. Il dit que c'est stupide ; renoncer est tout simplement inintelligent - transformez !

Soyez là où vous êtes, mais d'une manière nouvelle. Et quelle est cette nouvelle façon ? Ne pas être compétitif. Être compétitif, c'est être mondain. Rappelez-vous l'accent : il ne s'agit pas de vivre dans le monde ou d'aller dans les montagnes - être compétitif, c'est être mondain. Vous pouvez aller dans les grottes, mais il y a d'autres saints qui vivent dans d'autres grottes et il y aura de la concurrence ; alors vous avez créé un autre monde.

Ils discuteront alors pour savoir qui atteint de nouveaux siddhis, de nouveaux pouvoirs, qui peut jeûner davantage, qui peut se torturer davantage, qui peut s'allonger sur un lit de clous, qui peut vivre sans vêtements dans le froid de l'hiver, qui peut s'asseoir sous un soleil brûlant avec du feu tout autour de lui - qui est le saint le plus haut placé. Il y aura une hiérarchie.

Une fois, j'ai été invité par un shankaracharya... il doit y avoir eu une erreur. Il ne connaissait pas ma façon de penser. Il m'a invité. J'étais ravi. J'ai dit : "C'est une bonne occasion !" J'y suis donc allé, et bien sûr, il y a eu de gros problèmes.

Les premiers problèmes ont commencé lorsque nous avons été présentés l'un à l'autre. Le shankaracharya était assis sur un trône d'or et, juste à côté de lui, il y avait un trône d'or plus petit sur lequel était assis un autre moine hindou, et d'autres moines étaient assis sur le sol.

Le shankaracharya m'a dit : "Vous devez vous demander qui est cet homme qui est assis à mes côtés sur le petit trône. Il a été juge en chef de la Haute Cour, mais c'est un si grand homme spirituel qu'il y a renoncé. Il a renoncé au monde, à son salaire élevé, à son poste, à son pouvoir. Il est devenu mon disciple. Et il est si humble qu'il ne s'assoit jamais sur la même plate-forme que moi".

J'ai dit : "Je vois qu'il est très humble - il est assis sur un trône plus petit que le vôtre - mais d'autres...".

sont assis par terre ! S'il est vraiment humble, il devrait creuser un trou dans le sol et s'y asseoir - s'il est vraiment humble ! Il n'est humble qu'envers vous, mais il est très arrogant envers les autres".

Et je pouvais voir la colère... Les deux personnes sont devenues très en colère. Pendant un moment, elles ne savaient plus quoi dire ou ne pas dire. J'ai dit : "Vous voyez votre humilité - vous êtes tous les deux en colère ! Et cet homme est toujours assis ! S'il est humble, il devrait descendre. Creusez un trou immédiatement ! Ne vous accrochez pas au trône.

Et puis il y aura une compétition, bien sûr. D'autres creuseront des trous plus grands... Ensuite, il y a un puits à l'extérieur dans le jardin - il doit sauter dans le puits pour être la personne la plus humble !

Toutes ces idées stupides sont véhiculées depuis des siècles, mais de nouvelles compétitions voient le jour.

Et j'ai dit au shankaracharya : "Il attend simplement que vous mouriez, et immédiatement il sautera sur votre chaise, il s'y assiéra. Il attend simplement ; il est déjà à mi-chemin. Il prie dans son cœur : "Vieux fou, meurs vite !" afin de pouvoir dire à quelqu'un d'autre de s'asseoir sur le petit trône et de le présenter comme une personne très humble. Ni vous ni lui n'êtes humbles. S'il est humble en s'asseyant sur un trône plus petit, alors qui êtes-vous ? Vous êtes assis sur un trône plus élevé que lui. Et s'il ne s'agit que de s'asseoir plus ou moins haut, qu'en est-il de l'araignée au plafond ?

Il est le plus haut ! Il est le plus grand, parce qu'il est plus haut que vous ; vous ne pouvez pas aller plus haut que lui.

Et qu'en est-il des oiseaux qui volent dans le ciel ?

"Si c'est ainsi, vous n'avez renoncé à rien. Vous transportez la même vieille stupidité sous de nouveaux noms."

Seuls les noms ont changé, les vieux rêves continuent. Les anciens désirs, les anciens egos sont toujours renforcés. Vous pouvez aller dans n'importe quel monastère et vous verrez que la même compétition persiste.

Le zen a une approche différente. Il dit : "Soyez dans la vie : Soyez dans la vie - la vie n'est pas mauvaise. Si quelque chose ne va pas, c'est dans votre vision. Vos yeux sont embrouillés, votre miroir de conscience est poussiéreux. Nettoyez-le ! Créez plus de clarté.

Si la compétitivité disparaît, vous êtes dans le monde et pourtant vous n'êtes pas dans le monde. Si l'ambition disparaît, il n'y a plus de monde. Mais comment l'ambition et la compétition peuvent-elles disparaître ?

Nous continuons à créer de nouvelles voies. Quelqu'un essaie d'avoir plus d'argent que vous et quelqu'un d'autre essaie d'être plus vertueux que vous. Quelle est la différence ? Quelqu'un essaie d'avoir plus de connaissances que vous, quelqu'un d'autre essaie d'avoir plus de caractère que vous. C'est le même désir, le même rêve, le même sommeil. Et les gens continuent à rêver encore et encore. Leurs rêves changent, mais ils ne se réveillent jamais.

Un homme va voir une prostituée. Ils font l'amour et il va de plus en plus loin.

Puis, avant qu'il ne s'en rende compte, une de ses jambes glisse à l'intérieur de la femme, puis son autre jambe, et avant qu'il ne puisse se raccrocher à quelque chose, son corps tout entier disparaît à l'intérieur de la femme.

Il marmonne "Mon Dieu !", perdu dans l'obscurité. Au-dessus de sa tête, il sent une botte. Il la saisit et la tire vers le bas ; avec la botte vient une jambe, puis une autre botte et une autre jambe, et enfin, voici !

un autre homme.

"L'homme dit : "Oh, qu'est-ce que tu fais ici ? As-tu aussi couché avec cette prostituée ?"

"Oui, répond l'homme avec impatience, mais je n'ai pas le temps de répondre aux questions pour l'instant. J'ai perdu mon cheval ! Avez-vous vu mon cheval blanc quelque part ?

Les rêves changent, mais vous continuez à tomber dans tel ou tel rêve, et vous continuez à vous perdre dans les ténèbres. La question est de s'éveiller, pas de changer ses rêves, pas de substituer un autre rêve à l'ancien, pas de créer un nouveau rêve à la place de l'ancien.

Un homme était assis au milieu de la route et agitait les bras comme s'il ramait sur un bateau, ralentissant ainsi la circulation urbaine.

Un automobiliste impatient sort de sa voiture et s'approche à grands pas de l'homme. "Hé, vous êtes fou ou quoi ? Qu'est-ce que tu fais ?"

"Je rame un bateau", répond l'homme. "Voulez-vous faire un tour ?"

"Mais où est votre bateau ?"

"Quoi ? Pas de bateau ?", s'alarme le passeur. "Alors nous ferions mieux de commencer à nager !"

Si quelqu'un vous dit que c'est un rêve, que ce n'est qu'une illusion, vous commencez immédiatement un autre rêve, une autre illusion.

La pièce est un échec et, au fur et à mesure que le deuxième acte avance, le public s'effondre. Enfin, après avoir sauvé sa dulcinée d'une bande de voleurs, le héros se tourna vers elle et lui dit d'un geste majestueux : "Voilà, ma chérie, je les ai tous chassés !".

Les mots de gratitude de l'héroïne sont interrompus par une voix laconique provenant de la dernière rangée : "Pas encore, jeune homme ! Nous sommes encore dix à dormir ici !"

Chacun dort de manière différente, dans des postures différentes, en faisant des rêves différents. Les chrétiens font des rêves différents ; c'est pourquoi leur paradis est différent. Les hindous font des rêves différents, les jaïns font des rêves différents, les mahométans font des rêves différents, les communistes font des rêves différents. Leur paradis n'est pas au-delà de la tombe ; ils espèrent l'avoir un jour - mais un jour, pas maintenant, pas pour vous. À l'avenir, il y aura un temps où la société deviendra sans classes, où il n'y aura plus d'exploitation, plus d'oppression, où il n'y aura plus de pauvres, plus de riches, où il n'y aura plus d'État. Même l'État s'étiolera parce qu'il n'y aura pas besoin de gouverner - les gens seront si bons, si gentils. Il n'y aura plus besoin d'aucun gouvernement. Cela aussi, c'est un rêve. C'est un rêve au même titre que l'ancien paradis, l'ancien ciel et l'ancien firdaus ; il n'y a rien de très différent là-dedans.

Vous pouvez remplacer la Bible par Das Kapital ou par la Gita ou par le Coran, mais vous restez la même personne.

Le zen insiste sur le fait qu'à moins que votre conscience ne subisse une transformation radicale, rien ne change.

Vous resterez mécanique, votre vie restera mécanique.

Une nuit, Staline se promène devant l'hôtel russe à Moscou. Soudain, il entend un bruit sourd, regarde en bas et voit à ses pieds le cadavre d'un jeune Russe. Il lève les yeux et aperçoit une lumière provenant d'une chambre située au dixième étage. Il se précipite, ouvre la porte et aperçoit un Anglais.

"Vous l'avez jeté par la fenêtre ? demande Staline.

"Non, répond l'Anglais. "Nous avons pris cette chambre ensemble. Avant de me coucher, j'accrochais ma veste au cintre, comme le veut l'habitude anglaise ; il mettait la sienne sur la chaise, comme le veut l'habitude russe. J'ai mis mon pantalon dans l'armoire, comme le font les Anglais ; il a mis le sien sous le matelas, comme le font les Russes.

A minuit, quelqu'un a frappé furieusement à la porte. Je suis allé ouvrir, comme le veut l'habitude anglaise, et il a sauté par la fenêtre, comme le veut l'habitude russe !"

Les habitudes diffèrent, et parfois certaines habitudes peuvent s'avérer dangereuses, mais les gens vivent à travers leurs habitudes et non à travers leur conscience ; les gens vivent mécaniquement. Vous pouvez leur dire de renoncer au monde et ils y renonceront - aussi mécaniquement qu'ils vivaient dans le monde. Vous pouvez leur dire d'être nus, de renoncer même à leurs vêtements, ils y renonceront aussi mécaniquement qu'ils mettaient leurs vêtements tous les jours.

La question est de savoir comment cette mécanique peut être supprimée. La question est bien plus profonde que les symptômes extérieurs - la racine doit être changée.

À son retour sur Terre, un astronaute décrit la planète Mars et ses habitants, hommes et femmes. "Les femmes martiennes ont une particularité étonnante : leurs fesses sont à l'avant et leurs seins à l'arrière", a-t-il déclaré sérieusement.

"Mais c'est horrible !" s'exclame le journaliste.

"Pour regarder, oui, répondit l'astronaute, mais c'est merveilleux pour danser !

Un homme marchait dans la rue, très contrarié. Il était tellement bouleversé qu'il a croisé un ami qui lui a dit "Bonjour". Il ne l'a même pas remarqué. L'ami s'est alors tourné vers lui, l'a attrapé par la cravate et lui a dit : "Qu'est-ce qui ne va pas, mon gars ? Tu ne m'as pas vu ?"

Le premier a repoussé la main de sa cravate et a dit : "Ne tirez pas encore sur ma cravate - ne la tirez pas ! Je suis tellement dans la merde aujourd'hui que si vous la tirez encore, je vais tirer la chasse d'eau !".

Ce sont les gens - vous pouvez les rendre religieux, ils iront à l'église pleins de merde ! Ils iront dans les temples, ils peuvent devenir hindous, mahométans, chrétiens, tout ce que vous voulez... un peu plus de merde ! Ils portent tellement de choses, ils peuvent en porter un peu plus. En fait, quand ils n'en ont pas assez, ils se sentent vides !

Le zen est une transformation radicale de la conscience. Il vous purifie totalement et sa méthode de purification est unique ; elle n'a jamais été essayée auparavant. C'est la plus grande contribution à la conscience humaine.

CHAO CHOU DEMANDE À NAN CHUAN : "QU'EST-CE QUE LE TAO ?"

Il n'est pas possible de répondre à cette question. Il y a des questions auxquelles on peut répondre et d'autres auxquelles on ne peut pas répondre. Les questions auxquelles on peut répondre relèvent de la science et les questions auxquelles on ne peut pas répondre relèvent de la religion. Les questions auxquelles on ne peut pas répondre sont les vraies questions parce qu'elles sont enracinées dans le mystère même de l'existence - c'est pourquoi on ne peut pas y répondre.

Cette question semble très innocente.

CHAO CHOU DEMANDE À MAÎTRE NAN CHUAN : "QU'EST-CE QUE LE TAO ?"

La question semble simple, mais c'est la question la plus impossible. La poser montre que l'on ne comprend pas du tout ce que l'on demande. Tao est un autre nom de "isness". Vous ne pouvez pas demander : "Qu'est-ce que la bonté ?". On ne peut qu'en faire l'expérience. Comment pouvez-vous demander : "Qu'est-ce que la bonté ?"? On peut en faire l'expérience - et c'est maintenant qu'on peut en faire l'expérience, pas demain. Elle vous entoure, vous la respirez, vous en faites partie. C'est le battement de cœur même de votre existence. Il bat dans votre sang. C'est votre conscience.

Écoutez ce moment de silence... c'est ça ! Mais il n'y a aucun moyen d'y répondre. Oui, on peut l'indiquer.

C'est pourquoi les maîtres zen disent : "Les bouddhas ne font que montrer la lune - ne vous attachez pas à leurs doigts. Ce ne sont que des doigts qui montrent la lune - regardez la lune. Les doigts ne sont pas la lune. Les doigts qui montrent la lune ne sont pas la lune elle-même."

Le Tao n'est qu'un mot, très arbitraire, qui ne signifie rien. C'est juste un doigt qui pointe vers l'essence de l'existence. Les oiseaux qui gazouillent, les arbres qui se dressent en silence, et vous tous qui êtes assis ici dans une profonde communion, avec un immense amour dans vos cœurs... C'est cela ! Mais ce n'est pas une réponse.

CHAO CHOU A DEMANDÉ : "QU'EST-CE QUE LE TAO ?"

NAN CHUAN A RÉPONDU : "L'ESPRIT ORDINAIRE EST TAO".

L'une des plus belles réponses jamais données, et l'une de celles qui contiennent la vérité ultime - si simple et pourtant si prégnante :

"L'ESPRIT ORDINAIRE EST LE TAO.

Qu'est-ce que l'esprit ordinaire ? Lorsqu'il n'y a rien dans l'esprit, lorsque vous ne désirez rien, lorsque vous ne demandez rien, lorsqu'il n'y a pas de questions dans votre esprit, pas d'interrogations, pas de curiosités, lorsqu'il n'y a pas de rêves qui s'agitent dans votre esprit, pas de pensées, pas de souvenirs, pas de projections, pas de passé, pas de futur... alors l'esprit est tout à fait ordinaire.

Dans cet esprit ordinaire, vous ferez l'expérience du Tao parce que vous ferez l'expérience de l'être. C'est à cause de vos désirs, de vos rêves et de votre ivresse de rêves que vous continuez à manquer ce qui est toujours disponible, ce qui est toujours en face de vous, ce qui est à l'extérieur et à l'intérieur, ce que vous n'avez jamais perdu un seul instant, ce que vous ne pouvez pas perdre même si vous voulez le perdre - c'est votre nature intrinsèque. Mais tant de pensées dans l'esprit créent un nuage autour de vous, et le trafic est toujours là.

Observez la circulation de l'esprit et vous serez surpris : il n'y a pas un seul instant de vide. Et chaque fois qu'il y a un vide, il y a un goût de Tao. Un appel lointain du coucou... et pendant un instant, vous oubliez toutes vos pensées. L'appel du coucou est si beau, si pénétrant ; il va comme une flèche dans votre cœur. Pendant un instant, tout s'arrête... et soudain, vous goûtez au Tao. Vous appelez cela la beauté parce que vous ne savez pas ce que c'est. Oui, la beauté est l'un de ses aspects. Un coucher de soleil, les nuages sont tout dorés, le soleil tombe dans l'océan, et l'océan entier est devenu une source de lumière.

La lumière est rouge, et même la respiration s'arrête un instant. L'émerveillement est tel ! Vous appelez cela de l'admiration parce que vous ne savez pas ce que c'est ; c'est un autre aspect du Tao. Vous voyez une belle femme ou un bel homme et, pendant un instant, vous oubliez tout le reste. Vos yeux restent concentrés, sans ciller ; vous oubliez même de cligner des yeux. Vous pouvez appeler cela la beauté physique, la forme, la proportion - ce sont tous des aspects du Tao. Cette nuit pleine d'étoiles, vous vous allongez sur l'herbe en regardant le ciel, frappé par sa splendeur - vous l'appelez splendeur - c'est un autre aspect du Tao.

En écoutant de la musique, quelque chose se passe au plus profond de votre être, une synchronicité se produit. Vous vous êtes mis au diapason de la musique, une danse subtile naît en vous. Vous appelez cela de la musique ? Vous appelez cela de la poésie ?

C'est le Tao, un autre aspect du Tao.

Le Tao a une réalité multidimensionnelle. Le Tao est l'expérience la plus riche au monde. La personne qui connaît le Tao est l'homme le plus riche du monde ; elle possède le plus grand trésor inépuisable. Même les Alexandrins sont des mendiants comparés à lui. En connaissant tous les aspects du Tao, on devient soi-même le Tao, car lorsqu'on se familiarise avec ces aspects du Tao, on se familiarise lentement avec soi-même - car c'est aussi la dimension intérieure du Tao. Le coucher de soleil fait partie de la dimension extérieure, la musique fait partie de la dimension extérieure. Et le témoignage, la vigilance, l'expérience de la crainte, de la beauté, de l'émerveillement, de la joie, de l'amour, sont des aspects de la dimension intérieure. Il n'y a alors que l'état d'être.

Bouddha avait l'habitude de l'appeler suchness - tathata ; tathata signifie exactement Tao. Vous pouvez l'appeler isness ; isness vous rendra les choses plus claires, car "Tao" semble être un mot étranger. Mais ne le traduisez pas par Dieu ; il peut être traduit par Dieu, mais vous devenez alors immédiatement victime des nombreuses associations qui sont devenues partie intégrante du mot "Dieu". Dieu signifie également Tao, mais entre les mains des prêtres, des missionnaires et des théologiens, le mot a été corrompu ; ils l'ont empoisonné.

Friedrich Nietzsche dit : "Dieu est mort". Il n'est pas mort, il a été assassiné - assassiné par les prêtres, par les théologiens, par les politiciens, assassiné par les soi-disant saints, les soi-disant personnes saintes. Le mot "Dieu" est aussi beau que le mot "Tao" s'il peut être retiré des mains laides dans lesquelles il est tombé.

Tao n'a jamais fait partie d'une prêtrise. Aucun temple n'a été construit pour Tao, aucune statue n'a été sculptée. Les adeptes, les amoureux du Tao sont restés très vigilants - pas de prière, pas de culte, pas de rituel. C'est ainsi qu'ils ont préservé sa pureté, son innocence, sa beauté. Il est toujours vierge.

CHAO CHOU DEMANDE À NAN CHUAN : "QU'EST-CE QUE LE TAO ?"

NAN CHUAN A RÉPONDU : "L'ESPRIT ORDINAIRE EST TAO".

N'essayez pas d'être extraordinaire de quelque manière que ce soit - et c'est ce que tout le monde fait. Nous sommes élevés de telle manière que nos parents, nos professeurs, tout le monde nous répète sans cesse : "Sois le premier, sois spécial, sois exceptionnel !

J'aimais mon père pour de nombreuses raisons. L'une d'entre elles est qu'il ne nous a jamais dit, à moi et à mes autres frères et sœurs, d'être compétitifs. Je ne me souviens pas qu'il nous ait jamais dit : "Vous devez être les premiers, vous devez faire tous les efforts possibles pour être les meilleurs de la classe". En fait, il n'était jamais certain de la classe dans laquelle je lisais à l'école. Chaque fois que quelqu'un demandait : "Dans quelle classe votre fils lit-il ?"

il me demandait : "Dans quelle classe lis-tu ?". Il ne demandait jamais après les examens et les résultats, si tu avais réussi ou échoué, comme si cela ne le concernait pas du tout.

Il avait beaucoup de belles qualités, mais c'est celle-là que j'aimais le plus chez lui. Il n'empoisonnait pas nos esprits en devenant compétitif.

Si mes professeurs venaient le voir et lui disaient : "Votre fils ne va pas à l'école, il est espiègle, il crée des problèmes, il n'est jamais attentif, il regarde toujours par la fenêtre, il est continuellement puni mais n'apprend jamais rien...". Sur sept jours, au moins cinq jours, il se tient à l'extérieur de la classe parce qu'il est puni pour se tenir à l'extérieur - il s'y plaît !

Si nous lui donnons une punition, si nous lui disons : "Va courir sept fois autour du bâtiment de l'école", il fait dix-sept fois le tour. Nous avons l'air idiot, et si nous lui disons : "C'est une punition", il répond : "Pour toi, c'est peut-être vrai, mais aujourd'hui, je n'ai pas fait d'exercice, alors c'était bien".

Merci beaucoup ! Il ne se passe pas un jour sans qu'il ne soit envoyé chez le directeur. Le directeur est tellement fatigué de lui qu'il ne lui demande jamais ce qu'il a fait, il le punit et le renvoie, c'est devenu une routine. C'est devenu une routine. Et il est voué à l'échec.

Et mon père dira : "Et alors ? Qu'il échoue ! Peu d'étudiants sont condamnés à échouer ; le système entier est tel que tous ne peuvent pas réussir, donc quelqu'un est condamné à échouer. Et s'il fait partie de ceux qui échouent ? Et je ne sais pas dans quelle classe il étudie, donc je ne saurai jamais s'il échoue ou s'il réussit".

Il n'a jamais regardé mes certificats. Chaque fois que j'apportais un certificat, il me disait : "Si tu signes toi-même, tu peux te débrouiller !". Alors je les signais pour lui.

Lorsque, à l'université, j'étais en tête de liste et que j'ai reçu la médaille d'or, il a eu l'air un peu fâché. Il m'a dit : "Ce n'est pas bien, parce que pour toi, ça n'a pas d'importance - je te connais - mais pour quelqu'un d'autre, la médaille d'or aurait été quelque chose de très précieux !"

Je l'ai aimé pour ces qualités. Ce sont ces qualités qu'il faut donner à chaque enfant : la non compétitivité, la non ambition.

Quand je suis revenu de l'université, il ne m'a jamais demandé : "Qu'est-ce que tu veux faire maintenant ?" Tout le village me demandait : "Qu'est-ce que tu vas faire maintenant ? Vas-tu devenir collectionneur ?

Allez-vous devenir professeur, ou ceci et cela, parce que vous êtes en tête de liste ? Tu peux obtenir n'importe quel service, ce que tu veux". Il n'a jamais rien demandé à ce sujet.

Lorsque je suis devenu professeur d'université, il m'a demandé : "À quoi bon aller à l'université ? Pourquoi ne pas être simplement enseignant à l'école primaire ? C'est juste devant nous !"

Lorsque j'ai quitté l'université, tous ceux qui me connaissaient sont venus me dire : "Ne démissionne pas d'un si beau poste. Et tu as de grandes possibilités - tôt ou tard, tu seras vice-chancelier de l'université. Attendez !" C'est la seule personne qui était heureuse et qui m'a dit : "Bien ! Ne vous inquiétez pas.

Si tu as besoin d'argent ou si tu as des problèmes, dis-le-moi. Je suis encore en vie, je peux vous aider. Si tu ne veux pas travailler, ne travaille pas ; ou si tu veux faire une petite chose, tu peux faire une petite chose. Si vous voulez devenir potier, devenez potier. Ou si vous voulez devenir tisserand, devenez tisserand. Si vous voulez filer, j'ai un beau rouet ; je vous le donnerai. Et si vous ne voulez rien faire, ne vous inquiétez pas - je peux me débrouiller, je travaille encore. Tant que je suis en vie, tu n'as pas à t'inquiéter".

C'était la seule personne... Même mes ennemis m'ont dit : "Ce n'est pas bien, vous devriez retirer votre démission." Même le ministre de l'éducation m'a appelé personnellement et m'a demandé de retirer ma démission. Même le ministre de l'éducation m'a appelé personnellement et m'a demandé de retirer ma démission : "Vous avez peut-être donné à un moment donné et vous vous en repentirez peut-être plus tard.

Un jour, il a vu mes diplômes. Il m'a dit : "Vous avez quitté l'université, vous avez abandonné le service - pourquoi ne pas brûler ces certificats ?". C'est lui qui m'a suggéré l'idée et je les ai brûlés immédiatement. J'ai dit : "C'est très bien !..."

Nous entraînons nos enfants dès le départ dans la jalousie, l'envie. Nous les poussons à se battre, à lutter.

Toute notre conception de la vie est basée sur la survie du plus fort, et le plus fort signifie le plus fort, le plus rusé. Quels que soient les moyens, tout le monde s'en moque. Il faut atteindre un but, il faut faire ses preuves. Vous devez montrer au monde que vous n'êtes pas une personne ordinaire.

Et l'esprit ordinaire est le Tao. C'est pourquoi le monde manque de joie, de félicité, de bénédiction - parce que nous rendons tout le monde fou.

Tout notre système éducatif crée une sorte de névrose, et quiconque est en avance dans cette névrose devient très célèbre. Aujourd'hui, les personnes qui deviennent présidents et premiers ministres, les personnes mondialement connues, les personnes puissantes, si vous observez leur vie, vous ne trouverez rien d'autre que des névroses. Vous ne trouverez que de l'anxiété, de l'angoisse, de la folie. Ils bouillonnent intérieurement, parvenant d'une manière ou d'une autre à se donner un visage - même pas un visage, ce n'est qu'un masque.

C'est le plus grand alcool qui affecte la conscience humaine. Nous ne pouvons pas voir juste parce que nous sommes dans un état d'ivresse. Ce que nous voyons n'est pas là et ce qui est là, nous ne le voyons pas. Et si toute notre vie est à l'envers, il n'y a rien d'étonnant à cela.

Un ivrogne tournait autour de la statue de Joseph Staline en sanglotant désespérément. Un policier, curieux, s'approche de lui et l'entend dire : "Je jure que je ne boirai plus jamais une goutte, je le jure !".

Le policier eut pitié de lui et lui demanda pourquoi il était si désespéré. Et l'ivrogne de répondre : "J'en vois deux comme lui !".

Un seul Joseph Staline suffisait... deux !

Un homme a consulté un psychanalyste. Il souffrait de double vision : il voyait tout comme deux, et non comme un. Il regardait un pilier et en voyait deux, et bien sûr, il y avait une difficulté : lequel est le vrai ? Mais d'une manière ou d'une autre, il se débrouillait : il devait tâtonner pour trouver lequel était le vrai. Il regardera la porte et il y aura deux portes : laquelle est la vraie ? Et il y avait tous les risques qu'il essaie de passer par la porte irréelle, et qu'il se heurte alors au mur.

Un jour, il a dû aller chez le psychanalyste parce qu'en rentrant chez lui, il a vu sa femme - pas une, mais deux - et il s'est confié à sa femme. Il n'en avait parlé à personne, il s'en sortait tant bien que mal.

C'était de plus en plus difficile. Même marcher sur la route était très difficile ; il devait être consciemment sur ses gardes. Et il dit à sa femme : "Je dois avouer que j'ai commencé à voir deux choses au lieu d'une. En ce moment, je vous vois tous les deux !"

Et sa femme a dit : "C'est bien. Vous en gardez un et je pars avec quelqu'un d'autre !"

C'était trop ! Alors il s'est précipité, il a dit : " Attendez, attendez un peu ! Je vais aller voir le psychanalyste. Maintenant c'est l'heure, il faut que j'y aille."

Il est allé voir le psychanalyste. Le psychanalyste l'a regardé - pas lui, en fait, mais la salle - et lui a dit : "Alors vous dites que vous voyez des choses doubles - tous les quatre ?"

Il voyait quatre choses au lieu d'une !

Nos psychothérapeutes, nos psychanalystes sont toujours bien plus fous que les fous. Notre terre est vraiment une grande maison de fous ! Et nous en avons fait un asile.

Une femme a appelé le psychiatre dans un état de grande agitation. "Docteur, docteur !" s'écrie-t-elle. "Depuis ce matin, mon mari est convaincu qu'il est un cheval.

"Ne vous inquiétez pas, répond le médecin, votre mari est jockey. Il ne s'agit peut-être que d'une déformation professionnelle passagère. Amenez-le-moi, je serai là pendant les deux prochaines heures."

"Merci, docteur", s'exclame la femme, soulagée. "J'arrive dans une minute. Je n'ai plus qu'à le seller et nous arriverons au galop !"

Parce que tous sont fous, ne pas être fou devient très difficile. C'est pourquoi Jésus a souffert, Socrate a souffert, Bouddha a souffert. Ce sont des gens qui ne sont pas fous.

Or cet homme, Nan Chuan, est condamné à souffrir dans un monde qui vit pour des objectifs, pour de grands idéaux. Un tel homme est condamné à souffrir parce qu'il dit :

"L'ESPRIT ORDINAIRE EST LE TAO.

L'effort même pour être extraordinaire est l'effort pour devenir fou. La santé est le Tao. Être sain, c'est savoir ce qu'est le Tao, être sain, c'est être dans le Tao. Si vous ne faites pas l'expérience du Tao, cela signifie simplement que, d'une manière ou d'une autre, vous êtes fou. Mais comme tout le monde est comme vous, vous ne le sentirez pas. Devenir sain d'esprit parmi ces fous crée des problèmes. Soudain, vous vous retrouvez seul, soudain la foule est contre vous. Soudain, vous voyez que personne n'est d'accord avec vous, que tout le monde n'est pas d'accord.

Vous serez forcément tué, assassiné, lapidé, empoisonné, parce que la foule ne tolérera pas votre existence.

Mais toutes ces personnes qui ont connu la vérité ont vu ce simple fait : il suffit d'être ordinaire, rien d'autre n'est nécessaire.

Telle est mon approche. Je ne vous donne pas de grands idéaux.

DHAMMA BOUDDHA

L'autre jour, Akam a posé une question sur le fait qu'un de mes sannyasin a abandonné le sannyas en Hollande et est devenu le disciple d'un mahatma hindou qui prétend connaître le secret de l'immortalité - l'immortalité physique. La façon dont Akam a rédigé la question est telle que j'ai l'impression qu'Akam se sent également attiré.

Akam, tu fais la même chose. Tu abandonnes le sannyas et tu deviens aussi le disciple du mahatma - parce que je veux me débarrasser de toutes sortes d'imbéciles. Et ces mahatmas sont bons : ils m'aident à obtenir la paix.

se débarrasser des gens stupides. L'immortalité physique... Depuis des millions d'années, l'homme sait que tout le monde doit mourir et que tout le monde meurt. Bouddha est mort, Mahavira est mort, Krishna est mort, Lao Tzu est mort, Jésus est mort, Mahomet est mort - tout le monde meurt ! Un mahatma insensé, un homme fou peut encore attirer les gens. Cela signifie simplement que les gens sont fous. Et ce n'est pas nouveau - ce type de personnes a toujours existé. Ces personnes ont un avantage : de leur vivant, vous ne pouvez pas prouver qu'elles ont tort, et une fois qu'elles sont mortes, que pouvez-vous faire ?

Sri Aurobindo avait l'habitude de dire la même chose, à savoir qu'il était parvenu à connaître le secret de l'immortalité physique. Sa mort a été un choc, car il avait des milliers d'adeptes. Quelques-uns de mes amis étaient présents dans son ashram et m'ont rapporté que pendant vingt-quatre heures, la nouvelle n'a pas été diffusée à l'extérieur de l'ashram parce que personne ne pouvait croire que Sri Aurobindo puisse mourir : "Il connaît le secret de l'immortalité physique, il doit donc dormir profondément ou être entré dans un SAMADHI profond". Mais combien de temps peut-on attendre ? Au bout de vingt-quatre heures, il est devenu absolument clair qu'il était mort. Mais les imbéciles sont des imbéciles - ils attendirent encore deux jours ! Bien sûr, la nouvelle s'est répandue, mais ils ont quand même attendu trois jours. Lorsque le corps a commencé à sentir mauvais, lorsque tout a prouvé qu'il était absurde de garder ce corps, ils l'ont enterré - toujours avec le désir qu'il revienne dans un nouveau corps. Et ils attendent toujours.

Et puis ils ont commencé à penser que la Mère, qui était le successeur de Sri Aurobindo, vivrait éternellement. Par hasard, elle a vécu très longtemps, et leurs espoirs sont devenus de plus en plus grands : "Elle connaît certainement le secret de l'immortalité physique !" Mais un jour, elle est morte. A nouveau le choc...

Et cela s'est produit à maintes reprises. Mais une chose est sûre : on ne peut rien faire lorsqu'une personne est morte. On ne peut pas discuter avec lui, on ne peut pas lui dire : "Et vos théories ? Qu'est-il advenu de vos théories ?" Tant qu'il est en vie, vous ne pouvez évidemment pas le réfuter. Et il y a toujours des imbéciles qui s'intéressent à toutes sortes de choses stupides.

Seules les personnes très intelligentes peuvent comprendre cette affirmation :

"L'ESPRIT ORDINAIRE EST LE TAO.

Être absolument ordinaire, vivre une vie ordinaire, manger quand on a faim, boire quand on a soif, dormir quand on a sommeil, être jeune quand on est jeune, vieux quand on est vieux et mort quand on est mort... ! N'essayez pas de vous forcer à marcher même si vous êtes mort. N'essayez pas de vivre une existence posthume. N'essaie pas d'être un fantôme !

J'ai entendu un fantôme dire à un autre fantôme : "Quoi que tu dises, je ne crois pas aux gens !".

Même les fantômes ne croient pas en vous, mais vous croyez aux fantômes ! Même les fantômes ne sont pas assez stupides pour croire en vous, mais votre stupidité ne connaît pas de limites.

Le zen ne peut attirer que des personnes très intelligentes. N'importe quel idiot peut être attiré par l'idée de l'immortalité physique ou de siddhis comme... Le Maharishi Mahesh Yogi a trouvé le siddhi du vol. Qu'allez-vous faire en volant ? Mm ? Vous aurez l'air tout simplement stupide ! Imaginez-vous en train de voler dans cette salle de Bouddha... et si votre pyjama tombe... alors tenez votre pyjama et essayez de voler ! Et tout le monde tirera dessus ! Quel est l'intérêt de tout cela ? Même si vous pouvez voler, où allez-vous atterrir ?

Mais toutes sortes d'absurdités se poursuivent au nom de la religion. Plus c'est absurde, plus ça a l'air impossible, plus ça attire les névrosés. Les vérités simples n'attirent pas les névrosés.

Ce que je fais ici est très simple, très ordinaire, il n'y a rien de spirituel, rien de sacré. Je n'essaie pas de faire de vous des personnes saintes, j'essaie simplement de faire de vous des personnes saines, intelligentes et ordinaires qui peuvent vivre leur vie dans la joie, la danse et la célébration. Et c'est cela le Tao.

CHAO CHOU A ENSUITE DEMANDÉ : "COMMENT PEUT-ON L'ABORDER ?"

C'est ce que demande toujours l'esprit logique : "Comment ?" Si vous dites : "C'est l'esprit ordinaire", la personne logique demandera toujours : "Comment peut-on l'approcher ?" L'esprit logique continue à ne pas comprendre. S'il s'agit de l'esprit ordinaire, il n'est pas question de l'approcher ; il est déjà là. Vous l'avez, c'est déjà le cas. Mais votre esprit continue, encore et encore, par des chemins détournés, jusqu'au même point.

Vous avez toujours demandé : "Comment y parvenir ?" Si quelqu'un vous dit que vous pouvez obtenir des siddhis, des pouvoirs, vous demandez immédiatement : "Comment ?"

Nan Chuan ne parle pas de quelque chose de spécial. Il dit : L'esprit ordinaire que vous avez déjà... il n'y a pas de question de "comment" et il n'y a pas de question d'approche. Vous ne l'avez jamais perdu, vous l'avez simplement oublié. Il s'est recouvert, il suffit de le découvrir.

NAN CHUAN A RÉPONDU : "SI VOUS VOULEZ VOUS EN APPROCHER, VOUS LE MANQUEREZ CERTAINEMENT".

Si vous voulez vous en approcher, c'est un signe certain que vous allez le manquer parce que nous nous approchons de choses qui sont loin, nous nous approchons de choses qui ne sont pas disponibles, nous nous approchons de choses qui sont des objets dans le monde extérieur.

L'esprit ordinaire est votre subjectivité ; vous ne pouvez pas l'approcher. Qui va l'approcher ? C'est vous ! Il n'y a pas de séparation entre vous et l'esprit ordinaire. Vous créez maintenant une nouvelle illusion de séparation, d'où la question : "Comment l'approcher ?". Vous avez maintenant divisé le sujet - celui qui va s'approcher - et l'objet - celui qui doit être approché. Bien sûr, la question se pose alors : "Quels sont les moyens à mettre en œuvre ?"

Et tout cela n'a pas de sens. Aucun moyen ne doit être utilisé, aucune méthode n'est nécessaire. Il suffit de comprendre que l'on naît avec. Mais l'esprit logique persiste. Le disciple continue à demander : "Si vous ne l'approchez pas, comment savez-vous que c'est le Tao ? Nous devons l'approcher, l'étudier, le comprendre, le trouver, et alors seulement nous pourrons savoir que c'est le Tao."

Nan Chuan dit :

"LE TAO N'EST PAS UNE QUESTION DE SAVOIR..."

C'est le connaisseur, il ne peut donc s'agir d'une question de connaissance. Le connaisseur ne peut pas être connu ; on ne peut pas le réduire à un connu. Il ne peut être réduit à un objet. Il est toujours le connaisseur, le témoin ; il ne devient jamais le connu.

"IL NE S'AGIT NI DE SAVOIR NI DE NE PAS SAVOIR.

"Mais ne vous méprenez pas", essaie de dire Nan Chuan, car l'esprit logique saute immédiatement à l'opposé : s'il ne s'agit pas de savoir, alors il doit s'agir de ne pas savoir.

Il vous fait prendre conscience dès le départ qu'il ne s'agit ni de savoir, ni de ne pas savoir, car ce qui est de l'ordre du non-savoir peut devenir de l'ordre du savoir. Ce qui est inconnu aujourd'hui peut être connu demain. Beaucoup de choses étaient inconnues auparavant, elles sont maintenant connues. Beaucoup de choses inconnues aujourd'hui seront connues un jour.

La science ne connaît que deux catégories : le connu et l'inconnu. Et l'inconnu se transforme chaque jour en connu. L'idée ultime de la science est qu'un jour viendra où il n'y aura plus d'inconnu ; tout l'inconnu sera devenu connu. C'est le but de la science.

La religion commence par la troisième catégorie : l'inconnaissable. Il ne s'agit ni de savoir ni de ne pas savoir. Vous ne l'ignorez pas et vous ne le connaissez pas. Il transcende les deux, il est derrière les deux. Il se situe au-delà de toutes les divisions et dualités.

"SAVOIR EST UNE FAÇON ILLUSOIRE DE PENSER..."

Si quelqu'un dit : "J'ai connu le Tao, j'ai connu la vérité, j'ai connu Dieu, j'ai connu le Dhamma".

sait parfaitement qu'il a vécu dans l'illusion, car il est celui qui connaît et ne peut jamais devenir celui qui connaît.

"SAVOIR EST UNE PENSÉE ILLUSOIRE ET NE PAS SAVOIR EST UNE QUESTION D'INSENSIBILITÉ".

Ceux qui pensent "Nous ne savons pas" sont simplement insensibles, et ceux qui pensent "Nous savons" sont seulement égoïstes. Vous devez abandonner les deux - vous devez abandonner vos idées égoïstes de savoir et vous devez abandonner vos insensibilités. Vous devez devenir plus sensible et plus dépourvu d'égoïsme. C'est alors que se produit la transcendance. La vie devient alors très simple, sans complication, mais terriblement mystérieuse.

"SI L'ON PEUT RÉALISER LE TAO SANS ÉQUIVOQUE..."

Rappelez-vous, Nan Chuan dit : "Si l'on peut réaliser..." Il ne s'agit pas de savoir ou de ne pas savoir, mais de réaliser que "c'est moi !". C'est une reconnaissance. Si l'on peut reconnaître...

"SI L'ON PEUT RÉALISER LE TAO SANS ÉQUIVOQUE..."

Si vous avez des doutes, si vous hésitez, si vous vous demandez encore si c'est vrai ou non, cela signifie simplement que vous êtes encore dans le monde de la dualité. Lorsque l'on transcende la dualité, il n'y a plus de doute. Le doute est l'ombre de la dualité. Ainsi, lorsque l'on reconnaît sa nature, c'est indubitable, c'est indubitable. Il n'y a pas à se demander si c'est bien ou mal : c'est une évidence.

"SI L'ON PEUT RÉALISER LE TAO SANS ÉQUIVOQUE, SON ESPRIT SERA COMME LE GRAND ESPACE..."

Comme le ciel, sans limites, ouvert de tous côtés, infini. Il sera vaste, incommensurable. Il sera vide - il sera absolument vide de tout contenu. Elle ne sera qu'un miroir ne reflétant rien, qu'un lac silencieux,

absolument silencieux et absolument clair. C'est dans cette clarté que se trouve la bouddhéité, c'est dans cette clarté que se trouve l'éveil.

Cette clarté est un éveil.

"COMMENT PEUT-ON CONSIDÉRER CECI COMME JUSTE ET CELA COMME FAUX ?

Il ne reste rien. Il n'est pas question de ceci ou de cela, il n'y a donc pas de doute possible. C'est indubitablement ainsi. Il n'y a que le vide, la vaste clarté et le ciel infini. Et tout est silencieux : la dualité a disparu, le connaisseur a disparu, le connu a disparu, le voyant a disparu, le vu a disparu, l'observateur a disparu, l'observé a disparu, l'objectif, le subjectif... tout a disparu. Il n'y a qu'une pure clarté, un témoignage silencieux. En cela, il n'y a pas de contenu, de sorte que vous ne pouvez pas vous tromper en pensant que ceci est juste ou que cela est juste. Il n'y a plus rien, il n'y a plus de contenu. Par conséquent, c'est indubitablement ainsi, c'est indubitablement ainsi, c'est évident ainsi.

EN ENTENDANT CETTE REMARQUE. CHAO CHOU S'EST IMMÉDIATEMENT RÉVEILLÉ.

Si l'on sait entendre... Chao Chou vivait avec Nan Chuan depuis de nombreuses années, il ne faut donc pas croire qu'il s'agissait de la première rencontre avec le Maître : c'était en fait la dernière. Après cela, il n'y avait plus rien. Mais il a vécu avec le Maître en méditant, en s'asseyant silencieusement, en écoutant, en étant simplement avec le Maître, pendant des années - comme si le fruit était absolument mûr et qu'il suffisait d'une petite brise pour que le fruit tombe sur la terre. Cela ne serait pas arrivé si le fruit n'était pas mûr, souvenez-vous.

EN ENTENDANT CETTE REMARQUE...

La remarque est extrêmement significative, mais elle ne pénétrera dans votre cœur que si vous avez été en profonde communion avec le Maître. C'était le dernier effort de l'esprit, le dernier effort de la logique. Il était juste à la limite lorsque cette remarque a été faite, lorsque Nan Chuan a dit :

"SI L'ON PEUT RÉALISER LE TAO SANS ÉQUIVOQUE, SON ESPRIT SERA COMME LE GRAND ESPACE - VASTE, VIDE ET CLAIR. COMMENT, ALORS, PEUT-ON CONSIDÉRER CECI COMME JUSTE ET CELA COMME FAUX ?"

EN ENTENDANT CETTE REMARQUE, CHAO CHOU S'EST IMMÉDIATEMENT RÉVEILLÉ.

Cet éveil immédiat, cet éveil soudain est l'un des grands problèmes pour les autres, pour ceux qui ne comprennent pas le zen et son approche. Pour eux, la réalisation est un phénomène graduel, alors que pour le zen, elle est toujours soudaine, immédiate. Et elle doit être immédiate pour la simple raison que c'est votre nature qui s'ouvre. Toute remarque que vous pouvez laisser pénétrer en vous sera capable de faire le miracle. La question n'est pas de savoir si la remarque est très significative ou non ; parfois une remarque très insignifiante ou parfois juste une gifle du Maître ou parfois lorsque le disciple demande au Maître et que le Maître reste silencieux sans lui répondre... le silence ! Ou parfois, le disciple est assis sous l'arbre et une feuille sèche tombe de l'arbre... et la feuille tombe. Maintenant, il n'y a pas de remarque, l'arbre n'est pas conscient du disciple, la feuille ne tombe pas pour lui, mais juste la feuille qui tombe - et quelque chose se passe.

Tout ce qu'il faut, c'est un état de silence, de conscience méditative. Ensuite, n'importe quoi peut déclencher le processus, n'importe quoi d'anodin peut déclencher le processus.

L'illumination est forcément soudaine ; elle ne peut être graduelle car elle n'est pas un accomplissement. Il s'agit simplement de la découverte de quelque chose d'oublié. C'est un souvenir, une reconnaissance.

C'est ce qu'on appelle la transmission spéciale. Rien n'est transmis et pourtant quelque chose s'est passé.

C'est le miracle de la relation entre le Maître et le disciple. C'est le plus grand miracle qui existe, il n'y a rien de comparable, c'est incomparable.

Cela peut arriver ici - cela va arriver ici à beaucoup de gens. Au fur et à mesure que vous vous imprégnerez de moi, que vous serez capables de mettre de plus en plus de côté votre esprit logique, n'importe quel jour, n'importe quel moment - on ne sait jamais, c'est imprévisible... et quelque chose peut se produire. Et soudain, tout est clair, soudain le soleil s'est levé.

Essayez de ne pas être spécial. Soyez ordinaire et attendez en silence la transmission spéciale. Elle se produit.

Cela s'est déjà produit, cela peut se produire maintenant. C'est le chemin le plus facile vers Dieu, vers le Tao, vers la vérité ultime.

Venez le chercher !

L a première question
Question 1 :
MAÎTRE,
QU'EST-CE QUE LA COMPRÉHENSION ET QU'EST-CE QUE L'INCOMPRÉHENSION ?
Dharmaraj,

L'esprit est un malentendu - quel que soit le type d'esprit, bon ou mauvais, éduqué ou non éduqué, cultivé ou non cultivé, chrétien ou hindou, peu importe. L'esprit en tant que tel est un malentendu. L'esprit signifie que vous tirez des conclusions a priori ; vous ne voyez pas ce qui est, vous voyez ce que vous voulez voir. Vous ne voyez pas, vous projetez. Votre esprit est un projecteur ; il utilise tout comme une sorte d'écran, il se projette lui-même sur l'écran.

Le serpent n'existe pas, c'est votre peur qui est projetée, la corde devient un écran. Mais pour vous, le serpent devient aussi réel que s'il était vraiment là. Il peut vous affecter - il vous affectera. Vous pouvez commencer à trembler, à courir, à glisser sur une peau de banane, à tomber, à avoir une crise cardiaque - et toutes ces choses seront réelles. On peut même être tué ! Et il n'y avait pas de serpent du tout. C'est vous qui avez créé tout cela, vous l'avez inventé, vous l'avez projeté.

Le monde que nous connaissons n'est pas réellement le monde qui est ; c'est le monde que nous projetons. Il s'agit d'un malentendu. C'est pourquoi les mystiques orientaux ont appelé notre monde rien d'autre qu'un maya, un illusion. Cela ne signifie pas que les rochers ne sont pas là, que les murs ne sont pas là et que vous pouvez les traverser. Cela ne signifie pas que la matière n'existe pas. Cela signifie simplement que ce qui existe n'est pas connu par vous, et que ce qui est connu par vous est autre chose. Quelque chose existe certainement, mais reste inconnu de l'esprit.

L'esprit est une barrière. Il ne permet pas de voir, de sentir, de savoir, de comprendre. Il continue à créer des malentendus, il est la source de toutes les distorsions. Par conséquent, si le mental n'est pas mis de côté, la compréhension n'apparaît pas.

Comprendre signifie un état de non-esprit. C'est ce que signifie la méditation. La méditation est l'art de mettre l'esprit de côté, de ne pas lui permettre d'interférer, de ne pas lui permettre de s'interposer entre vous et le réel. Lorsque vous faites face au réel sans interférence d'aucune sorte - philosophique, politique, religieuse - lorsqu'il n'y a pas d'idée entre vous et le réel, lorsque le réel se reflète simplement en vous comme un arbre se reflète dans le lac ou comme la fac@ se reflète dans un miroir, alors il y a compréhension.

La compréhension est un sous-produit de la méditation ; l'incompréhension est une ombre de l'esprit. Et ce sont les deux seules façons dont un homme peut vivre : soit il vit en tant que mental, soit il vit en tant que méditation.

Si vous vivez comme un esprit, vous vivrez dans l'incompréhension. Mais parce que des millions de personnes autour de vous vivent également dans l'esprit, vous ne prenez jamais conscience de ce que vous faites à la réalité, de la façon dont vous la déformez, de la façon dont vous l'évitez continuellement.

Plutôt que de se familiariser avec la façon dont votre esprit fonctionne comme une barrière... ce n'est pas un pont.

Mais si vous vivez avec des gens qui ont le même esprit que vous... Un chrétien qui vit parmi des chrétiens n'aura jamais l'impression qu'il y a quelque chose de mal dans le christianisme. L'hindou peut le voir très facilement parce qu'il n'a pas la même projection. Le juif peut le voir très facilement ; il n'y a pas de problème. En fait, le juif ne peut pas comprendre comment tant de gens se laissent berner par une doctrine stupide. Le chrétien peut voir la bêtise de l'hindou, c'est tellement évident. L'hindou peut voir l'idéologie médiocre des mahométans ; il n'a pas besoin de beaucoup d'intelligence pour la voir. Le mahométan peut voir la même chose chez les hindous, les chrétiens et les juifs. Ils continuent tous à se quereller en essayant de prouver que l'autre a tort, mais en réalité, c'est l'esprit qui a tort.

C'est là toute la différence. Je ne vous dis pas que l'hindouisme est juste ou que le christianisme est juste ou que le judaïsme est juste. Je vous dis simplement que l'esprit est mauvais et que le non-esprit est bon. L'absence d'esprit ne peut pas avoir d'adjectif : il ne peut pas être hindou, mahométan ou chrétien. L'esprit peut avoir un adjectif. L'esprit aura un adjectif, il est obligé d'avoir un adjectif. Il aura une certaine définition, une certaine limitation. Le non-esprit est vaste comme le grand espace ; il est vide, il est clair. C'est la clarté, c'est la transparence.

Mais nous vivons tous dans nos préjugés parce que nous sommes tous tournés vers le passé. Ce qu'on nous a appris, nous le répétons, et ce qu'on nous a dit, nous le dirons à nos enfants. C'est ainsi que les maladies se transmettent d'une génération à l'autre. Nous appelons cela l'héritage, nous appelons cela la culture, la religion, nous appelons cela notre grand passé. Le passé est mort et porter les morts, c'est devenir mort soi-même.

Vivre dans le présent est la seule façon d'être vraiment vivant et d'être en phase avec la réalité. Dieu est toujours présent, jamais passé, jamais futur. Vous ne pouvez pas dire "Dieu était", vous ne pouvez pas dire "Dieu sera" - vous pouvez seulement dire "Dieu est".

Le non-esprit est : l'esprit n'est jamais. Soit il appartient au passé... Vous pouvez regarder à l'intérieur, vous pouvez juste essayer de le découvrir.

Je ne parle pas d'une théorie abstraite, j'énonce simplement un fait. Vous pouvez en faire l'expérience. Vous pouvez examiner chacune de vos pensées et vous verrez d'où elle vient ; elle appartient au passé. Ou peut-être avez-vous des désirs pour l'avenir ; cela aussi n'est rien d'autre qu'un passé modifié, un passé raffiné.

Mais l'esprit n'est jamais présent.

Et comprendre signifie être en phase avec ce qui est, être totalement en phase, en accord avec le Tao, avec Dieu, avec le dhamma, avec la vérité.

Mes sannyasins n'appartiennent à aucune religion ; ils ne peuvent pas y appartenir. Ils appartiennent à la réalité. Ils appartiennent à la réalité qui est à l'extérieur et à la réalité qui est à l'intérieur, et ils vivent dans une harmonie entre l'extérieur et l'intérieur. Cette harmonie est le summum de la compréhension.

Bouddha l'a appelée sagesse, prajna. Le Bouddha a dit que la méditation est le moyen et que la sagesse est la fin. La méditation est l'arbre et la sagesse est sa floraison. Mais les gens qui continuent à porter leurs préjugés, leurs idéologies, leurs doctrines politiques, leurs théologies, leurs nationalités, leur passé, restent stupides.

Si vous voulez rester stupide, accrochez-vous à l'esprit. L'esprit peut devenir très sophistiqué, mais ce n'est rien d'autre que de la stupidité sophistiquée. C'est la stupidité qui prétend être intelligente ; c'est ce que nous appelons l'intelligentsia, les soi-disant intellectuels. Ce ne sont pas vraiment des gens intelligents, ce ne sont que des prétentieux. Les professeurs, les auteurs, les philosophes, les érudits ne sont pas des personnes intelligentes, sinon ils auraient été des bouddhas ; ce ne sont que des intellectuels. Leur esprit est rempli de grandes informations - et l'esprit est capable de collecter de grandes informations.

Les psychologues ont découvert qu'un système mental unique possède un tel potentiel, presque inimaginable, de collecte d'informations, qu'il semble que cela ne puisse pas se produire. Comment cela est-il possible ? Les psychologues affirment que chaque esprit peut contenir toutes les informations contenues dans tous les livres du monde. Bien sûr, cette personne passera alors pour un grand intellectuel. Oui, elle possède une grande quantité d'informations - elle est devenue un ordinateur - mais si vous regardez dans sa vie, si vous regardez dans sa vie ordinaire ou dans les moments où ses informations ne sont d'aucune utilité, où elle doit faire face à la vie et réagir spontanément, vous verrez immédiatement sa médiocrité, sa stupidité.

Et il est bien connu que les érudits, les professeurs, les philosophes se comportent de manière très stupide dans les situations où la spontanéité est nécessaire. Si vous leur demandez quelque chose qu'ils savent déjà, sur lequel ils ont suffisamment d'informations, ils auront l'air de personnes très intelligentes. Mais il suffit d'une petite situation pour les démasquer.

Un grand savant séjourne dans un hôtel. Il est très contrarié et se plaint à l'employé de la réception de l'hôtel. "Il s'écrie : "Quel genre d'hôtel est-ce là ? "Il n'y a pas de papier hygiénique dans la salle de bains.

"Nous sommes vraiment désolés, monsieur. Il s'agit sans doute d'une erreur."

"C'est trop ! Hier soir, je n'ai pas pu me laver parce qu'il n'y avait pas de papier. Vous êtes une bande d'incompétents !"

Le directeur est venu à la rescousse de l'employé. "Monsieur, vous auriez dû appeler le service d'étage. Vous n'avez pas de langue ?"

"Bien sûr, mais je ne suis pas contorsionniste !"

Un professeur à l'œil de bois se tenait seul dans un coin de la salle de danse. Il était tellement gêné par son œil de bois qu'il ne se mêlait presque jamais aux autres. Il était très triste et solitaire. C'est alors qu'il aperçut une fille de l'autre côté de la salle qui était également seule. Elle avait une énorme verrue sur le nez.

"Il se dit qu'elle n'est pas très belle avec sa verrue et tout le reste, mais qu'à cela ne tienne, elle dansera peut-être avec moi.

Il rassembla donc tout son courage et s'approcha d'elle. "Voulez-vous... voulez-vous danser avec moi ?" balbutia-t-il.

Son visage s'éclaire. "Je le ferais ! Je le ferais !" s'écrie-t-elle.

Vexé, le professeur lui répond en criant : "Nez verruqueux ! Nez verruqueux !"

Toute petite situation dans laquelle ses informations ne sont pas applicables, dans laquelle sa bourse n'a rien à dire, suffira à révéler sa stupidité.

Dharmaraj, en ce qui concerne le zen, l'esprit est l'incompréhension et l'absence d'esprit est la compréhension. Si vous voulez comprendre, passez de l'esprit à l'absence d'esprit. Ne continuez pas à polir l'esprit. C'est ce que font les gens. Vous pouvez continuer à le polir toute votre vie ; vous aurez un esprit très poli à la fin, mais cela signifiera simplement un malentendu très poli. Il sera difficile pour les gens de le voir - votre stupidité sera très cachée - mais si vous rencontrez un Bouddha, vous serez exposé. Ses yeux à rayons X verront immédiatement que vous n'êtes que stupide et rien d'autre.

Lorsque Maulingaputta, un très grand et célèbre érudit de l'époque du Bouddha, vint le voir, il était vraiment venu pour se disputer avec lui. Il était venu avec ses cinq cents disciples. Ce genre de personnes peut toujours rassembler d'autres personnes stupides qui sont impressionnées par leurs informations. Il y a toujours assez d'imbéciles dans le monde. Si vous êtes un imbécile, ne vous découragez pas - vous pouvez toujours devenir un gourou parce qu'il y a de plus grands imbéciles que vous ! Et il n'y a pas de fin à tout cela. Il vous suffit de prendre votre courage à deux mains et de commencer à vous vanter de votre connaissance des Védas, de la Bible et du Coran, et vous verrez de nombreux imbéciles vous entourer. Ils ne comprendront peut-être pas un Bouddha - en fait, ils ne comprendront pas un Bouddha - mais ils vous comprendront. Bouddha leur semblera trop loin, trop éloigné, presque comme s'il vivait sur une autre planète. Mais vous êtes très proche d'eux ; au fond, vous êtes la même personne, de la même qualité, mais vous disposez d'une plus grande quantité d'informations qu'eux.

Et les gens sont très impressionnés par la quantité. Pour voir la qualité, il faut comprendre ; pour voir la quantité, il n'est pas nécessaire de comprendre. N'importe quel imbécile peut voir la quantité.

Cinq cents imbéciles suivaient Maulingaputta et il voyageait dans tout le pays pour vaincre les autres érudits. Il ne restait plus que Bouddha, qui pensait avoir conquis tout le monde. C'était un phénomène courant en Inde : les érudits parcouraient le pays, discutant, argumentant, débattant, vainquant, conquérant. C'est la même chose que d'autres font avec des épées - ils le faisaient avec leur esprit aiguisé. Ils utilisaient leur esprit comme une épée, se tranchant la gorge les uns les autres.

Il est venu à Bouddha, très arrogant, évidemment, parce qu'il connaissait tous les Vedas et toutes les Upanishads et qu'il connaissait toutes les traditions anciennes. Il était bien éduqué, bien cultivé. Il appartenait à une famille très célèbre.

famille d'érudits, célèbre depuis des générations. Son nom se répandait comme une traînée de poudre - et, bien sûr, cinq cents disciples l'accompagnaient.

Bouddha l'a regardé et la première chose qu'il a faite, c'est de rire.

Maulingaputta fut offensé. Il lui dit : "Pourquoi ris-tu ?"

Bouddha dit : "Je ris parce qu'une fois j'ai séjourné dans un village pendant la saison des pluies..."

Pendant la saison des pluies, Buddha restait quatre mois, car il était impossible de voyager. Pensez aux routes qui existaient vingt-cinq siècles auparavant - les routes indiennes ! Même aujourd'hui, pendant la saison des pluies, elles ne valent pas la peine d'être parcourues, et Bouddha se déplaçait à pied, ce qui était difficile, presque impossible. Il restait donc quatre mois au même endroit ; huit mois plus tard, il voyageait pour répandre sa parole.

Bouddha a dit : "Une fois, je suis resté dans un village pendant quatre mois. Chaque jour, je voyais un homme assis devant sa maison qui comptait toutes les vaches, tous les buffles et tous les taureaux qui allaient à la rivière pour boire de l'eau et qui revenaient de la rivière. Je me suis demandé pourquoi il comptait chaque jour le nombre de vaches, de taureaux et de buffles qui allaient à la rivière. Je lui ai donc demandé : "Que se passe-t-il ? Ces vaches, ces taureaux et ces buffles vous appartiennent-ils ? Pourquoi continuez-vous à les compter ?

Il a répondu : "Non, ils ne m'appartiennent pas, ils appartiennent aux habitants du village".

"Combien de vaches vous appartiennent ? lui ai-je demandé.

Il m'a dit : "Personne ne m'a jamais demandé cela. Je suis un homme pauvre. Je n'ai même pas une seule vache".

Bouddha lui dit : "Alors pourquoi continues-tu à compter ? Et tu as l'air si heureux de compter les vaches, les taureaux et les buffles des autres. Êtes-vous un imbécile ? Pourquoi perdez-vous votre temps ? Et chaque jour ! Il vaut mieux avoir sa propre vache, même si on n'en a qu'une, car elle vous donnera du lait et de la nourriture.

"En vous voyant, je me suis souvenu de cet homme, Maulingaputta.

Maulingaputta dit : "Quel est mon lien avec cet homme ? Êtes-vous fou ou quelque chose comme ça ? Pourquoi devriez-vous vous souvenir de cet homme ?"

Bouddha dit alors : "Je me souviens de cet homme parce que tout ce que vous savez ne vous appartient pas. Ce sont les vaches d'autres personnes - les Védas, les Upanishads. Je vois que ta tête est pleine de toutes sortes de choses, de belles paroles, de sages paroles. Ils vous ont donné l'air sage, mais vous n'êtes pas un homme sage. Dis-moi une chose : sais-tu ou ne fais-tu que répéter les Écritures ?

La question avait été posée de manière si soudaine. Personne ne l'avait posée auparavant, car Maulingaputta n'avait jamais rencontré de Bouddha. Il rencontrait d'autres érudits qui comptaient eux aussi - les vaches, les taureaux et les buffles des autres - et bien sûr, il en avait compté plus qu'eux.

Bouddha l'a regardé profondément et lui a dit : "Viens près de moi, laisse-moi te regarder dans les yeux et réponds-moi honnêtement : est-ce que c'est ton expérience ? Avez-vous fait l'expérience de Dieu ? Avez-vous fait l'expérience du samadhi ? Avez-vous fait l'expérience de la vérité ?"

Maulingaputta se sentit honteux, commença à regarder vers le bas et ne put lever la tête devant Bouddha.

Bouddha lui dit : "Au moins, tu es une personne sincère, une personne honnête. Je respecte ta sincérité - tu ne peux pas mentir. Voulez-vous faire l'expérience de la vérité, ou pensez-vous qu'il suffit que d'autres l'aient connue et que vous puissiez continuer à répéter leurs paroles comme un perroquet ?"

Maulingaputta répondit : "Oui, monsieur, j'aimerais le savoir."

Bouddha dit alors : "Asseyez-vous à mes côtés et, pendant deux ans, restez absolument silencieux - ne parlez pas, ne posez pas de questions, n'argumentez pas, n'étudiez pas. Jetez toutes vos écritures et, pendant deux ans, restez assis en silence à mes côtés. Au bout de deux ans, vous pourrez demander tout ce que vous voudrez."

Après ces deux années, Bouddha demanda à Maulingaputta : "Veux-tu maintenant demander quelque chose ?"

Maulingaputta s'inclina, toucha ses pieds et dit : "Je vous suis reconnaissant. Le silence m'a tout appris, ces deux années de silence à vos côtés. J'en ai fait l'expérience. Maintenant, il n'est plus nécessaire de me dire quoi que ce soit. Je suis à toi, à ton service. Tu n'as pas discuté, mais tu as vaincu. Vous ne m'avez pas vaincu et pourtant vous m'avez vaincu".

La compréhension naît du silence ; le silence signifie l'absence d'esprit. L'incompréhension, c'est toutes sortes de bruits dans votre esprit. Dharmaraj, passez de l'esprit au non-esprit, du bruit au silence.

La deuxième question

Question 2 :

MAÎTRE,

JE SUIS UN HYPOCRITE. QUE DOIS-JE FAIRE ?

Narayandas Diwari,

C'est bien, c'est beau que vous reconnaissiez, que vous confessiez que vous êtes un hypocrite. C'est le début - le début de la sincérité, le début de la vérité. L'hypocrisie ne peut plus durer longtemps. L'hypocrisie ne peut subsister que si elle continue à prétendre qu'elle n'est pas de l'hypocrisie. Elle existe en prétendant être ce qu'elle n'est pas.

Lorsque vous reconnaissez que vous portez un masque, celui-ci a déjà commencé à tomber. Vous avez pris conscience que ce n'est pas votre visage. Le masque ne peut rester sur votre visage que tant que vous continuez à croire, à prétendre, à tromper les autres et vous-même que c'est votre vrai visage. Et le problème est le suivant :

si vous trompez les autres, vous finirez par vous tromper vous-même. La personne qui continue à être rusée avec les autres commence tôt ou tard à être rusée avec elle-même. Elle oublie le langage de la sincérité, de l'authenticité, de la vérité. Il ment depuis si longtemps qu'il ne connaît plus que le mensonge ; il continue à mentir. Et si les autres commencent à croire à ses mensonges - parce qu'il devient très habile dans le mensonge - voyant que les autres croient à ses mensonges, il commence à croire lui-même à ces mensonges ; naturellement, quand tant de gens y croient, il doit y avoir une part de vérité là-dedans. Comment pouvez-vous tromper autant de personnes ? Les gens ne sont pas si idiots !

C'est le plus grand problème du port des masques : ils deviennent vos visages. Lentement, la distance entre le visage original et le masque disparaît, ils deviennent collés l'un à l'autre, presque soudés. En fait, si vous les séparez, vous aurez l'impression de vous peler la peau - c'est douloureux, c'est chirurgical.

Mais être avec un Maître, c'est être sur une table d'opération. C'est une opération chirurgicale parce que tout ce qui s'est accumulé autour de vous et qui est faux doit être coupé, morceau par morceau. Cela fait mal. C'est devenu presque votre seconde nature - votre originalité est complètement oubliée - elle est devenue bien plus importante que l'original.

Par conséquent, la première chose que je voudrais vous dire, Narayandas, c'est qu'il est bon, extrêmement bon, que vous l'acceptiez. Sinon, il est très difficile, en particulier pour les Indiens, d'accepter qu'ils sont hypocrites. Ils sont tous hypocrites. Pendant des siècles, ils ont vécu dans l'hypocrisie ; c'est devenu leur mode de vie. Leurs mahatmas, leurs saints, leurs soi-disant grands hommes, tous vivent dans l'hypocrisie ; et les petites gens suivent naturellement les soi-disant grands. L'hypocrisie est entrée dans le sang, dans les os, dans la moelle.

Cela arrive toujours à une culture ancienne, et l'Inde est l'une des plus anciennes cultures vivantes - pas très vivante, bien sûr, mais elle respire encore ; elle végète, presque dans le coma, mais elle respire encore. Elle n'est pas encore morte. C'est un malheur qu'elle ne soit pas morte, car si elle était morte, quelque chose de nouveau serait né.

D'autres grandes cultures ont disparu du monde. Où sont Babylone, l'Assyrie ? Disparues, absolument disparues. Où est l'ancienne civilisation égyptienne ? La civilisation qui a construit les pyramides a complètement disparu. L'ancienne civilisation chinoise n'existe plus.

Où sont la Grèce et sa grande civilisation, la culture romaine ? Elles ont toutes disparu.

Si vous regardez sur la carte du monde, la seule culture ancienne qui, d'une certaine manière, traîne encore est la culture indienne. Elle est si vieille, si infirme, si paralysée qu'elle ne peut que faire semblant. Elle a perdu tout courage d'être vraie, d'être aventureuse, d'être curieuse. Elle est devenue presque fossile, c'est un grand cimetière.

Mais d'une certaine manière, les personnes qui sont dans la tombe ne sont pas complètement mortes ; c'est là le problème. S'ils étaient morts, on en aurait fini avec eux. Ils sont en quelque sorte vivants et ils ont accumulé de nombreux mensonges entre-temps.

Avez-vous observé ce fait ? - Les enfants ne sont jamais hypocrites, ils ne peuvent pas l'être ! Ils disent simplement ce qui est vrai. Au fur et à mesure qu'ils grandissent, ils commencent à mentir ; ils doivent le faire, juste pour survivre avec les adultes, parce que tous les adultes mentent. Et peu à peu, l'enfant commence à comprendre que pour survivre, il faut mentir.

Ma propre approche a toujours été la suivante : chaque fois que mon père me demande quelque chose, je lui pose immédiatement une autre question : "Veux-tu la vérité ? Es-tu prêt à écouter la vérité ? Ou veux-tu quelque chose de doux ? C'est toi qui décides !" S'il me demandait : "As-tu fait ceci ? Tu as sauté dans le puits de quelqu'un et tu t'es baigné dans le puits ?" je lui demanderai immédiatement : "Dis-moi seulement une chose : veux-tu la vérité ? Es-tu prêt à entendre la vérité ? Es-tu prêt à ne pas punir la vérité ? Si ce n'est pas moi qui étais dans le puits, mais quelqu'un d'autre, tu devras le prouver !".

C'était une très belle personne. Il me disait toujours : "Tu peux dire la vérité et tu seras protégée." Et je lui disais la vérité, quelle qu'elle soit. Mais il lui arrivait parfois d'avoir des ennuis à cause de moi.

Un jour, il m'a dit : "Tu es assis dehors au soleil..." C'était un matin d'hiver froid. "Une personne va venir me voir et je ne veux pas la voir aujourd'hui. Il est tellement ennuyeux qu'il va détruire toute ma journée, et il est très difficile de s'en débarrasser. Il suffit donc de lui dire : "Mon père n'est pas à la maison". "

L'ennui est arrivé et il m'a demandé : "Où est ton père ?"

J'ai dit : "Il est là, mais il m'a dit de dire à l'ennui, parce qu'il va détruire toute sa journée, qu'il n'est pas dans la maison".

Il s'est mis très en colère. Il est entré dans la maison, a trouvé mon père et lui a dit : "Qu'est-ce qu'il y a ?

Que dit votre fils ?"

J'y suis allé et mon père avait des problèmes parce que cet ennui était l'un des hommes les plus riches de la ville et qu'il pouvait faire du mal de bien des façons.

Mon père m'a dit : "Qu'est-ce que tu lui as dit ?"

J'ai dit : "Voulez-vous la vérité ?"

Il hésita un moment, car cela allait lui coûter cher, mais il se décida enfin. Il dit : "Oui, tout ce qu'il a dit, je le lui avais dit. Mais j'avais oublié de lui dire de ne pas te le dire à toi ! Mais il a fait exactement ce que je lui avais dit. Je suis désolé, c'est ma faute. Il n'y est pour rien."

Il a souvent été en difficulté à cause de moi, mais il ne m'a jamais punie pour avoir été vraie. Je n'avais donc pas besoin d'être faux.

J'ai procédé de la même manière avec mes professeurs, mais ils n'étaient pas aussi courageux. Je leur racontais alors des mensonges et je leur disais : "Ce sont des mensonges ! Mais vous voulez écouter des mensonges, vous protégez des mensonges et vous soutenez des mensonges. Vous créez un hypocrite en moi !"

Mais c'est ainsi que l'on devient vieux : plus on est vieux, plus on devient rusé. Il en va de même pour une civilisation : plus elle est ancienne, plus elle est rusée.

Par exemple, les Américains sont plus honnêtes que n'importe quel autre pays pour la simple raison qu'ils sont le peuple le plus récent du monde, avec seulement trois cents ans d'histoire ; ce n'est rien comparé au passé antique de l'Inde. Même les historiens les plus réalistes affirment que l'Inde existe depuis au moins dix mille ans ; il y a suffisamment de preuves à ce sujet. Mais il y a d'autres historiens, qui ne sont pas aussi acceptés, qui disent que l'Inde existe depuis au moins quatre-vingt-dix mille ans. Et il y a une possibilité, car dans les Védas, la description d'une étoile est telle qu'elle s'est produite seulement quatre-vingt-dix mille ans auparavant.

La description est si exacte qu'il ne peut s'agir d'imagination ou de poésie.

Elle est si scientifiquement vraie qu'il semble que l'enregistrement date d'au moins quatre-vingt-dix mille ans. Et si le document a quatre-vingt-dix mille ans, les personnes dont il s'agit doivent avoir vécu plus de quatre-vingt-dix mille ans. Qu'est-ce que trois cents ans ? L'Amérique est comme un petit enfant, d'où la vérité, l'authenticité.

Vous pouvez demander à une Américaine combien de fois vous avez fait l'amour avant de vous marier et elle vous répondra. Mais aucune Indienne ne répondra, c'est impossible. Sa vie entière serait détruite.

Ces données ne peuvent être recueillies qu'en Amérique, pas en Inde. Et les saints indiens continuent à dire : "Regardez ! Dans notre pays, aucune fille ne perd jamais sa virginité" - parce qu'il n'y a pas de données à ce sujet. Vous ne pouvez pas collecter de données pour la simple raison - non pas que ce soit vrai - pour la simple raison que personne n'est prêt à dire la vérité.

Il n'y a qu'en Amérique que l'on peut trouver de telles données.

Vous pouvez poser toutes sortes de questions aux gens et ils sont prêts à répondre sincèrement, sans autre raison que d'aider l'enquête scientifique. Ils sont prêts à risquer leur vie personnelle. Vous pouvez demander aux maris américains combien de relations extraconjugales ils ont, mais vous ne pouvez pas le demander à un mari indien. Il répondra : "Quoi ? Des relations extraconjugales ? Je n'y ai jamais pensé, je n'en ai jamais rêvé !".

Pour la douce jeune fille, le banc est beaucoup trop public. Son galant a immédiatement suggéré qu'ils changent de place pour s'asseoir un peu plus loin, dans un endroit plus discret et plus sombre.

"Et tu me promets de ne pas me serrer dans tes bras ?" demande-t-elle timidement.

Son amant acquiesce.

"Et tu promets de ne pas m'embrasser ?"

Son amant acquiesce à nouveau.

"Alors, à quoi bon aller là-bas ? demanda la jeune fille avec colère.

C'est ainsi que fonctionne l'hypocrisie : elle prétend une chose, elle en cache le contraire.

Un homme arrive au pub de son quartier pour prendre un verre le vendredi soir. Alors qu'il s'apprête à ouvrir la porte, une religieuse surgit de l'ombre et dit avec ferveur : "Mon fils, arrête-toi avant qu'il ne soit trop tard ! Ce pub est la maison du diable ! Repens-toi de tes péchés et oublie la boisson démoniaque !".

L'homme eut une idée lumineuse et dit à la religieuse avec malice : "Comment pouvez-vous condamner quelque chose que vous n'avez jamais expérimenté ? Avez-vous déjà goûté à l'alcool ? Avez-vous déjà senti qu'il est bon pour la santé et qu'il a beaucoup de bonnes propriétés ?"

"Jamais ! s'écrie-t-elle. "Je suis une nonne !

Après de sérieuses persuasions, le buveur convainc la religieuse d'essayer un peu. "Mais attendez", dit la religieuse, "dans ces vêtements, on me reconnaîtra. Pourquoi ne pas m'apporter un peu de boisson dans cette vieille tasse en porcelaine ?"

L'homme entre donc dans le pub, s'approche du barman et lui dit : "Bonsoir, Jim. Donnez-moi une pinte de votre meilleure bière et un grand gin tonic dans ce gobelet, s'il vous plaît."

"Le barman s'exclame : "Bon sang ! "Cette vieille nonne traîne-t-elle encore devant mon pub ?"

C'est bien, Narayandas Diwari, que tu dises :

JE SUIS HYPOCRITE. QUE DOIS-JE FAIRE ?

D'abord le voir clairement, l'observer, toutes ses subtilités, tout son mécanisme. Il doit être profond. Vous devrez en être très conscient. Et il n'y a rien d'autre à faire - parce que si vous faites quelque chose, cela créera une répression.

Je ne suis pas favorable à l'action. Tout mon effort ici est de vous aider à prendre conscience des choses.

Et le miracle de la conscience, c'est que tout ce qui est mauvais, dès que vous en prenez pleinement conscience, disparaît de lui-même, et que tout ce qui est bon, dès que vous en prenez pleinement conscience, devient votre être même.

La conscience est le phénomène le plus alchimique au monde.

Et c'est une bonne chose qu'une reconnaissance ait eu lieu ; c'est un bon début. La graine est tombée dans le sol. Continuez à devenir de plus en plus conscient. Observez chaque acte, chaque pensée, chaque rêve. Et ne faites rien - ne soyez pas pressé de faire quelque chose. Continuez simplement à observer, à prendre des notes sur ce qui se passe en vous, sur la façon dont vous vivez votre vie. Et peu à peu, vous prendrez conscience d'un changement qui se produit de lui-même. Et lorsqu'un changement se produit de lui-même, il a une beauté qui lui est propre.

La troisième question

Question 3 :

MAÎTRE, EN ÉTANT ICI AVEC TOI, MA VIE EST DEVENUE SI SIMPLE ET SI ORDINAIRE. MAINTENANT, QUAND J'AI FAIM, JE DORS, QUAND JE SUIS FATIGUÉ, JE MANGE. SUIS-JE PROCHE DE L'ILLUMINATION ?

Dharmamurti,

C'est évident !

La quatrième question

Question 4 :

MAÎTRE, PARLEZ-NOUS DE LA PEUR DE DEVENIR FOU, DE MARCHER SUR LE FIL DU RASOIR.

Anand Eti,

N'ayez pas peur de la folie - pour la simple raison que vous êtes déjà fou ! Ce monde est un vaste asile de fous. Chaque enfant naît sain d'esprit, mais ne peut le rester longtemps ; c'est impossible. Il est élevé par d'autres fous, enseigné par d'autres fous, conditionné par d'autres fous. Il est condamné à devenir fou ; pour survivre, il doit devenir fou.

Ce n'est que de temps à autre que l'on trouve une personne saine d'esprit - un Bouddha, un Zarathoustra, un Lao Tseu, un Jésus.

Et le plus étrange, c'est que ces personnes saines d'esprit ont l'air folles parce que les soi-disant fous ne le sont pas vraiment. Les vrais fous sont ceux que l'on dit sains d'esprit. Les personnes placées dans les maisons de fous sont simplement des personnes très sensibles, vulnérables, délicates, moins dures que les autres personnes qui vivent sur le marché. Ils n'ont pas la peau aussi dure, c'est pourquoi ils s'effondrent. Les personnes à l'épiderme épais continuent à vivre au milieu de toutes sortes de folies ; elles continuent à s'adapter.

L'homme a une capacité infinie à s'adapter, et chaque enfant apprend à s'adapter à toutes sortes de choses.

Il suffit de regarder dans votre propre être, combien de superstitions vous vous êtes adaptés, combien de croyances stupides vous portez. Et ce n'est pas qu'il n'y ait pas de moments où vous prenez conscience de leur stupidité, mais ces moments sains, vous les mettez de côté parce que ce sont des moments dangereux. Oui, de temps en temps, la fenêtre s'ouvre, mais vous la fermez immédiatement. Vous devez la fermer - vous avez peur que les voisins voient que votre fenêtre est ouverte. Vous ne voulez pas montrer votre santé mentale à qui que ce soit.

Jésus dit : "Si vous n'êtes pas comme des petits enfants, vous n'entrerez pas dans mon royaume : Si vous n'êtes pas comme des petits enfants, vous n'entrerez pas dans mon royaume de Dieu. Que veut-il dire ? Il veut dire : Si vous ne redevenez pas sains d'esprit, aussi sains d'esprit que le sont tous les enfants, vous n'entrerez pas dans mon royaume de Dieu.

Anand Eti, n'ayez pas peur de devenir fou - vous ne le pouvez pas. Maintenant, si tu veux vraiment avoir peur de quelque chose, c'est de devenir fou. C'est ce qui peut arriver ici. Si vous restez ici suffisamment longtemps, vous pouvez devenir sain d'esprit. Mais cette santé mentale sera considérée par les autres comme de la folie.

Kahlil Gibran a écrit une belle parabole à ce sujet :

Une sorcière entra dans un village. Elle dit quelques abracadabra, jette une potion magique dans le puits du village et dit aux gens qui étaient là : "Quiconque boit l'eau de ce puits deviendra fou !".

Or, dans le village, il n'y avait que deux puits : l'un était pour le public, pour les gens du peuple, et l'autre était dans le palais, pour le roi, sa reine et son vizir. Le roi était très heureux :

"C'est bien que nous soyons sauvés". Mais dans la soirée, il s'est rendu compte que ce n'était pas une fortune.

Il demanda au vizir, son vieux et sage conseiller : "Il faut faire quelque chose immédiatement", car le soir venu, tout le village était devenu fou. Il fallait boire l'eau. Combien de temps peut-on rester assoiffé ? Et il n'y avait pas d'autre eau que ce puits. Le soir venu, tout le village était devenu fou.

Mais dans la soirée, une rumeur a commencé à se répandre dans le village : le roi, le vizir et la reine sont devenus fous. L'armée du roi était également devenue folle, ses gardes du corps étaient devenus fous, de sorte qu'il n'était absolument pas protégé.

Au coucher du soleil, tout le village s'est rassemblé autour du palais en criant : "Nous ne voulons plus de ce roi fou ! Nous voulons le changer !"

Le roi demande à son vieux et sage conseiller : "Que faire ?"

Il a dit : "Il n'y a plus qu'une chose à faire. Je vais faire en sorte qu'ils restent mobilisés - vous courrez par la porte de derrière, vous buvez l'eau du puits et vous revenez."

Le roi et la reine s'enfuient par la porte arrière. Le vizir faisait parler les gens, les gardait occupés. Il attendait que le roi et la reine sortent par la porte de derrière, mais ils ne sont pas sortis par la porte de derrière. Pourquoi viendraient-ils par la porte de derrière ? Ils étaient devenus fous ! Ils sont venus par la porte de devant - en dansant ! Il les vit dans la foule ; il n'en crut pas ses yeux. Ils dansaient avec les gens et les gens disaient : "Regardez ! Notre roi et notre reine sont redevenus sains d'esprit !" Et ils firent la fête toute la nuit.

Le vizir a dû courir boire l'eau. Toute la nuit fut une grande fête. Bien sûr, ils étaient heureux que leur roi, leur reine, leur vizir, tous soient redevenus sains d'esprit. Maintenant, tout le village était redevenu sain d'esprit.

Bouddha a l'air fou, Jésus a l'air fou. Aujourd'hui, des fous comme Sigmund Freud pensent que Jésus est névrosé ! et Freud est névrosé, mais il pense que Jésus est névrosé et il essaie de le prouver et il convainc beaucoup de gens. Il a convaincu presque tout l'esprit contemporain.

C'est à moi qu'il faut poser la question, Eti :

VEUILLEZ PARLER DE LA PEUR DE DEVENIR FOU.

Toute cette peur est absolument infondée. Vous êtes déjà devenu fou, sinon vous n'auriez pas pu exister dans la société. Quelle que soit la société à laquelle vous appartenez, vous êtes déjà déformés. Vous n'êtes plus innocents ; vous êtes déjà corrompus et empoisonnés - par les prêtres, les politiciens, les pédagogues. Ils ont fait le travail ; ma fonction ici est de le défaire.

Et il n'est pas nécessaire de demander des preuves. Si je dis que le monde entier est un asile de fous, je n'ai pas besoin de le prouver. Vous n'avez qu'à regarder autour de vous et vous trouverez mille et une preuves.

Mulla Nasruddin disait l'autre jour à l'un de ses amis : "J'ai donné à un homme un billet d'une roupie pour m'avoir sauvé la vie."

"Mon Dieu ! dit l'ami. "Qu'a-t-il fait ?"

"Il m'a rendu soixante-quinze paises.

Dave et Mabel sont assis sous le porche. Mabel leur dit : "Jeez, vous êtes un bon gars, Dave. Tu m'aimes ? Tu m'aimes vraiment ?"

"Oui, je t'aime, Mabel."

"Tu mourrais pour moi, Dave ?"

"Non, Mabel, mon amour est éternel !"

Mulla Nasruddin essayait de se pendre. Un ami observait la scène. Il lui dit : "Écoute, Nasruddin, si tu veux te pendre, tu dois mettre la corde autour de ton cou, pas sous tes bras !".

"Eh bien", dit Nasruddin, "j'ai essayé, mais je me sens étouffé !".

Un Australien sort d'un pub en titubant, ivre mort, et, apercevant une jeune femme dans la rue, s'approche d'elle en titubant. "Il lui demande : "Tu veux faire l'amour ?

Elle le regarde de haut en bas. "Non", répond-elle, "pas vraiment".

"Eh bien", dit-il, "que diriez-vous de vous allonger pendant que je le fais ?"

Quatre Noirs se trouvent dans une voiture qui roule à 90 km/h. La voiture s'emballe et s'écrase contre un mur de briques. La voiture devient incontrôlable et s'écrase contre un mur de briques. Les quatre occupants de la voiture sont éparpillés sur le sol. Par miracle, personne n'est blessé, mais tous sont encore hébétés.

Un policier s'approche du groupe et s'écrie : "Très bien ! Qui conduisait, bon sang ?"

"Personne", dit l'un des hommes. "Nous étions tous sur la banquette arrière en train d'allumer !"

Lorsque Fidel Castro s'est rendu aux États-Unis, les agents de sécurité ont été prévenus qu'ils ne devaient laisser entrer que les personnes ayant une carte d'identité cubaine. Lorsqu'ils ont demandé ce qu'étaient les références cubaines, on leur a répondu : "Une barbe et un cigare".

Fidel Castro est donc arrivé le premier et les autres l'ont suivi. L'homme derrière lui portait une barbe et fumait un cigare. Il a dit : "Relations publiques", alors ils l'ont laissé entrer.

Vient ensuite un autre homme barbu, fumant un cigare, qui dit : "Chef de la police".

On lui répond : "Entrez".

Il s'est ensuite approché d'un homme sans barbe et sans cigare. Lorsqu'il a été arrêté à l'entrée, pour s'identifier, il a tiré sur le devant de son pantalon et a dit : "Police secrète !".

Un capitaine de l'armée juive entre dans le salon d'une prostituée, s'approche de la dame et lui dit : "Combien demandez-vous pour avoir le plaisir d'être en ma compagnie ?"

"Vingt dollars, monsieur", répond-elle.

"Il se dirige vers la fenêtre, l'ouvre et crie : "Compagnie, en avant !".

Un homme a été gravement blessé dans un accident de voiture et a dû être transporté à l'hôpital. Lorsqu'il ouvre les yeux, le médecin se tient à ses côtés, l'air grave.

"J'ai de bonnes et de mauvaises nouvelles pour vous. Que voulez-vous entendre en premier ?"

"Donnez-moi d'abord la mauvaise nouvelle", répond l'homme blessé.

"Nous avons dû vous enlever une jambe."

"Eh bien", dit l'homme, "je m'y attendais. C'était un mauvais accident."

"Oui, dit le médecin, mais malheureusement nous avons enlevé le mauvais !

Les larmes coulant sur ses joues, l'homme demande d'une voix chevrotante : "Alors, quelle est la bonne nouvelle ?".

"Eh bien", dit joyeusement le médecin, "il y a un type dans le lit à côté de vous qui veut acheter vos pantoufles !".

Et, Anand Eti, tu crois que tu peux devenir fou dans ce monde ? Tu appartiens à ce monde, tu en fais partie !

Vous êtes déjà fou ! Toute peur est donc infondée. Abandonnez toute peur.

Essayez maintenant de comprendre le mécanisme de votre folie. Une fois que vous acceptez que vous êtes déjà fou, il est possible de le dépasser, mais si vous restez simplement dans la peur de devenir fou, il n'y a pas de possibilité. Cette peur ne vous aidera pas ; elle vous rendra de plus en plus fou. La peur elle-même fait partie de la folie, sinon il n'y a rien à craindre. La mort est absolument certaine ; s'il y a quelque chose de certain dans la vie, c'est bien la mort. Tout le reste est incertain, seule la mort est certaine, il n'y a donc pas lieu de s'inquiéter de la mort. La vieillesse est inévitable. Tout change dans la vie. Les amis d'aujourd'hui peuvent devenir des ennemis demain ; les ennemis d'aujourd'hui peuvent devenir des amis demain. La personne que vous aimez le plus peut être celle que vous détestez le plus ; la personne que vous détestez aujourd'hui peut tomber amoureuse demain. La vie est un flux et rien ne peut rester statique. Alors, à quoi bon craindre quoi que ce soit ? Il faut simplement vivre d'instant en instant, en profitant de tout ce qui se présente.

La peur ne vous permet pas de vivre pleinement ; elle vous retient toujours. Elle ne vous permet jamais l'intensité, la passion, la totalité, l'intégralité ; elle vous maintient divisé. Vous aimez une femme et vous l'aimez à moitié parce que vous avez peur. Qui sait où l'amour vous mènera, où il vous conduira ? Vous êtes toujours partiel, fragmentaire, et parce que vous êtes partiel et fragmentaire, rien ne vous donne la joie qu'il peut vous donner.

La peur n'est d'aucune utilité. La peur peut vous rendre de plus en plus fou.

Plutôt que d'avoir peur, devenez cool, calme. Laissez tomber cet état fébrile et devenez vigilant. Une fois que vous avez accepté un fait fondamental - que la société vous a déjà rendu fou - le travail à faire est maintenant de savoir comment sortir de cet état contre nature que la société vous a imposé. Et ce n'est pas difficile, c'est très simple. C'est aussi simple que le serpent qui se débarrasse de sa vieille peau. Une fois que vous avez compris le mécanisme de la folie...

Par exemple, voici les causes de la folie ; l'ambition est la cause première. Essayez de comprendre votre ambition ; votre effort pour être quelqu'un dans le monde vous rendra fou. Ne soyez personne et il n'y aura pas de problème. Laissez tomber l'ambition et commencez à vivre, car l'ambitieux ne peut pas vivre ; il remet toujours à plus tard. Sa vraie vie sera toujours pour demain - et ce demain n'arrive jamais.

La personne ambitieuse est vouée à être agressive et violente, et la personne violente et la personne agressive sont vouées à devenir folles.

La personne non ambitieuse est paisible, aimante, compatissante. L'ambitieux est toujours pressé, il court, il se précipite vers quelque chose qu'il sent vaguement être là, mais qu'il ne trouvera jamais.

C'est comme l'horizon : il n'existe pas, il apparaît seulement. La personne qui n'est pas ambitieuse vit dans l'ombre, et être dans l'ombre, c'est être sain d'esprit. Être totalement dans le moment présent, c'est être sain d'esprit.

La santé est un état de paix, d'harmonie, de joie, de bonheur, de bénédiction.

La cinquième question

Question 5 :

MAÎTRE,

J'AURAIS AIMÉ ÊTRE NÉ À L'ÉPOQUE DES TÉNÈBRES.

Révérend Banana,

MOI AUSSI ! Tu as l'air terrible dans la lumière !

La dernière question

Question 6 :

MAÎTRE,

COMMENT NE PAS ÊTRE JUIF ?

Gyan Deva,

Il est vraiment difficile de ne pas être juif parce qu'être juif, ce n'est pas seulement faire partie d'une certaine culture, religion, tradition - il y a des juifs partout, chez les hindous, chez les mahométans, chez les chrétiens - être juif, c'est plus une psychologie qu'une religion. L'esprit de calcul est l'essence même de la judéité, le fait de toujours calculer la vie, de toujours penser en termes d'affaires, d'argent, de profit.

C'est ce que j'appelle la judéité.

Tous les Juifs ne sont pas des Juifs et tous les non-Juifs ne sont pas non plus des non-Juifs. La judéité est un phénomène beaucoup plus large. Les hindous sont confinés aux hindous, les mahométans sont confinés aux mahométans - les juifs sont répandus partout. Il s'agit d'un phénomène psychologique, bien plus psychologique que culturel. Il est facile de ne pas être hindou, il suffit de se débarrasser de ses concepts. Il est facile de ne pas être chrétien, de ne pas être mahométan, de ne pas être bouddhiste, mais il est certainement difficile de ne pas être juif. C'est quelque chose qui est entré dans le mode de vie de chacun.

Nous sommes tous élevés pour gagner plus, pour réaliser plus, pour arracher plus. Donner moins et obtenir plus, voilà ce qu'est la judéité. Et il est vraiment difficile d'abandonner cette idée, parce que cela signifierait une transformation totale ; ce serait vraiment une conversion. Il s'agira de quelque chose de très fondamental, de très basique. Il s'agit d'abandonner toutes nos évaluations.

Par exemple, nous accordons de la valeur aux choses qui ont un but utilitaire, mais pas à celles qui n'ont aucune utilité. Nous devrons faire passer notre conscience de l'utilitaire au non-utilitaire. Une fleur a beaucoup plus de valeur qu'une baïonnette. La pluie qui tombe sur le toit et le bruit qu'elle produit ont bien plus de valeur que tout l'argent du monde. Ces arbres verts ont bien plus de valeur que n'importe quelle conquête matérielle - devenir Alexandre le Grand ou Adolf Hitler, devenir président d'un pays ou premier ministre d'un pays. Le simple fait de profiter d'un magnifique coucher de soleil a bien plus de valeur que d'avoir un nom mondialement connu. Pouvoir faire l'expérience des merveilles de la nature ou de la splendeur de l'existence a bien plus de valeur que d'obtenir le prix Nobel.

Nous devons modifier l'ensemble du système d'évaluation. Nous devons désapprendre l'esprit d'accomplissement, l'esprit ambitieux, et nous devons apprendre une toute nouvelle façon de vivre, d'apprécier, de se réjouir.

Et c'est exactement ce qu'est le zen. Sa qualité fondamentale, la plus essentielle, est la capacité d'apprécier l'ordinaire, le très ordinaire, avec une extraordinaire perspicacité. Si quelqu'un vous offre le diamant Kohinoor, vous l'apprécierez bien sûr ; mais si quelqu'un vous offre simplement une fleur de souci, vous direz merci, mais vous ne le penserez pas vraiment ; ce ne sera qu'une formalité. Vous ne vous sentirez pas vraiment reconnaissant.

C'est ce qu'il faut apprendre, c'est l'esprit dont il faut s'imprégner. Vous ne pourrez alors plus être des battants ; vous devrez rester satisfaits, où que vous soyez, quoi que vous soyez. Personne ne veut rester là où il est, où qu'il soit. Même si, dans le monde, vous commencez à vous sentir satisfaits, vous commencez à éprouver un nouveau type de désir, d'ambition pour l'autre monde. On commence à rechercher les plaisirs célestes, le paradis. C'est le même jeu, c'est le même esprit !

Vos saints sont tous juifs, tous les mahatmas sont juifs, pour la simple raison qu'ils essaient d'obtenir quelque chose dans l'autre monde. Ils acquièrent la vertu, ils accomplissent des actes méritoires afin d'obtenir quelque chose dans l'autre monde. Ils sont bien plus juifs que les gens ordinaires. Les gens ordinaires demandent des choses ordinaires - de l'argent, du pouvoir, du prestige - que vos mahatmas condamnent comme étant momentanées. Ils demandent une joie éternelle, une félicité éternelle, une félicité sans fin. Ils ne se contenteront pas de petites choses. Ils appellent les choses de ce monde des "jouets" ; les vraies choses appartiennent à l'autre monde. Ils sont beaucoup plus avides - et l'avidité est juive.

Ne pas être avide signifie simplement que vous devez vivre chaque instant sans aucun motif, pour la simple joie de vivre, pour la simple joie de danser, pour la simple joie de chanter. Tout comme la fleur s'épanouit, les oiseaux chantent et les rivières coulent, de la même manière, lorsque vous vivez d'instant en instant, sans aucune raison, sans aucun but, sans aucune motivation, sans aucune fin, comme si c'était le premier et le dernier instant et que vous en étiez totalement satisfait, la judéité disparaît.

Gyan Deva, demandez-vous :

COMMENT NE PAS ÊTRE JUIF ?

Soyez dans l'instant, vivez dans l'instant. Apprenez l'art de rester dans le présent. Ni le passé, ni le futur n'existent. Le passé n'est plus, le futur n'est pas encore ; seul le présent est. Entrez dans le présent avec votre totalité, sans motivation.

Et le miracle, c'est que votre joie sera immense. Oui, éternelle sera votre félicité. Mais rappelez-vous, laissez-moi vous rappeler que je ne dis pas qu'il faut vivre dans l'instant présent pour atteindre la félicité éternelle. Si c'est votre idée, vous retombez dans le vieux piège. C'est une conséquence, ce n'est pas une fin. Vous ne pouvez pas le demander. C'est un sous-produit, il vient de lui-même. Vous n'avez pas à vous en préoccuper.

J'aimais nager dans mon enfance, tellement... et particulièrement pendant la saison des pluies, lorsque la rivière de mon village devient presque océanique, qu'elle gonfle et devient si grande. C'est une rivière sauvage. Toutes les montagnes y déversent leur eau. Pendant les pluies, je passais presque toute la journée dans la rivière.

D'autres amis me demandaient : "Il doit y avoir quelque chose, pourquoi tu continues à nager dans la rivière pendant des heures ?

Et je leur disais : "C'est le plus grand bonheur que j'aie connu." Et juste pour en goûter un peu, ils venaient avec moi. Au bout de quelques minutes, ils disaient : "Nous n'obtenons rien du tout, alors nous partons, nous frissonnons et nous ne voyons aucune félicité nulle part. Et le danger est là - la rivière est si sauvage que vous nous dites de la traverser, d'aller de l'autre côté."

Et les torrents étaient si forts qu'il me fallait près d'un kilomètre pour atteindre l'autre rive, puis marcher un kilomètre jusqu'au point d'où je pouvais sauter à nouveau pour rejoindre ma maison.

Ils ont dit : "Tout cela est dangereux. Il y a tant de boue et tant d'épines, la vie est en danger, et nous avons presque l'impression que la rivière va nous tuer. Et nous ne voyons aucune félicité."

Et quand un jeune homme a vraiment perdu la vie... il était aussi allé là-bas pour trouver la félicité avec moi. Il s'appelait Hari. Quand Haridas est venu me voir, je lui ai donné le nom de Haridas en souvenir de lui, parce qu'il lui ressemblait beaucoup. Et chaque fois que je regarde Haridas, je souris - je me souviens de lui. Il s'est simplement perdu dans la rivière. Nous avons essayé pendant deux ou trois jours, mais nous n'avons même pas pu retrouver son corps.

Depuis ce temps, je suis resté seul ; alors personne ne viendra chercher la félicité dans la rivière. Ils diront que je suis fou, et ils avaient raison d'une certaine manière, parce qu'ils venaient seulement pour chercher la félicité et que ma joie était de nager dans la rivière, d'être dans la rivière, de couler avec la rivière, d'aller avec la rivière là où elle m'emmenait. Et la félicité n'était qu'un sous-produit. La félicité est toujours un sous-produit.

Demandez au danseur, il vous dira qu'il y a une grande félicité. Mais si vous dansez pour obtenir la félicité, vous vous fatiguerez simplement ; vous ne trouverez pas la félicité. Demandez au chanteur, au musicien. Vous ne ferez que transpirer et vous vous sentirez simplement fatigué au niveau de la gorge. La félicité n'existe que pour ceux qui chantent pour le plaisir de chanter, qui ne cherchent rien - ils l'obtiennent.

C'est l'une des lois les plus fondamentales de la vie. Ais dhammo sanantano - c'est la loi fondamentale - Bouddha dit qu'on ne peut pas trouver directement la félicité ; elle vient toujours comme un sous-produit, comme une ombre.

Vous aimez, et il y aura de la félicité ; mais ne cherchez pas la félicité dans l'amour, sinon la félicité ne sera pas trouvée et l'amour disparaîtra.

Ainsi, lorsque je dis qu'il faut vivre dans l'instant présent et que la félicité sera au rendez-vous, ne vous méprenez pas. Je ne dis pas qu'il faut vivre dans l'instant présent pour obtenir la félicité. Je ne dis pas qu'il faut vivre dans l'instant présent parce que c'est le moyen d'atteindre la félicité. Si c'est votre argument, vous le manquerez et vous direz alors que je n'avais pas raison. Je vous dis de vivre dans l'instant présent et vous verrez soudain, de nulle part, la félicité s'abattre sur vous.

Et une fois que vous y avez goûté, toute judéité disparaît, toute avidité disparaît, parce qu'elle vient et vous remplit tellement qu'il n'y a plus de place pour rien d'autre - pour l'avidité, pour la jalousie, pour la compétitivité, pour l'ambition, pour l'avenir, pour le passé. Elle remplit tous les coins et recoins de votre être. Il vous remplit, il commence à vous déborder.

Gyan Deva, apprenez à vivre l'instant présent pour lui-même, pour sa propre joie, et vous aurez une grande surprise. Vous pouvez appeler cette surprise Tao, dhamma, Dieu, nirvana, illumination, félicité, ou tout autre mot de votre choix. Elle n'a pas de nom, c'est une expérience sans nom.

La porte vide est grande ouverte

LE MAÎTRE ZEN SHEN TSAN A OBTENU L'ILLUMINATION GRÂCE À PAI CHANG. IL RETOURNA ENSUITE AU MONASTÈRE OÙ IL AVAIT ÉTÉ ORDONNÉ PAR SON "PREMIER MAÎTRE", LE MOINE QUI L'AVAIT ÉLEVÉ DEPUIS SON ENFANCE ET QUI, À L'ÉPOQUE, ÉTAIT UN HOMME TRÈS ÂGÉ.

UN JOUR, SHEN TSAN AIDAIT SON VIEUX MAÎTRE À SE BAIGNER. TOUT EN LAVANT LE DOS DU VIEIL HOMME, IL LUI DIT : "C'EST UN SI BEAU TEMPLE, MAIS LE BOUDDHA QUI S'Y TROUVE N'EST PAS DU TOUT SAINT !" SON VIEUX MAÎTRE SE RETOURNA ALORS ET LE REGARDA. SHEN TSAN COMMENTA ALORS : "BIEN QUE LE BOUDDHA NE SOIT PAS SAINT, IL PEUT TOUJOURS RAYONNER LA LUMIÈRE."

UN JOUR, ALORS QUE LE VIEIL HOMME LISAIT UN SUTRA PRÈS D'UNE FENÊTRE RECOUVERTE DE PAPIER, UNE ABEILLE TENTA DÉSESPÉRÉMENT, DE TOUTES SES FORCES, DE S'ENVOLER HORS DE LA PIÈCE À TRAVERS LE PAPIER, MAIS N'Y PARVINT PAS. SHEN TSAN, VOYANT CELA, DIT : "LE MONDE EST SI VASTE ET SI LARGE QUE TU PEUX FACILEMENT T'Y LIBÉRER. POURQUOI DONC TE PERCUTER BÊTEMENT SUR DU VIEUX PAPIER POURRI ?"

"LORSQUE LA PORTE VIDE EST GRANDE OUVERTE, IL EST STUPIDE D'ESSAYER DE SORTIR EN POUSSANT CONTRE LA FENÊTRE.

ALAS ! COMMENT POUVEZ-VOUS, MAÎTRE, SORTIR LA TÊTE DU BOURBIER EN METTANT VOTRE NEZ CONTRE DU

VIEUX PAPIER POURRI PENDANT CENT ANS ?"

EN ENTENDANT CETTE REMARQUE, LE VIEIL HOMME A POSÉ SON BOO1Z ET A DIT À SHEN TSAN : "CELA FAIT PLUSIEURS FOIS QUE TU FAIS DES REMARQUES INHABITUELLES. AUPRÈS DE QUI AS-TU ACQUIS TES CONNAISSANCES PENDANT QUE TU ÉTAIS LOIN DE CHEZ TOI ?"

SHEN TSAN RÉPONDIT : "J'AI ATTEINT L'ÉTAT DE REPOS PAISIBLE PAR LA GRÂCE DE MAÎTRE PAI CHANG. MAINTENANT, JE SUIS REVENU À LA MAISON POUR PAYER MA DETTE DE GRATITUDE ENVERS VOUS."

LE VIEUX MAÎTRE PRÉPARA ALORS UNE GRANDE FÊTE EN L'HONNEUR DE SON JEUNE DISCIPLE, CONVOQUA LES MOINES DU MONASTÈRE DANS LA SALLE D'ASSEMBLÉE ET PRIA SHEN TSAN DE PRÊCHER LE DHARMA À TOUS. SHEN TSAN MONTA ALORS SUR LE SIÈGE ÉLEVÉ ET, SUIVANT LA TRADITION DE PAI CHANG, PRÊCHA COMME SUIT :

"LA LUMIÈRE MERVEILLEUSE, LIBÉRÉE DE L'ESCLAVAGE DE LA MATIÈRE ET DES SENS, RAYONNE DE FAÇON SINGULIÈRE.

SANS ÊTRE LIÉE PAR DES MOTS ET DES LETTRES, L'ESSENCE EST EXPOSÉE À NU DANS SA PURE ÉTERNITÉ.

LA NATURE MENTALE N'EST JAMAIS SOUILLÉE ; ELLE EXISTE EN PERFECTION DEPUIS LE TOUT DÉBUT.

EN SE DÉBARRASSANT SIMPLEMENT DE SES ILLUSIONS, ON RÉALISE LA NATURE DE LA BOUDDHÉITÉ".

DÈS QUE LE VIEUX PROFESSEUR ENTENDIT CETTE STROPHE, IL FUT IMMÉDIATEMENT RÉVEILLÉ.

Un homme téléphone à l'hôpital psychiatrique et demande : "Pouvez-vous me dire qui est dans la chambre numéro 12, s'il vous plaît ?"

"Il n'y a personne dans cette pièce, monsieur", répond-on.

"Ah bon, ça veut dire que je me suis échappé !"

L'homme n'a absolument pas conscience de son propre être. Il connaît tout le reste, il essaie de connaître tout le reste - sauf son propre moi, pour la simple raison qu'il se considère comme acquis. Il pense comme s'il se connaissait lui-même Et c'est là l'erreur fondamentale, l'erreur la plus fondamentale que l'on puisse commettre.

Nous sommes, mais nous ne savons pas qui nous sommes. Nos noms nous trompent : ils nous donnent l'impression d'être ce que nous sommes. Nos corps reflétés dans le miroir, nos visages reflétés dans les yeux des gens, continuent à nous donner une certaine idée de notre identité. Lentement, nous rassemblons toutes ces informations et créons une image de nous-mêmes qui est totalement fausse. Ce n'est pas ainsi que l'on se connaît soi-même. On ne peut pas se connaître en se regardant dans les miroirs, parce que les miroirs ne peuvent que refléter notre corps - et nous ne sommes pas le corps. Vous êtes dans le corps, mais vous n'êtes pas le corps. Votre comportement, votre caractère, vos actions peuvent montrer votre esprit, mais pas vous.

Il existe une école de psychologues, l'une des plus importantes, appelée les behavioristes. Ils pensent que l'homme est son comportement : vous n'êtes rien d'autre que la totalité de vos actions, donc si vos actions peuvent être comprises, vous êtes compris. L'homme est plus, beaucoup plus que la somme totale de ses actions ; l'homme n'est pas seulement son comportement. L'homme est la conscience la plus profonde de son corps, de son esprit, de ses actions.

Si vous ne prenez pas conscience de votre conscience, si vous ne prenez pas conscience de votre lumière intérieure, vous continuez à vivre dans l'illusion. Et nous perpétuons les illusions parce qu'elles sont bon marché, facilement disponibles, qu'elles ne coûtent rien et qu'elles peuvent nous être données par d'autres.

Se découvrir soi-même est ardu : c'est partir pour la plus grande exploration. Il est plus facile d'aller sur la lune, plus facile d'aller sur l'Everest. Il est beaucoup plus difficile d'aller vers son propre centre - pour la simple raison qu'il faut voyager seul, tout seul. Comme le dit l'un des grands mystiques grecs, Plotin, "c'est un vol du seul vers le seul".

C'est pourquoi très peu de personnes sont devenues éclairées, alors que c'est le droit de naissance de chacun de l'être. Et même si parfois, par accident, les gens s'intéressent à la connaissance d'eux-mêmes, ils deviennent immédiatement victimes des mots - théories, philosophies, idéologies. Ils sont victimes des écritures, des doctrines, des dogmes ; une fois encore, ils sont perdus dans une jungle de mots. Oui, vous y trouverez de belles paroles, immensément chargées de sens, mais ce sens vous restera caché ; vous ne pourrez pas le découvrir. Vous n'avez pas pu vous découvrir vous-même ; vous ne pouvez pas découvrir le sens des paroles de Gautam le Bouddha ou de Jésus le Christ ou de Mahavira le Jaïn - c'est impossible. Vous ne pouvez comprendre que ce que vous avez expérimenté ; la compréhension ne va jamais au-delà de votre expérience. Vous pouvez accumuler des mots, vous pouvez devenir des érudits, de grands érudits. Et là encore, vous serez dans une nouvelle forme d'illusion : l'illusion que crée l'information. Plus vous avez d'informations, plus vous avez l'impression de savoir.

On pense que l'information est synonyme de connaissance, ce qui n'est pas le cas. Connaître est une chose totalement différente.

Connaître, c'est expérimenter ; l'information ne s'accumule que dans le système de mémoire. Un ordinateur peut le faire, il n'y a rien de spécial là-dedans ; il n'y a rien de spécialement humain là-dedans.

Deux gros rats sont entrés un jour dans un cinéma et sont allés directement dans la salle de projection. Une fois à l'intérieur, ils ont mangé toute la bobine de film. Après avoir mangé, l'un des rats a regardé l'autre et lui a demandé : "Tu as aimé le film ?".

Ce à quoi l'autre a répondu : "Non, j'ai préféré le livre".

Ce sont les érudits, les rats ! Ils mangent des mots, ils accumulent des mots. Ils peuvent avoir des montagnes de mots et ils deviennent très éloquents sur les mots. Ils peuvent tromper les autres ; ce n'est pas si grave car ils ne peuvent tromper que les personnes déjà trompées ; vous ne pouvez pas leur faire beaucoup plus de mal. Mais en trompant les autres, ils deviennent lentement eux-mêmes trompés, et c'est là le plus grand problème.

Quatre-vingt-dix-neuf pour cent des soi-disant religieux - saints, mahatmas - ne sont que des érudits. En ce qui concerne les mots, ils sont très intelligents, mais si vous regardez profondément dans leurs yeux, vous trouverez les mêmes êtres humains stupides. Rien n'a changé.

L'autre jour, j'ai lu une déclaration d'Abdul Ghaffar Khan, connu sous le nom de Gandhi de la frontière.

Il est considéré comme l'un des plus proches disciples du Mahatma Gandhi. Il a quatre-vingt-quatorze ans. Il a consacré toute sa vie à la philosophie de la non-violence - et la déclaration qu'il a faite est si violente que même moi, j'ai été pris de court. Je ne pensais pas qu'il ferait une chose aussi stupide à un âge aussi avancé. Cette déclaration a été faite devant Vinoba Bhave ; ils se sont rencontrés et il y a eu une conférence de presse. Aujourd'hui, tous deux sont les plus grands disciples du Mahatma Gandhi et prêcheurs de la non-violence dans le monde.

Le journaliste a demandé au Gandhi de la frontière : "Que dites-vous de Z.A. Bhutto, qui a été condamné à mort ? N'avez-vous pas essayé de le sauver ? - Parce que vous croyez en la non-violence ?"

Il est devenu furieux. Ses yeux sont devenus rouges de colère et il a dit : "Cet homme était un pécheur ! Il devait être brûlé vif en public !"

Il a complètement oublié la philosophie de la non-violence. Il ne se contente pas de le tuer ; il veut qu'il soit brûlé vif, en public. Pas tué sur la potence ou fusillé - c'est trop miséricordieux - brûlé vif, parce que c'était un pécheur.

Cet homme est-il un homme de non-violence ? Alors Jésus a dû se tromper lorsqu'il a prié Dieu :

"Abba, pardonne à tous ces gens, ceux qui me crucifient, parce qu'ils ne savent pas ce qu'ils font. Ce sont des gens inconscients, ils le font très inconsciemment".

Jésus est un homme de non-violence, pas Abdul Ghaffar Khan. Qu'a-t-il raté ? Il s'est rempli de belles paroles, mais elles n'ont pas transformé sa conscience. Et Vinoba Bhave n'a émis aucune objection, ce qui signifie qu'il était d'accord. Il était présent ; il aurait pu dire : "Que dites-vous ? Ce n'est pas du tout gandhien". Mais il ne s'y est pas opposé. Son silence montre qu'il est d'accord.

C'est ce qui est arrivé à des millions de personnes dans le monde entier. Des chrétiens ont tué des milliers de personnes au nom du Christ, Bible à la main, assassinant, massacrant.

Les mahométans ont fait de même, les hindous aussi.

Il est difficile de savoir combien de moines bouddhistes ont été brûlés par les hindous en Inde, car l'histoire de l'Inde n'existe pas du tout, personne n'a pris la peine d'écrire l'histoire. Mais des milliers de moines bouddhistes ont été brûlés vifs, tout comme Abdul Ghaffar Khan voulait brûler Z.A. Bhutto. Des milliers de bouddhistes ont été brûlés vifs - sinon, comment ont-ils tous disparu de ce pays ? L'impact de Bouddha était si grand que des millions de personnes étaient devenues bouddhistes. Qu'est-il donc arrivé à tous ces gens

? Pourquoi se sont-ils enfuis du pays ? Et tous ceux qui sont restés ont été tués.

Et les hindous parlent de non-violence, d'amour, d'amitié, d'amour universel, d'amour divin. En ce qui concerne les mots, les gens sont très intelligents et ils peuvent continuer à développer ces mots, à philosopher.

Ils peuvent entrer dans des subtilités profondes ; ils peuvent faire des distinctions très subtiles, mais leur conscience n'est pas affectée.

Une jeune nonne arrive au couvent, haletante et criant : "Mère, Mère, il s'est passé quelque chose de terrible !".

"Qu'y a-t-il, ma fille ? demande la mère supérieure, inquiète.

"Un maniaque, Mère - un maniaque sexuel m'a violée !"

"Ah non, ma fille, ah non ! Quand est-ce arrivé ?"

"Hier, avant-hier et aujourd'hui encore !

On peut imposer un caractère aux gens, mais on ne peut pas imaginer la conscience. La conscience doit être découverte. Ces personnes peuvent même atteindre le paradis, mais elles créeront leur propre paradis, elles vivront dans leur propre monde. Ils y reproduiront le même genre de monde. Si ces gens - ces hindous, ces mahométans, ces chrétiens, ces moines et ces nonnes, ces mahatmas et ces saints, ces catholiques et ces protestants - si ce sont eux qui vont au paradis, le paradis ne peut pas être différent de cette terre. Les mêmes croisades, les mêmes guerres, toutes sortes de stupidités continueront, se poursuivront. Ce ne sera qu'une répétition, peut-être à plus grande échelle, plus sophistiquée, mais ce ne sera pas qualitativement différent.

Le jeune Barrington-Smythe vient d'atteindre les portes du paradis. Saint Pierre l'accueille et lui parle de la vie sociale au paradis. "Nous faisons beaucoup de sport ici, mon jeune ami", lui dit St.

Peter. "Les lundis et jeudis, c'est le polo, et les mardis et vendredis, le cricket.

"En fait, monsieur, répond le jeune homme, je n'aime pas beaucoup le sport".

"Eh bien, vous apprécierez peut-être les mercredis soirs", a suggéré Saint-Pierre. "Il y a un grand dîner.

Après le repas, lorsque le porto a été passé plusieurs fois, nous nous lâchons vraiment, je peux vous le dire !

"En fait, monsieur, je n'aime pas boire", répond le jeune homme.

"Ah, dit Saint-Pierre. Puis, après un court silence, il a suggéré : "Alors, vous apprécierez les samedis soirs.

Nous avons un bal avec beaucoup de jeunes filles d'ici. Il y a beaucoup de choses à faire, si vous voyez ce que je veux dire !"

"En fait, monsieur", dit encore le jeune homme, "je n'aime pas vraiment la compagnie des jeunes femmes".

Après une longue pause, St. Peter a demandé : "Barrington-Smythe, vous n'êtes pas homosexuel par hasard ?".

"Oh non monsieur !"

"Dommage, dit saint Pierre, vous ne profiterez pas non plus des dimanches soirs !

Les mêmes personnes seront transportées au ciel, au paradis, ce ne sera pas du tout différent. La question n'est pas d'aller au ciel, la question n'est pas du tout de trouver Dieu. La question est de savoir "Qui suis-je ?". C'est à partir de là que commence la véritable évolution - seulement à partir de là et de nulle part ailleurs.

Le zen est la plus belle méthode jamais découverte pour pénétrer au plus profond de son être. Il ne croit pas au caractère, il ne croit qu'à la conscience. En changeant votre conscience, votre caractère est automatiquement changé, mais en changeant votre caractère, votre conscience n'est pas changée de la même manière. En fait, votre conscience est réprimée si vous changez votre caractère. Il se crée ainsi une dualité, une scission. Votre conscience reste d'un certain type, votre caractère d'un autre type, et ils se séparent. Vous devenez deux personnes ou même plusieurs.

Vous devenez polypsychique, vous devenez une foule. Au lieu de vous reposer, d'atteindre le silence profond, d'expérimenter la paix, vous devenez plus névrosé, plus bruyant. Vous perdez toute harmonie intérieure, tout accord.

C'est ce qui arrive aux soi-disant moralistes : ils continuent simplement à faire un rafistolage de l'extérieur ; ils continuent à blanchir les gens. Jésus a appelé ce blanchiment "blanchir les tombes". À l'intérieur, il y a un cadavre puant et à l'extérieur, vous l'avez blanchi. De l'extérieur, la tombe est belle ; on peut même y mettre des roses, y faire pousser des fleurs, de l'herbe. Vous pouvez lui donner une belle apparence, mais à l'intérieur, ce n'est qu'une tombe.

Telle est la situation de l'homme. Et tout cela est arrivé parce que nous avons trop cru au caractère. Nous pouvons savoir, nous pouvons ne pas savoir. Quatre-vingt-dix-neuf virgule neuf pour cent des gens dans le monde sont des comportementalistes - ce qu'ils disent n'a pas d'importance. Si vous regardez bien, ils appartiennent à l'école de Pavlov et Skinner ; ils croient tous au behaviorisme. Ils croient tous que votre comportement peut être modifié, alors vous êtes changé parce que vous n'êtes rien d'autre que votre comportement. Ils ne le disent peut-être pas, ils ne sont peut-être même pas conscients de leur croyance fondamentale, mais c'est ainsi que la société a vécu jusqu'à présent. Cette société n'est pas religieuse.

L'homme religieux n'est pas encore arrivé, la société religieuse n'a pas encore vu le jour, la culture religieuse est encore dans l'avenir - à l'horizon, mais nous devons l'apporter ; cela ne s'est pas encore produit. Cela s'est produit dans quelques cas individuels ici et là, mais ces personnes se comptent sur les doigts de la main.

Il s'agit d'une histoire d'une grande beauté. Il faut s'y plonger avec beaucoup de recueillement, car chaque déclaration contient de grands trésors.

LE MAÎTRE ZEN SHEN TSAN A OBTENU SON ILLUMINATION GRÂCE À PAI CHANG.

LA PREMIÈRE CHOSE est de faire la différence entre un Maître et un enseignant. Le zen fait une distinction très nette : le maître est celui qui vous enseigne ; il ne s'est peut-être pas connu lui-même, mais il a étudié. C'est un érudit, il connaît les écritures. Il peut vous aider à entrer dans le monde des livres ; il peut vous introduire dans les subtilités des philosophies, des idéologies, des doctrines. Il peut vous donner une éducation, des informations, mais il ne peut pas vous transformer.

Le Maître est celui qui apporte une transformation à votre être, qui vous aide à trouver votre propre lumière.

Le travail de l'enseignant est direct ; il vous transmet simplement ce qu'il sait. La connaissance est transmissible, la sagesse ne l'est pas. Le travail du maître est donc indirect, il ne peut jamais être direct. Le Maître fonctionne comme un agent catalytique - sa présence aide. C'est comme le soleil qui se lève le matin, et les oiseaux commencent à chanter. Ils sont réveillés, ils volent, ils profitent du nouveau jour, ils accueillent le nouveau jour avec des chants. Le soleil ne leur a rien fait directement, mais quelque chose s'est produit ; le soleil a créé un milieu dans lequel les oiseaux se sentent frais, jeunes, vivants. Les fleurs commencent à s'ouvrir. Le soleil ne s'approche pas de chaque fleur et ne la force pas à s'ouvrir - pas de cette manière directe, mais ses rayons dansent autour de la fleur. Il donne de la chaleur à la fleur, il l'encourage, mais d'une manière très délicate. Les fleurs doivent être traitées avec délicatesse ; si vous forcez leurs pétales à s'ouvrir, vous les détruirez. Vous pourrez peut-être les ouvrir, mais en les ouvrant, vous les aurez tuées ; elles ne seront plus vivantes. Le soleil crée simplement un climat dans lequel elles peuvent s'ouvrir, dans lequel elles ont envie de s'ouvrir. Un sentiment intérieur naît en elles ; un instinct intérieur se synchronise avec la chaleur du soleil. Les fleurs s'ouvrent et commencent à exhaler leur parfum.

C'est exactement le travail du Maître. Il ne peut pas vous remettre ce qu'il sait, mais il peut créer un certain champ d'énergie dans lequel vos pétales peuvent s'ouvrir, dans lequel vos graines peuvent être encouragées, dans lequel vous pouvez rassembler suffisamment de courage pour faire le saut, dans lequel un saut quantique devient possible.

Par conséquent, l'illumination n'est pas une œuvre directe du Maître. Elle se produit par son intermédiaire, par sa grâce, mais pas par lui.

LE MAÎTRE ZEN SHEN TSAN A OBTENU SON ILLUMINATION GRÂCE À PAI CHANG.

N'oubliez pas le mot "à travers" et non "par".

IL RETOURNA ENSUITE AU MONASTÈRE OÙ IL AVAIT ÉTÉ ORDONNÉ PAR SON "PREMIER MAÎTRE"...

Notez la différence. Pai Chang est appelé "Maître", Shen Tsan est appelé "Maître", mais son ancien professeur n'est pas appelé "Maître", seulement "professeur", parce qu'il l'a ordonné uniquement dans le monde des écritures, des théories - de belles théories mais toutes vides, sans contenu.

C'était le moine qui l'avait élevé depuis l'enfance et qui, à ce moment-là, était un homme très âgé.

UN JOUR, SHEN TSAN AIDAIT SON VIEUX PROFESSEUR À SE BAIGNER. TOUT EN LAVANT LE DOS DU VIEIL HOMME, IL LUI DIT : "C'EST UN SI BEAU TEMPLE, MAIS LE BOUDDHA QUI S'Y TROUVE N'EST PAS DU TOUT SAINT !"

Le mot "saint" n'est jamais utilisé par les adeptes du zen dans le sens chrétien ou hindou. Il n'est pas utilisé dans le sens de sacré, car pour le zen, il n'y a rien de sacré ni de banal. Le mot "saint" est utilisé dans son sens littéral de plénitude. Celui qui est entier est saint, celui qui vit une vie de totalité est saint.

Celui qui vit de manière fragmentaire, sans enthousiasme, divisé, vacillant, désintégré, est impie. Cela n'a rien à voir avec la pureté ou l'impureté, souvenez-vous. Cela n'a rien à voir avec la vertu ou le péché, souvenez-vous.

L'utilisation zen du mot "saint" signifie simplement quelqu'un qui est entier, quelqu'un qui vit chaque moment dans sa totalité. Quoi qu'il fasse, il le fait totalement. S'il mange, il mange saintement ; s'il dort, il dort saintement. S'il parle, il parle saintement. S'il écoute, il écoute saintement. Quel que soit l'acte, sa conscience y est totalement impliquée, engagée. Il est passionnément présent dans ses actions. S'il se tait, c'est qu'il se tait vraiment, et pas seulement en surface. Vous pouvez creuser de plus en plus profondément en lui, mais vous ne trouverez que silence et silence, couche après couche. Au fur et à mesure que vous vous enfoncez, vous trouvez des couches de silence de plus en plus épaisses. Lorsque vous atteignez le cœur de l'homme, vous ne trouvez rien d'autre que le silence. Son goût est le même.

Bouddha avait l'habitude de dire : "Le saint homme a le même goût, tout comme l'océan. Vous pouvez le goûter de n'importe où - d'ici ou de là, de la rive ou du milieu - il est toujours salé. Il en va de même pour le saint homme.

Le saint homme vit sans se retenir ; quoi qu'il fasse, il s'y consacre totalement.

Shen Tsan donnait un bain à son vieux professeur. En lui frottant le dos, il lui dit :

"C'EST UN SI BEAU TEMPLE..."

Selon le zen, chaque corps est un temple raffiné. Chaque corps est un sanctuaire de Dieu ; Dieu est enchâssé en chacun. Il n'est pas nécessaire d'aller ailleurs pour trouver Dieu ; si vous pouvez vous trouver vous-même, vous avez trouvé Dieu.

Il se cache en vous - il est votre intérieur.

"C'EST UN SI BEAU TEMPLE", DIT SHEN TSAN, "MAIS LE BOUDDHA QUI S'Y TROUVE N'EST PAS DU TOUT SAINT".

Peut-être que le vieux professeur prenait un bain tout en récitant un sutra. C'est ce que font les moines bouddhistes ; ils continuent à prendre un bain et à réciter un sutra. Les pundits hindous font de même, les sannyasins hindous font de même. Ils vont se baigner dans le Gange et récitent le gayatri et d'autres mantras.

Ils sont divisés ! Si vous voulez réciter le gayatri, récitez le gayatri - oubliez de prendre un bain. Et lorsque vous prenez un bain, prenez le bain, oubliez le gayatri. Que ce bain soit votre seul mantra.

Il a dû réciter un mantra, car ils pensent : "Pourquoi perdre du temps ? On peut faire les deux." Ils continueront à manger et à réciter à l'intérieur un certain mantra sacré. Pourquoi perdre du temps ? Mais alors vous manquez la totalité du repas, vous ne goûtez pas votre nourriture. Comment pouvez-vous le faire ? L'esprit n'est capable de faire qu'une seule chose à la fois ; il ne peut pas faire deux choses à la fois - c'est impossible. Si vous mangez, faites en sorte que toute votre conscience soit celle du goût, de l'odorat. Oubliez tout ! Alors, même un pain ordinaire peut avoir le goût de la nourriture la plus délicieuse qui soit. Mais vous n'êtes pas présent.

Regardez les gens qui mangent - ils parlent, il y a des gens qui écoutent la radio ou qui regardent la télévision. J'ai entendu dire que des Américains stupides faisaient même l'amour en regardant la télévision ! - Que dire de l'alimentation ? Pourquoi manquer ? Vous pouvez faire les deux choses - vous pouvez faire l'amour et vous pouvez continuer à regarder la télévision. Maintenant, vous ne verrez pas la télévision et vous ne ferez pas l'amour ; vous ne pourrez profiter ni de l'un ni de l'autre, vous manquerez les deux. Il y a des gens qui ne peuvent pas manger s'ils n'ont pas de compagnie pour parler, bavarder et discuter. Lorsque vous parlez, vous continuez à avaler - avaler n'est pas manger.

Manger devrait être une méditation, une prière. Vous devriez être plus respectueux de la nourriture car c'est la vie, c'est la nourriture. C'est alors que surgissent mille et un problèmes. Parce que pendant que vous mangez, vous lisez le journal, vous vous disputez avec votre femme, vous écoutez la radio, vous regardez la télévision, vous parlez à un ami ou vous tenez le téléphone, vous manquerez la joie de manger. Vous mangerez davantage parce que vos papilles gustatives ne se sentiront pas satisfaites. Vous accumulerez alors des graisses inutiles dans votre corps.

Il faut alors commencer à faire des régimes, des jeûnes, de la naturopathie et toutes sortes d'autres choses absurdes. Mais la chose simple qu'il aurait fallu faire en premier lieu était de manger et de ne rien faire d'autre.

Lorsqu'on demanda à Lin Chi : "Quelle est votre méditation ?", il répondit : "Quand je mange, je mange tout simplement, et quand je dors, je dors tout simplement. Quand je marche, je marche tout simplement.

La personne qui posait la question a dit : "Mais c'est ce que nous faisons tous".

Lin Chi dit : "Non, ce n'est pas ce que vous faites. Lorsque vous mangez, vous faites mille et une autres choses. Je le sais parce que j'ai été comme vous avant de devenir illuminé. J'ai vécu de la même manière folle et stupide, alors je sais comment tu vis. Ne me dis pas que c'est ce que tout le monde fait".

La chose la plus stupide dans la vie est de vivre à moitié, parce que le moment qui est passé est passé pour toujours.

Mais les gens vivent de manière tellement inconsciente qu'il leur est presque impossible d'être conscients de ce qu'ils font.

Un homme rentrait chez lui après son travail, dans un quartier résidentiel de banlieue d'une ville américaine typique. Les maisons se trouvaient dans une grande enceinte entourée de belles pelouses. Alors qu'il marchait, un énorme mal de ventre l'a saisi. Comme il faisait déjà nuit et qu'il restait encore trois pâtés de maisons à parcourir, il décida de soulager son mal de ventre sous un buisson à côté d'une maison voisine. Il a terminé, s'est levé, a fermé son pantalon et a jeté un coup d'œil à son travail. Quelle surprise ! Il n'y avait rien.

L'herbe était propre, très propre. Pour s'en assurer, il a allumé son briquet, mais il n'y avait rien, et c'est très perplexe qu'il est rentré chez lui.

Cette nuit-là, il ne put s'endormir en pensant au mystère de la disparition de la merde et lorsqu'il découvrit que son briquet avait disparu le lendemain, il retourna dans le jardin. Il trouva le briquet mais aucune trace de la merde.

En se redressant, il croise le regard d'une vieille dame offusquée. "Ah !" s'écrie-t-elle. "C'est donc vous qui avez chié sur ma tortue !"

Si vous observez votre vie, vous verrez ce que vous faites. Et ce n'est pas seulement le cas des gens ordinaires, mais aussi des gens que vous qualifiez de très extraordinaires, les génies ; ils sont aussi inconscients que vous, voire plus.

On dit de Karl Marx, le fondateur du communisme, qu'un jour où il étudiait au British Museum, il a découvert pour la première fois la théorie selon laquelle si vous buvez ou fumez, ou utilisez quoi que ce soit, vous pouvez économiser de l'argent en l'utilisant davantage. Par exemple, si vous fumez une cigarette d'une marque très chère et que vous commencez à utiliser une cigarette moins chère, vous économiserez de l'argent sur chaque cigarette ; plus vous fumez de cigarettes, plus vous économiserez de l'argent. Il était ravi.

Il s'est rendu au marché - c'était un fumeur invétéré - et a acheté les cigarettes les moins chères, autant qu'il pouvait en porter à la maison. Sa femme n'en croyait pas ses yeux : "Sa femme n'en croyait pas ses yeux : "Il apporte tant de paquets - va-t-il ouvrir un magasin ou quelque chose comme ça ? Elle lui demande : "Qu'est-ce qui se passe ?"

Il était tellement heureux qu'il a dit : "Attendez ! Maintenant, il n'y a plus besoin de travailler. Nous ne pouvons économiser de l'argent qu'en fumant de plus en plus. Vous aussi, commencez à fumer, et n'empêchez pas non plus les enfants de fumer.

Et quiconque vient à la maison, qu'il fume autant que nous - plus d'argent sera économisé. Chaque cigarette permettra d'économiser beaucoup d'argent !" Il ferma les portes et commença à fumer.

La femme s'est dit : "Il est devenu fou. Comment pouvez-vous économiser de l'argent si vous continuez à fumer, juste à fumer ?"

Elle a appelé son ami Friedrich Engels, qui s'est efforcé de lui dire : "Tu es fou !".

Il lui a fallu des heures pour le convaincre : "C'est absurde ! Vous mourrez d'un cancer ou d'une maladie dangereuse - et vous n'économiserez pas d'argent ! La théorie n'est correcte que si vous fumez douze cigarettes d'une marque coûteuse et douze cigarettes d'une marque bon marché ; vous économiserez alors de l'argent. Mais cela ne veut pas dire que vous continuez à fumer des cigarettes jour et nuit et que vous n'avez plus besoin de travailler.

Aujourd'hui, des personnes comme Karl Marx, que l'on croit très logiques, peuvent se comporter de manière très inconsciente.

Un jour, c'est arrivé :

Edison écrivait des lettres. Sa femme arriva et elle savait qu'il n'aimait jamais être dérangé au milieu de son travail parce qu'il lui arrivait de perdre le fil de sa théorie. Elle lui avait apporté son petit-déjeuner, elle le garda donc à côté et s'en alla vaquer à d'autres occupations.

Entre-temps, un ami est arrivé. Voyant que le petit déjeuner refroidissait et qu'il était très occupé à écrire, il mangea le petit déjeuner pour lui faire une blague. Lorsqu'il eut terminé sa lettre, il regarda autour de lui. Voyant l'assiette vide, il dit à son ami : "Désolé, tu es arrivé un peu tard - j'ai fini mon petit-déjeuner."

Voyant l'assiette vide, il se dit qu'il doit avoir fini, qu'il doit avoir mangé le petit déjeuner.

Pas même les gens ordinaires, mais vos soi-disant génies... Edison est l'un des plus grands talents de tous les temps : il a découvert mille choses - mille choses, c'est un exploit rare - mais il est resté toute sa vie inconscient, à tel point qu'il a un jour oublié son propre nom.

On dit d'Emmanuel Kant, un grand philosophe allemand, qu'il fallait lui rappeler chaque petite chose tant sa vie était inconsciente. Chaque petite chose devait lui être rappelée, même des choses comme celle-ci :

Un jour, il rentra à la maison après sa promenade du soir, se tint dans le coin de la pièce, posa son bâton de marche sur le lit, pensant qu'il était allongé sur le lit et que le bâton de marche se tenait dans le coin de la pièce. Le domestique, voyant la lumière allumée, regarda par le trou de la serrure, fut perplexe - que se passe-t-il ? - car il voit Emmanuel Kant debout dans le coin de la pièce et le bâton couché sur le lit. Il frappe à la porte.

Emmanuel Kant ouvrit la porte et le serviteur demanda : "Qu'est-ce qu'il y a ? Que faites-vous ?"

Il a déclaré : "Moi aussi, je me sens un peu bizarre. Quelque chose ne va pas, mais je ne sais pas exactement ce que c'est. Je me sens très fatigué !"

Chaque homme a un bouddha en lui, mais ce bouddha n'est pas saint, n'est pas entier. Nous vivons en fragments. Quelqu'un vit dans sa tête, quelqu'un vit dans son corps, quelqu'un vit ailleurs. Quelqu'un se concentre sur l'argent, quelqu'un sur le pouvoir, quelqu'un sur un autre voyage, un autre chiffre. Mais personne n'est pleinement conscient de ce qu'il fait, de ce qu'il est.

"C'EST UN SI BEAU TEMPLE, DIT SHEN TSAN, MAIS LE BOUDDHA QUI S'Y TROUVE N'EST PAS DU TOUT SAINT. SON VIEUX MAÎTRE S'EST RETOURNÉ ET L'A REGARDÉ. SHEN TSAN A ALORS DÉCLARÉ : "MÊME SI LE BOUDDHA N'EST PAS SAINT, IL PEUT QUAND MÊME RAYONNER LA LUMIÈRE."

À ce moment-là, le vieux professeur s'est retourné - choqué d'une certaine manière, car les propos de Shen Tsan étaient très choquants, d'une certaine manière impolis de la part d'un disciple, disant qu'il n'est pas saint ! - sous le choc, son esprit a dû s'arrêter. En regardant Shen Tsan pendant un moment, il a dû se trouver dans un état de non-esprit - juste pendant un moment. Et c'est à ce moment-là que l'on commence à rayonner le Bouddha.

... SHEN TSAN COMMENTE : "BIEN QUE LE BOUDDHA NE SOIT PAS SAINT, IL PEUT TOUJOURS RAYONNER LA LUMIÈRE".

Une fois de temps en temps... donc s'il peut rayonner la lumière une fois de temps en temps, il peut rayonner la lumière pour toujours. Ce n'est qu'une question d'un peu plus de conscience.

UN JOUR, ALORS QUE LE VIEIL HOMME LISAIT UN SUTRA PRÈS D'UNE FENÊTRE RECOUVERTE DE PAPIER, UNE ABEILLE TENTA DÉSESPÉRÉMENT, DE TOUTES SES FORCES, DE S'ENVOLER HORS DE LA PIÈCE À TRAVERS LE PAPIER, MAIS N'Y PARVINT PAS.

Les abeilles semblent avoir quelque chose de semblable à l'esprit humain, exactement le même type de stupidité. Les portes peuvent être ouvertes, mais si une abeille se trouve à l'intérieur de la pièce, elle est prise à l'intérieur de la pièce... et elle peut être venue par la porte ouverte, mais elle essaiera de sortir par la fenêtre fermée. Les abeilles, mais aussi les autres oiseaux, se comportent de la même manière. N'importe quel oiseau peut entrer dans votre chambre ; les portes sont ouvertes, il est venu par la porte, mais il ne peut pas revenir par la même porte. Il commence à essayer de passer par le mur, par le plafond... et plus il essaie, plus il devient désespéré, parce qu'il n'y a aucun moyen de passer par le plafond, par le mur ou par la fenêtre fermée. Et dans ce désespoir, cette frustration, il devient de plus en plus aveugle, effrayé, craintif. Il perd toute intelligence. Il en va de même pour les êtres humains.

Un jour, Bouddha entra dans l'assemblée des moines. Ce devait être un matin comme celui-ci.

Ses sannyasins étaient assis et l'attendaient. Ils étaient perplexes car c'était la première fois que Bouddha venait avec quelque chose à la main - un mouchoir. Ils regardèrent tous le mouchoir. Qu'y avait-il ? Il doit contenir quelque chose de spécial. Bouddha s'assit sur l'estrade et, au lieu de commencer à parler à l'assemblée, il regarda le mouchoir et commença à y faire quelques nœuds, cinq en tout. Toute l'assemblée regardait : que se passe-t-il ?

Puis il a demandé à l'assemblée : "Quelqu'un peut-il me dire si ce mouchoir est le même qu'avant les nœuds ?".

Sariputta dit : "C'est une question délicate. D'une certaine manière, le mouchoir est le même parce que rien n'a changé, d'une autre manière, il n'est pas le même parce que ces cinq nœuds sont apparus alors qu'ils n'existaient pas auparavant. Mais en ce qui concerne la nature intérieure du mouchoir - sa nature - il est le même ; mais en ce qui concerne sa forme, il n'est plus le même. La forme a changé, le fond est le même".

Bouddha a dit : "D'accord. Maintenant, je veux ouvrir ces nœuds." Et il commença à étirer les deux extrémités du mouchoir en les éloignant l'une de l'autre. Il demanda à Sariputta. "Qu'en penses-tu ? En tendant plus loin, vais-je pouvoir ouvrir les nœuds ?"

Il a dit : "Vous rendrez les nœuds encore plus difficiles à ouvrir parce qu'ils deviendront plus petits, plus serrés. '

Bouddha dit : "D'accord. Alors je veux poser la dernière question : que dois-je faire pour pouvoir ouvrir les nœuds, les nœuds noués ? Comment puis-je les défaire à nouveau ?"

Sariputta dit : " Bhagwan, j'aimerais d'abord m'approcher et voir comment les nœuds ont été faits. Si je ne sais pas comment ils ont été noués, il me sera difficile de proposer une solution."

Bouddha dit : "C'est vrai, Sariputta. Tu es béni, car c'est la question la plus fondamentale à poser. Si vous êtes dans une certaine situation, la première chose à faire est de savoir comment vous vous êtes retrouvé dans cette situation plutôt que d'essayer de vous en sortir.

Si vous ne posez pas la question la plus fondamentale et la plus importante, vous ne ferez qu'empirer les choses".

Et c'est ce que font les gens. Ils demandent : "Comment pouvons-nous nous libérer de notre sexualité, de notre avidité, de notre colère, de notre attachement, de notre jalousie, de notre possessivité, de ceci et de cela ?" sans se demander : "Comment sommes-nous entrés là-dedans ?"

L'approche du Bouddha consiste à voir d'abord comment on entre dans la colère. Si vous pouvez voir l'entrée, la même porte est la sortie ; aucune autre porte n'est nécessaire. Mais sans connaître l'entrée, si vous essayez de trouver la sortie, vous ne la trouverez pas ; vous deviendrez de plus en plus désespéré. Et c'est ce que les gens continuent à faire.

Dans les Écritures, que cherchez-vous ? - Des solutions. C'est vous qui créez les problèmes - et les solutions sont dans les Ecritures ! Pourquoi ne regardes-tu pas les problèmes toi-même ? Comment les créez-vous ? Pourquoi ne regardez-vous pas quand vous créez un certain problème ? Et vous en créez tous les jours, il n'est donc pas question de revenir en arrière. Aujourd'hui, vous allez à nouveau vous mettre en colère, aujourd'hui vous allez à nouveau ressentir l'envie de faire l'amour : voyez comment elle surgit, voyez comment vous y entrez, comment vous y êtes accroché, comment elle devient si grosse comme un nuage qui vous entoure et dans lequel vous vous perdez. Et puis tu vas demander aux autres !

Vous fonctionnez presque comme une abeille stupide. Les abeilles peuvent être pardonnées, mais vous ne pouvez pas l'être.

Shen Tsan saisit toutes les occasions pour faire savoir à son ancien professeur ce qui lui est arrivé. Il ne veut pas le dire directement parce que cela ne peut pas être dit directement. Il serait trop impoli de dire directement que "je suis devenu illuminé". Cela pourrait gêner plutôt qu'aider ; l'ego de l'ancien professeur pourrait être blessé. Et l'illumination ne peut pas être revendiquée ; il faut en apporter la preuve. Il faut être très séduisant, et c'est ce qu'il fait. Il est très séduisant ; il lance ici et là quelques remarques comme des flèches, frappant de toutes parts dans le cœur même du vieux professeur, pour lui faire prendre conscience que Shen Tsan n'est pas la même personne que celle qu'il lui avait laissée. Un être totalement nouveau est venu à lui, une nouvelle conscience est née en lui. Il renaît.

... TANDIS QUE LE VIEIL HOMME LISAIT UN SUTRA...

Aujourd'hui, il est devenu vieux, mais il lit encore un sutra. Les sutras sont bons quand on est enfant, les sutras sont bons quand on est jeune, mais il y a un moment où il faut devenir assez mûr pour aller au-delà de l'information et commencer à chercher la transformation. Cet homme est devenu si vieux ; il doit encore tenir un ancien sutra, les mains tremblantes, à la recherche d'une issue.

Et la belle occasion s'est présentée parce qu'une abeille est entrée dans la pièce. Maintenant, l'abeille est entrée par la porte ouverte. Par où va-t-elle entrer ? Comment es-tu entré dans le monde ? Comment entrez-vous chaque jour, en vous levant le matin, dans le monde ?

Avez-vous déjà observé ? - Lorsque vous vous rendez compte pour la première fois le matin que le sommeil est parti, il y a un intervalle de quelques secondes pendant lequel l'esprit n'existe pas - seulement quelques secondes.

Le sommeil n'est plus et le monde n'a pas encore commencé. L'esprit mettra un peu de temps à démarrer. Il y a un écart, un intervalle, quelques secondes. Si vous êtes suffisamment attentif, vous pourrez voir comment vous entrez chaque jour dans le monde. Quelle est votre première pensée ? Pouvez-vous dire quelle a été votre première pensée aujourd'hui ?

Vous devez être entré, mais vous n'êtes pas du tout au courant.

Nous vivons de manière si mécanique. Chaque instant est une opportunité, mais nous continuons à la perdre dans notre stupidité.

... L'ABEILLE A ESSAYÉ DÉSESPÉRÉMENT DE TOUTES SES FORCES... DE TOUTE SA VOLONTÉ...

DE S'ENVOLER HORS DE LA PIÈCE À TRAVERS LE PAPIER.

C'est ce que les yogis, les soi-disant ascètes, essaient de faire de toute leur volonté, de tous leurs efforts, de toute leur force. Ils essaient de traverser le mur plutôt que de s'asseoir en silence, de devenir calmes et silencieux, de chercher la porte par laquelle ils sont entrés.

Le plus important, lorsque vous êtes confronté à un problème, est de ne pas commencer immédiatement à faire quelque chose, sous peine d'aggraver le problème. Le plus important est de ne rien faire pour l'instant. Asseyez-vous en silence, détendez-vous, reposez-vous, soyez dans le laisser-aller. Plutôt que d'essayer de trouver le chemin, regardez d'où vous êtes parti, car chaque problème a sa propre solution et chaque question a sa propre réponse. Si vous êtes suffisamment attentif, suffisamment conscient, vous pourrez la trouver là, et nulle part ailleurs. Aucune écriture ne vous aidera.

L'ABEILLE ESSAYAIT, DE TOUTES SES FORCES, DE S'ENVOLER HORS DE LA PIÈCE À TRAVERS LE PAPIER, MAIS N'Y PARVENAIT PAS. SHEN TSAN, VOYANT CELA, DIT : "LE MONDE EST SI VASTE ET SI ÉTENDU QUE TU PEUX FACILEMENT T'Y LIBÉRER. POURQUOI DONC VOUS ENFONCEZ-VOUS BÊTEMENT DANS DU VIEUX PAPIER POURRI ?"

C'en était trop ! Le Maître lit de vieilles écritures. Et plus les écritures sont anciennes, plus les gens pensent qu'elles sont bonnes ; plus elles sont pourries, plus elles sont importantes ; plus elles sont anciennes, plus elles sont significatives.

Le zen croit qu'il faut brûler les écritures. La peinture zen la plus célèbre représente Bodhidharma brûlant les écritures, les jetant au feu. Cela ne veut pas dire littéralement. Il y a des fous...

J'avais un tableau lorsque je vivais à Jabalpur - un ami avait apporté un tableau représentant Bodhidharma en train de brûler les écritures. Un jeune homme venait me voir ; il avait vu le tableau et m'en demandait la signification. Je lui ai donné la signification. Il est rentré chez lui et a brûlé toutes ses écritures. Il n'a pas pu dormir de la nuit parce qu'il était très perturbé. Les dieux peuvent se mettre en colère - qu'est-ce qu'il a fait ?

Tôt le matin, à quatre heures, il a frappé à ma porte. Il m'a dit : "Sauve-moi, je m'énerve !

Ce que vous avez suggéré, je l'ai fait - j'ai brûlé les écritures. Ma mère est folle, mon père est fou. Toute ma famille pense que je dois être placé dans un asile psychiatrique parce que j'ai brûlé le SRIMAD BHAGAVAD GITA, et ils disent que c'est l'acte le plus sacrilège qui soit. J'ai essayé de les convaincre de votre existence et de vos idées, mais ils m'ont dit : "Cet homme est fou et vous êtes fou". Qu'est-ce que je suis censé faire maintenant ? Je n'ai pas pu dormir de la nuit. J'ai moi-même peur. Krishna a dû se sentir offensé. Maintenant, comment puis-je être sauvé ?"

Je lui ai dit : "Combien d'écritures aviez-vous ?". Il m'a répondu : "J'avais le RAMAYANA et le SRIMAD BHAGAVAD GITA et quelques autres."

J'ai téléphoné à un libraire et j'ai commandé ces livres. J'ai donné ces livres au jeune homme et je lui ai dit de ne plus jamais venir me voir : "Parce que tu n'es pas la personne qu'il faut pour venir ici - tu es un imbécile !

Cette peinture et tout ce que j'ai dit ne doivent pas être pris au pied de la lettre ; il s'agit d'une métaphore. C'est une métaphore. Elle est significative en tant que métaphore. Oui, vous devez brûler toutes les écritures de votre esprit. Brûler du vieux papier pourri ne servira à rien. S'il n'est pas utile de le lire, comment pourrait-il l'être de le brûler ? C'est le même vieux papier pourri, qu'on le lise ou qu'on le brûle".

Le Maître a dû sentir que quelque chose devait être fait maintenant, et comme le Maître sentait que son disciple n'était plus le même, Shen Tsan a dit ce magnifique sutra :

"ALORS QUE LA PORTE VIDE EST GRANDE OUVERTE, COMME IL EST STUPIDE D'ESSAYER DE SORTIR EN POUSSANT CONTRE LA FENÊTRE !

ALAS ! COMMENT POUVEZ-VOUS, MAÎTRE, SORTIR LA TÊTE DU BOURBIER EN METTANT VOTRE NEZ CONTRE DU VIEUX PAPIER POURRI PENDANT CENT ANS ?"

Il a d'abord parlé comme s'il s'adressait à l'abeille, puis il s'est adressé directement au Maître. Il a senti que le moment était venu et que le Maître était prêt à l'écouter.

EN ENTENDANT CETTE REMARQUE, LE VIEIL HOMME A POSÉ SON LIVRE ET A DIT À SHEN TSAN : "CELA FAIT PLUSIEURS FOIS QUE VOUS FAITES DES REMARQUES INHABITUELLES"

Seuls les bouddhas peuvent faire des remarques inhabituelles ; ils sont obligés de faire des remarques inhabituelles. Ce n'est que par la sagesse que naît le feu de la rébellion. La connaissance est conventionnelle, les experts sont traditionnels.

Seules les personnes éclairées sont le sel de la terre.

LE VIEUX PROFESSEUR DIT : "DEPUIS QUELQUES TEMPS, TU FAIS DES REMARQUES INHABITUELLES. DE QUI AS-TU ACQUIS TES CONNAISSANCES PENDANT QUE TU ÉTAIS LOIN DE LA MAISON ?"

SHEN TSAN RÉPOND : "J'AI ATTEINT L'ÉTAT DE REPOS PAISIBLE..."

C'était le moment, le bon moment. Tout doit être dit à un moment précis ; si vous le dites quand ce n'est pas le bon moment, c'est inutile. C'est pourquoi le Maître doit attendre, attendre la bonne saison, le bon climat, le bon moment. On ne sait jamais quand il arrivera, mais quand il arrive, alors seulement l'éveil est possible.

SHEN TSAN A RÉPONDU : "J'AI ATTEINT L'ÉTAT DE REPOS PAISIBLE... JE SUIS ARRIVÉ À MON CENTRE... PAR LA GRÂCE DE MAÎTRE PAI CHANG "

N'oubliez pas le mot "grâce" : non pas par l'effort, mais par la grâce.

"MAINTENANT, JE SUIS REVENU À LA MAISON POUR PAYER MA DETTE DE GRATITUDE ENVERS VOUS.

"Et je suis revenu à la maison parce que vous m'avez élevé, vous avez travaillé dur avec moi.

Tout ce que vous saviez, vous avez essayé de me le transmettre. Bien sûr, vous n'étiez pas éclairé et vous ne pouviez pas m'aider à le devenir, mais sans vous, je n'aurais peut-être pas pu trouver l'homme qu'il me fallait, Pai Chang".

Et Pai Chang était un homme rare. Il n'était ni moine, ni bhikkhu, ni sannyasin, il vivait la vie d'un homme ordinaire, d'un homme du monde. Il est resté laïc toute sa vie, même après avoir été illuminé. Il n'a jamais cessé ses activités ordinaires. Il a eu des milliers de disciples, beaucoup de gens se sont rassemblés autour de lui, mais il a continué à faire son travail habituel. De nombreuses personnes l'ont invité, même le roi, à ne plus travailler et à construire un grand monastère pour lui. Tu as tellement de disciples que tu n'as pas besoin de travailler. Tu peux aider les gens."

Il a dit : "J'aide. C'est la seule façon d'aider les gens. J'aimerais rester sur le marché."

Ce vieux professeur était peut-être beaucoup plus célèbre ; il avait de nombreux disciples - Pai Chang n'était qu'un laïc - mais c'était le bon moment pour lui parler. Au début, il n'aurait peut-être pas écouté du tout, il se serait peut-être senti offensé, mais Shen Tsan lui dit : "Je devais venir te présenter mes respects, ma gratitude. Vous avez fait beaucoup pour moi - vous m'avez préparé pour Pai Chang".

Un vrai chercheur se sent toujours reconnaissant envers tous ceux qui l'ont aidé de quelque manière que ce soit.

Il est reconnaissant envers ses parents, il est reconnaissant envers tous ses professeurs ; il est reconnaissant même envers les personnes qui l'ont trompé, qui étaient des pseudo-professeurs, qui n'étaient même pas de vrais professeurs, qui étaient des tricheurs.

Mais il leur est reconnaissant, car ils vous ont tous aidé, positivement ou négativement, d'une manière ou d'une autre.

Si vous êtes ici, c'est grâce à de nombreuses personnes, bonnes ou mauvaises. Le jour où vous renaîtrez, souvenez-vous que vous devez quelque chose à tout le monde, à tous ceux qui vous ont aidé d'une manière ou d'une autre. Le mari qui a divorcé, la femme qui vous a quitté pour aller avec quelqu'un d'autre, les parents qui vous ont abandonné, qui vous ont oublié, les nombreux pseudo-enseignants qui parcourent le monde en exploitant les gens, ils ont tous aidé d'une certaine manière. Lorsque vous serez éclairé, vous saurez comment ils vous ont tous aidé. Si le mari n'avait pas divorcé, vous n'auriez peut-être pas été ici du tout - vous seriez peut-être encore en train de traîner avec cet imbécile ! Vous lui êtes très reconnaissante. La femme qui vous a quitté pour aller avec un autre, ne lui en voulez pas ; elle vous a rendu un grand service, sinon vous n'auriez peut-être pas été ici. Elle vous harcèle peut-être encore !

Tout ce qui s'est passé a été bon. Une fois que vous atteignez le repos ultime, tout devient doré. Même les nuits, les nuits sombres deviennent des sources de beaux matins, de belles aubes.

LE VIEUX MAÎTRE PRÉPARA ALORS UNE GRANDE FÊTE EN L'HONNEUR DE SON JEUNE DISCIPLE, CONVOQUA LES MOINES DU MONASTÈRE DANS LA SALLE D'ASSEMBLÉE ET PRIA SHEN TSAN DE PRÊCHER LE DHARMA À TOUS. SHEN TSAN MONTA ALORS SUR LE SIÈGE ÉLEVÉ ET, SUIVANT LA TRADITION DE PAI CHANG, PRÊCHA COMME SUIT...

L'ANCIEN PROFESSEUR l'a immédiatement compris, même s'il ne faisait que lire les écritures, mais il devait être un homme perspicace et compréhensif, pas seulement un érudit stupide - un érudit, mais à la recherche de quelque chose de plus, essayant de transcender les mots et d'atteindre le contenu. Il reconnut immédiatement la lumière qui était apparue sur le visage de son disciple. Il pouvait voir l'éclat, il pouvait sentir le parfum. Et puis il n'a pas été avare. Il le respecta, organisa une grande fête, une grande cérémonie en son honneur, convoqua toute l'assemblée, tous ses étudiants et disciples, et lui demanda de s'élever et de prêcher le dharma à tous.

APRÈS QUOI SHEN TSAN EST MONTÉ SUR LE SIÈGE LE PLUS ÉLEVÉ...

et n'a parlé que de ces quelques mots, mais ils sont d'une grande beauté :

"LA LUMIÈRE MERVEILLEUSE, LIBÉRÉE DE L'ESCLAVAGE DE LA MATIÈRE ET DES SENS, RAYONNE DE FAÇON SINGULIÈRE.

Si vous devenez conscient, vous savez immédiatement que vous n'êtes ni le corps ni l'esprit ; vous êtes la pure conscience, et cette pure conscience est la merveilleuse lumière. C'est la lumière dont parle Bouddha : "Sois une lumière pour toi-même".

"NE SONT PAS LIÉS PAR DES MOTS ET DES LETTRES..."

Il n'est pas limité à un mot ou à une lettre. Il est au-delà de toute description, de toute expression, de toute définition.

"L'ESSENCE EST EXPOSÉE DANS SA PURE ÉTERNITÉ.

Mais si vous avez des yeux pour voir, si vous avez de l'intelligence, elle est disponible dans toute sa nudité, dans toute sa pureté éternelle, dans sa beauté absolue, essentielle. Chaque instant est disponible ; c'est seulement à cause de votre stupidité, de votre médiocrité, de votre esprit, qu'il reste caché. Il n'est pas caché, votre conscience est obscurcie.

"LA NATURE DE L'ESPRIT N'EST JAMAIS SOUILLÉE..."

Et rappelez-vous, quoi que vous fassiez, quoi que vous ayez fait, vous ne pouvez pas souiller votre noyau le plus profond. Votre centre n'est pas affecté par la circonférence, votre conscience n'est pas affectée par votre caractère. Le cyclone ne peut pas toucher le centre. Vous êtes le centre du cyclone.

"IL EXISTE EN PERFECTION DEPUIS LE DÉBUT".

Et vous ne devez pas atteindre la perfection. C'est la découverte du zen : vous ne devez pas l'atteindre, c'est déjà le cas. Vous êtes parfait dès le début.

"EN SE DÉBARRASSANT SIMPLEMENT DE SES ILLUSIONS..."

Il suffit de se débarrasser de ses illusions.

"LA NATURE DE LA BOUDDHÉITÉ EST RÉALISÉE.

Et vous réalisez immédiatement que vous êtes le Bouddha depuis le début. Vous avez toujours été le Bouddha et personne d'autre. Vous êtes un dieu depuis le tout début, vous ne pouvez pas être autrement. La divinité est votre essence intrinsèque, il n'y a rien à atteindre. Et il est impossible de la souiller - aucun karma ne peut la souiller.

Ainsi, tout ce que vous avez fait, vous ne l'avez fait que dans vos rêves. Lorsque vous vous réveillez, que vous ayez rêvé d'être un pécheur ou un saint n'a pas d'importance. Lorsque vous vous réveillez, les deux rêves sont terminés ; vous ne vous en préoccupez pas du tout. Vous ne vous sentez pas coupable d'avoir été un pécheur dans vos rêves et vous ne vous sentez pas "plus saint que vous" parce que vous avez été un saint dans vos rêves. Les rêves sont des rêves, des illusions. La personne éveillée est libérée de tous les rêves.

"LA NATURE DE LA BOUDDHÉITÉ EST RÉALISÉE.

Vous êtes des bouddhas en ce moment même !

DÈS QUE LE VIEUX PROFESSEUR ENTENDIT CETTE STROPHE, IL FUT IMMÉDIATEMENT RÉVEILLÉ.

C'est le rugissement du lion : Vous êtes des bouddhas à l'instant même, en ce moment même ! Rien ne doit être atteint, rien ne doit être changé. Réveillez-vous ! En écoutant ce rugissement de lion, le vieux professeur s'est immédiatement éveillé. Il suffit de l'intelligence, de la compréhension du propos, de la capacité à se mettre à la disposition du Maître.

Ce vieil homme devait être rare. Il faut dire de lui qu'il était capable de recevoir le message de son propre disciple. Il devait être un homme humble, il devait être capable de mettre son ego de côté. Et c'est la plus grande illusion. Il s'est immédiatement éveillé.

Dans le zen, on appelle cela la transmission spéciale : la transmission au-delà des mots, au-delà des écritures.

Ce qui est dit n'est pas la réalité, mais ce qui a été entendu est la réalité. Ce qui est dit, vous l'avez entendu ; mais ce que le vieil homme a entendu, vous ne l'avez pas encore entendu. Le jour où vous l'entendrez, vous saurez de quoi il s'agit : la transmission spéciale.

C'est comme lorsqu'on approche une bougie éteinte d'une bougie allumée. Soudain, la flamme de la bougie allumée s'envole vers la bougie éteinte. La bougie allumée ne perd rien et la bougie éteinte gagne tout. C'est la transmission spéciale - au-delà des mots, au-delà des écritures.

C'est à ce moment-là que Shen Tsan a crié :

"... et votre nature propre n'est jamais souillée, et vous êtes parfaits depuis le tout début", le vieil homme s'éveilla immédiatement Comme un éclair soudain... et toutes les ténèbres ont disparu et disparaissent à jamais. En fait, elle n'a jamais existé, vous ne faisiez que l'imaginer.

Tout le malheur est dans votre imagination. Lorsque cette misère imaginaire disparaît, il ne reste plus que la félicité, la bénédiction, l'extase.

À un moment comme celui-ci ?

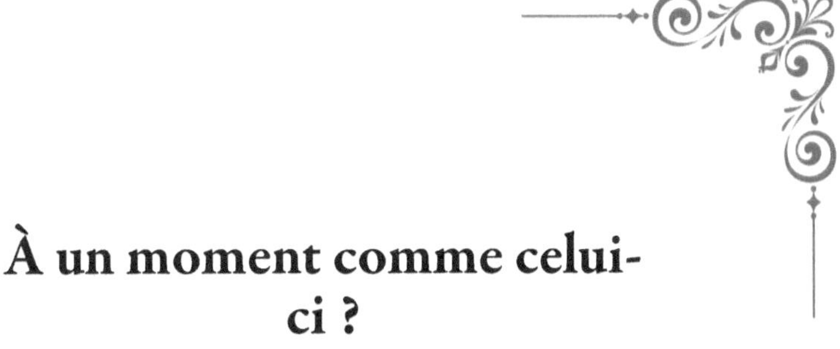

La première question
Question 1 :
MAÎTRE,
UNE FEMME PEUT-ELLE VRAIMENT RENDRE UN HOMME FOU ?

Anand Deepesh,

Cela dépend de l'homme. S'il est sage, il devient un mari corvéable à merci ; s'il n'est pas aussi sage, il n'y a pas d'autre solution que d'être fou. C'est pourquoi quatre-vingt-dix-neuf virgule neuf pour cent des hommes décident d'être des maris corvéables à merci - juste pour survivre.

Il n'y a rien qui cloche chez cette femme ; elle n'essaie pas délibérément de vous rendre fou. C'est simplement que leurs esprits fonctionnent de manière totalement différente. En fait, c'est ce qui les attire : leurs polarités fonctionnent comme un champ magnétique. Plus une femme est différente, plus elle vous attirera. Si elle est comme vous, si elle pense comme vous, l'attirance disparaîtra. Il n'y aura pas de tension ; la relation s'effondrera.

La relation est comme une arche. Lorsque vous faites une arche, vous placez des briques les unes contre les autres ; leur opposition même crée la force, et l'arche peut soutenir tout l'édifice. Mais la force dépend de l'opposition.

Une relation vivante entre un homme et une femme est forcément un peu folle. L'homme ne peut pas rendre la femme folle parce que son argumentation, sa façon de penser est logique. La façon de penser de la femme

est illogique, mais c'est sa façon de faire ; c'est ainsi qu'elle est faite.

Elle fonctionne instinctivement au plus bas et intuitivement au plus haut. L'homme fonctionne intellectuellement au plus bas et intelligemment au plus haut.

La voie de l'instinct et de l'intuition est la voie de l'illogisme. La logique ne peut pas rendre fou l'illogique ; si quelque chose doit arriver, c'est à l'esprit logique que cela arrivera.

La folie fait partie de l'esprit logique. La folie signifie simplement que votre logique ne fonctionne plus et que vous ne savez plus quoi faire. Vous aimez cette femme, vous ne voulez la perdre à aucun prix. Vous avez de la compassion pour elle, vous essayez par tous les moyens de la comprendre. Mais quoi que vous fassiez, vous êtes impuissant - vous ne pouvez agir que logiquement. Et logiquement, elle n'est pas compréhensible ; elle est donc mystérieuse, très mystérieuse. Vous pouvez consacrer toute votre vie à l'étude d'une seule femme, vous ne parviendrez pas à comprendre ce qu'elle est.

Elle n'essaie jamais de vous comprendre. Le fonctionnement illogique de la psyché n'est pas intéressé par la compréhension ; il arrive simplement aux conclusions sans aucune procédure - il saute aux conclusions. Et le miracle, c'est que la femme a presque toujours raison et que vous avez presque toujours tort. Cela vous rend fou ! Et vous avez fonctionné de manière si logique, mathématique, étape par étape, que votre conclusion n'est toujours pas correcte.

Une femme a gagné à la loterie. Lorsque le mari est arrivé, il a été surpris. Il lui demanda comment elle s'était débrouillée.

Elle a dit : "J'ai fait un rêve dans lequel le chiffre 7 apparaissait trois fois. J'ai donc compris que trois fois sept signifiaient vingt-huit".

Le mari est stupéfait. Il dit : "Alors, que s'est-il passé ?"

Elle a dit : "J'ai acheté le billet du numéro vingt-huit et j'ai gagné à la loterie".

Le mari dit : "Mais trois fois sept, ça ne fait pas vingt-huit, ça fait vingt-et-un !".

La femme lui dit : "Alors, c'est toi le mathématicien, mais moi, j'ai gagné à la loterie !".

Qui se soucie des mathématiques ? Ce qui compte, c'est la conclusion. Elle n'essaie jamais de comprendre l'homme - aucune femme n'essaie jamais - elle comprend déjà. En fait, elles se demandent toujours pourquoi les hommes essaient de comprendre les femmes. Cela fait des siècles que l'homme fait cela. Je pense que la femme a dû être le sujet le plus ancien de ses recherches - naturellement ; même avant Dieu, il a dû se renseigner sur la femme. En fait, c'est la femme qui l'a mis dans le pétrin, pas Dieu. Dieu a peut-être créé le monde, mais il n'y a pas eu de problème.

C'est Eve qui l'a persuadé de manger le fruit de l'arbre de la connaissance, qui était interdit. L'homme a essayé d'argumenter : "C'est interdit. Dieu a dit de ne pas s'approcher de cet arbre, de ne jamais manger ce fruit".

Mais la femme dit : "Dieu interdit parce qu'il a peur que si nous mangeons le fruit de l'arbre de la connaissance, nous devenions aussi sages que Dieu. Il est jaloux. Allons donc en manger." Et elle le séduisit.

Dieu a peut-être créé le monde, mais le monde que nous connaissons a été créé par la femme.

Si vous observez le fonctionnement de l'esprit de la femme, vous le verrez clairement : il est impossible de le comprendre. L'effort même de comprendre vous rendra fou.

Ce n'est pas par hasard que Bouddha a échappé à sa femme, que Mahavira a échappé à sa femme. Ce n'est pas vraiment le monde qui a créé des problèmes, parce qu'on ne peut pas échapper au monde.

Où allez-vous vous réfugier ? Vous pouvez tout au plus fuir la femme qui vous rend fou.

Bouddha a dû avoir très peur. Son épouse était l'une des plus belles femmes qui ait jamais marché sur la terre - une autre Cléopâtre. Elle s'appelait Yashodhara. Elle avait été choisie parmi des milliers de belles jeunes femmes.

Et plus une femme est belle, plus elle est dangereuse. La femme modeste ne peut pas vous rendre aussi fou, car elle n'est pas non plus très attirante. Plus une femme est attirante, plus elle a de force motrice.

Bouddha a dû rester effrayé. Même après son illumination, il était effrayé, car pendant de nombreuses années, il n'a initié aucune femme dans sa commune. Les femmes lui demandaient sans cesse : "Nous voulons être initiées, nous voulons aussi devenir vos sannyasins". Mais il refusait, il refusait tout simplement. Une femme l'a tellement effrayé qu'il a eu peur de toutes les femmes.

Mais il a finalement dû accepter, car sa belle-mère, qui l'avait élevé... Sa propre mère est morte immédiatement après sa naissance ; juste après sa naissance, sa mère est morte. C'est alors sa belle-mère qui l'a élevé et il avait un immense respect pour elle. Lorsqu'elle est venue lui demander de s'initier, il n'a pas pu refuser - on ne peut pas refuser sa propre mère. C'est à contrecœur qu'il a consenti.

Mais il a dit : "Ma religion devait durer vingt-cinq cents ans. Maintenant, elle ne durera que cinq cents ans, parce que la femme est entrée." Et après l'initiation de sa mère, bien sûr, des milliers de femmes sont venues. Yashodhara est également arrivée, sa femme dont il avait toujours eu peur. Elles sont arrivées comme un flot. Elles étaient trois fois plus nombreuses que les hommes sannyasins et elles ont noyé toute la commune.

Je n'ai pas peur des femmes parce que je ne me suis jamais marié. Si j'avais été marié, il en aurait été de même : J'aurais fait de mon mieux pour empêcher les femmes de sortir de la commune. Mais je n'ai pas du tout peur d'elles. À moins d'avoir eu une femme, on ne peut pas avoir peur des femmes. Ce sont alors de belles créatures !

Anand Deepesh, tu dois avoir des ennuis ! Console-toi, car même les bouddhas ont eu des ennuis.

M. et Mme Ponce Pilate se tenaient sur leur balcon et regardaient Jésus et le cortège qui le suivait vers le mont Calvaire.

"Je me fiche vraiment de savoir qui il est", dit Mme Pilate. "S'il trébuche encore une fois, il est exclu du défilé !".

Deux femmes se rencontrent dans la rue. "Qu'avez-vous fait de vos cheveux ?" dit l'une d'elles. "On dirait une perruque.

"C'est une perruque", répond l'autre.

"Hm, eh bien, vous ne le sauriez jamais !"

La jeune épouse anglaise dit à son mari : "Je ne te comprends pas, George. Tu as aimé les fèves au lard lundi, tu as aimé les fèves au lard mardi, tu as aimé les fèves au lard mercredi, tu as aimé les fèves au lard jeudi, et soudain, vendredi, tu n'aimes plus les fèves au lard ! Et soudain, le vendredi, tu n'aimes plus les fèves au lard !".

Une femme noire et son amie juive italienne discutent de religion. La négresse lui dit : "Vous avez mis Jésus sur la croix, hein ?".

Le Juif répond : "Oui, mais si Jésus avait été en Afrique, vous, les nègres, vous l'auriez mangé !".

"Oui, répond la négresse. "Vous voyez, nous avons bon goût !"

Après trois mois de travail constant et des centaines d'heures de conversation de la part du client, la psychanalyste termine son interprétation approfondie de l'état mental et émotionnel du client. Se raclant la gorge pour faire ses dernières remarques, elle lève les yeux de ses notes et dit : "Et mon analyse finale m'amène à dire qu'à mon avis professionnel, vous êtes tout simplement fou !".

Le client, choqué et en colère, répond : "Eh bien, je vais devoir demander un autre avis".

"D'accord", dit la femme psy, "toi aussi tu es moche !".

Anand Deepesh, une femme peut vraiment rendre un homme fou, mais votre coopération sera tout de même nécessaire.

Sans votre coopération, personne ne peut vous rendre fou. Si vous cessez d'essayer de la comprendre et de l'apprécier, elle ne peut pas vous rendre fou. Si vous essayez de la comprendre, vous cesserez naturellement de l'apprécier et elle vous rendra fou. Réjouissez-vous d'elle ! Réjouissez-vous de ses différences, réjouissez-vous de ses différentes approches de la vie. Réjouissez-vous qu'elle ne soit pas un homme mais une femme. Elle ne pense pas comme vous ; non seulement son corps est différent du vôtre, mais son psychisme l'est aussi. Et une fois que vous aurez oublié d'essayer de la comprendre, elle ne pourra plus vous rendre fou.

Lorsque vous êtes avec votre femme, mettez votre esprit de côté. Devenez plus existentiel et moins intellectuel.

Aimez-la, dansez avec elle, chantez avec elle, mais n'essayez pas de discuter avec elle. En ce qui concerne les arguments, soyez toujours d'accord avec elle et vous ne serez jamais perdus. Et de toute façon, même si vous vous disputez, vous finirez par être d'accord avec elle. Plus vous discutez, plus elle insiste. Et ses manières féminines d'insister sont telles qu'il est impossible de ne pas l'écouter - parce qu'elle ne discute pas.

Sinon, vous pouvez en discuter. Vous souhaitez...

Chaque mari souhaite que sa femme s'assoie à la table, calme, froide et posée. "Et discutons-en." Mais elle commence à lancer des objets ! Elle sait que si elle devient calme et posée, vous allez gagner. Elle commence à claquer la porte. Elle met plus de sel dans vos légumes et plus de sucre dans votre thé ! Elle fera tant d'efforts illogiques qu'elle pleurera et se tirera les cheveux. Elle battra les enfants, qui n'ont rien à voir avec l'affaire.

Et en voyant tout cela, pour une petite chose, vous devrez vous mettre d'accord. Peut-être s'agissait-il seulement d'aller voir un film au cinéma et que vous n'étiez pas d'accord sur le choix du film. Elle aura son mot à dire, alors pourquoi s'avouer inutilement vaincu avec elle ? Pourquoi ne pas être victorieux ? Dès qu'elle dit... "C'est vrai, c'est tout à fait vrai ! C'est ce que je pensais." Ainsi, vous vous sentirez heureux et vous

sera victorieux. Et votre sucre dans le thé sera en bonne quantité et votre sel dans les légumes sera en bonne quantité, et les enfants seront sauvés. Pour une petite chose, la femme peut mettre le feu à toute la maison ! Mais tout dépend de vous.

Sois un peu plus méditatif, Deepesh. En fait, la méditation a été découverte comme un moyen de défense. Ce n'est pas une découverte des femmes, rappelez-vous. Beaucoup de gens m'ont demandé : "Pourquoi les femmes n'ont-elles pas découvert la méditation ?" Pourquoi devraient-elles la découvrir ? Elles n'ont aucune raison de la découvrir ; c'est une découverte de l'homme.

Entouré de son énergie méditative, il est protégé. Personne, pas même une femme, ne peut le rendre fou.

Il faut donc devenir plus méditatif. Approfondissez un peu plus le zazen, le vipassana.

La deuxième question

Question 2 :

MAÎTRE, POURQUOI VOUS APPELLE-T-ON "LE GOUROU DU SEXE" EN OCCIDENT ?

Deva Christine,

C'EST UNE LONGUE, longue et stupide tradition chrétienne en Occident - de répression, d'antagonisme profond contre la vie, les énergies vitales. C'est ce qui m'a valu cette étiquette ; sinon, je n'ai rien à voir avec le sexe. Je ne vous enseigne pas la sexualité. Si je dois parler de temps en temps de sexe, c'est à cause de vos traditions répressives chrétiennes, hindoues ou mahométanes. Je n'en suis pas responsable, c'est eux qui le sont.

Ils ont paralysé la vie de l'homme et toute leur stratégie a reposé sur la répression de l'énergie appelée sexe.

Et rappelez-vous que vous n'avez qu'une seule énergie ; vous n'avez pas plusieurs énergies, seulement une énergie. Au niveau le plus bas, on l'appelle l'énergie sexuelle. Vous continuez à la raffiner, à la transformer par la méditation, par l'alchimie de la méditation, et la même énergie commence à s'élever. Elle devient amour, elle devient prière. C'est la même énergie, mais dans des états raffinés. Le sexe est brut, brut, comme un diamant trouvé dans les mines. Il doit être taillé, poli ; beaucoup de travail est nécessaire. Il sera alors possible de reconnaître qu'il s'agit d'un diamant.

Le Kohinoor - le plus grand diamant du monde - est resté trois ans dans la maison d'un paysan. Ses enfants jouaient avec, car il ne savait pas qu'il s'agissait d'un diamant ; il n'avait l'air que d'une belle pierre. Il l'avait donné à ses enfants.

C'est par hasard qu'un sannyasin itinérant a séjourné dans sa hutte ; il n'en croyait pas ses yeux.

Le sannyasin, avant de devenir sannyasin, était bijoutier. Il dit au fermier : "Vous êtes fou ou quoi ? Je n'ai jamais rencontré un tel diamant de toute ma vie, et j'ai vu les plus grands diamants. Ce n'est pas une pierre ordinaire."

Le fermier dit : "Cela fait trois ans qu'il est là. Un jour, je l'ai trouvé dans mon champ ; dans mon champ coule un petit ruisseau" - cela s'est passé dans un petit endroit, Golconda - "et dans le sable de ce ruisseau, je l'ai trouvé, je l'ai ramené à la maison pour mes enfants et ils ont joué avec".

Le Nizam d'Hyderabad1, roi de ce territoire, en fut immédiatement informé. Amateur de diamants, il n'en croyait pas ses yeux. Il récompensa le fermier en lui offrant des millions de roupies.

Aujourd'hui, ce même Kohinoor est le diamant numéro un dans le monde entier. Il fait partie de la couronne de la reine britannique. Aujourd'hui, il ne pèse plus qu'un tiers de son poids d'origine. Qu'est-il arrivé aux deux tiers ?

Les deux tiers ont été coupés lors du polissage, de l'affinage ; les deux tiers du diamant ont disparu, il n'en reste qu'un tiers. Mais plus il a été poli, plus il a été affiné, plus il a pris de la valeur. Il a des millions de fois plus de valeur que lorsqu'il avait son poids d'origine.

Le sexe est une énergie brute. Il doit être transformé, et c'est par la transformation que l'on accède à la transcendance.

Au lieu de la transformer, les religions l'ont réprimée. Et si vous la réprimez, le résultat naturel est un être humain perverti. Il devient obsédé par le sexe.

Les personnes qui m'appellent "gourou du sexe" sont obsédées par le sexe. Je n'ai pas plus parlé de sexe que de méditation, d'amour, de Dieu, de prière, mais personne ne semble s'intéresser à Dieu, à l'amour, à la méditation, à la prière. Si je parle de sexe, ils s'en emparent immédiatement.

Sur mes trois cents livres, un seul concerne le sexe, et encore, pas dans sa totalité.

Le livre s'intitule FROM SEX TO SUPERCONSCIOUSNESS (Du sexe à la superconscience). Le début de l'ouvrage traite de la sexualité ; au fur et à mesure que l'on approfondit la compréhension, on se dirige vers la superconscience, vers le samadhi. C'est ce livre qui a touché des millions de personnes. C'est un phénomène étrange : mes autres livres n'ont pas atteint autant de personnes. Il n'y a pas un seul hindou, un seul saint jaïn, un seul mahatma en Inde qui ne l'ait pas lu. Il a été discuté, critiqué, analysé, commenté de toutes les manières possibles. De nombreux livres ont été écrits contre lui - comme si c'était le seul livre que j'avais écrit !

Pourquoi tant d'insistance ? Les gens sont obsédés, en particulier les religieux. L'étiquette de "gourou du sexe" vient des religieux.

"Un ami a demandé au pape polonais : "As-tu été choqué par le film porno que nous avons vu ?

Le pape a déclaré : "J'ai été encore plus choqué la deuxième fois que je l'ai vu !".

La façon dont les gens ont été éduqués pendant des siècles est négative pour la vie. J'affirme la vie avec tout ce qu'elle contient. Cela ne veut pas dire que je ne veux pas que vous changiez - en fait, c'est la seule façon de changer. Vous devez d'abord accepter où vous êtes, ce que vous êtes. Vous devez d'abord explorer votre réalité, et ensuite seulement vous pourrez trouver des moyens de la dépasser. Vous devez explorer toutes les possibilités de votre existence.

Et le sexe est l'un des phénomènes les plus importants, en fait le phénomène le plus important de votre vie. Mais dès l'enfance, nous sommes trompés, on nous raconte des mensonges sur la sexualité. Et le jour où nous commençons à découvrir les faits de la vie, une grande culpabilité apparaît - comme si nous faisions quelque chose de criminel. Ce sont vos parents, vos prêtres, vos politiciens, vos pédagogues qui vous ont inculqué ce comportement criminel. Ils ont créé un tel conditionnement en vous que vous ne pouvez pas découvrir la réalité de votre vie et ses implications. Ils vous ont trompés, ils ont trahi votre confiance.

C'est pourquoi aucun enfant ne peut vraiment respecter ses parents : ils l'ont tous trompé. Et aucun étudiant ne peut respecter les enseignants, les professeurs : ils ont tous trahi sa confiance. Il avait confiance en eux et

ils ont menti. Des mensonges purs et simples ! Mais le mensonge a été si profond, il est devenu une croûte si épaisse autour de vous, que lorsque vous commencez à découvrir la réalité, vous avez peur. Vous faites quelque chose de mal, quelque chose qui ne devrait pas être fait.

Une petite fille entre dans la salle de bains pendant que sa mère prend son bain. "Elle lui demande : "Maman, qu'est-ce que c'est que ces choses qui pendent le long de ton front ?

"Ceux-ci ?" répond la mère embarrassée. "Ce sont des ballons, ma chère".

"A quoi ça sert ? insiste la petite fille.

"Quand tu meurs, ils explosent et t'emmènent au paradis !

"Maman, dit la petite fille après un moment de réflexion, je crois que notre bonne est en train de mourir. Je viens de l'entendre dire : "Oh mon Dieu, j'arrive !" et papa est couché sur elle en train de gonfler ses ballons !

Les enfants ne manqueront pas de découvrir la réalité. Combien de temps pourrez-vous la leur cacher ? Il n'est pas nécessaire de cacher quoi que ce soit ; tout doit être expliqué. Lorsque l'enfant pose des questions, il faut lui expliquer les choses telles qu'elles sont. Il n'est pas nécessaire d'introduire des mensonges dans l'esprit d'un enfant. Ne le bourrez pas de mensonges, car combien de temps pouvez-vous continuer à cacher les faits ? Ils se manifesteront et l'enfant se trouvera alors dans une véritable situation difficile. Il sera divisé, il sera divisé. Son conditionnement lui dira : "Ce n'est pas bien", et la vie lui dira : "Vas-y". Sa biologie dira une chose et sa psychologie en dira une autre. Vous avez créé un état schizophrénique chez lui.

Je suis contre ce crime. Je veux que chaque enfant soit pleinement conscient de tous les faits de la vie tels qu'ils sont ; il n'est pas nécessaire de créer une quelconque culpabilité. Mais vos religions se sont appuyées sur la culpabilité. Elles ont tiré des rideaux sur des rideaux devant vos yeux. Elles vous ont rendus presque aveugles ; vous ne pouvez voir que derrière les rideaux, à travers les rideaux. Et ces rideaux sont des faux, des pseudo-mensonges, des mensonges complets ; ils déforment tout.

Mon respect pour la vérité est absolu et je ne me soucie de rien d'autre. Vous avez créé une humanité qui est laide. Je voudrais créer un être humain qui repose dans la vérité, qui vit dans la vérité, qui n'est pas divisé, qui n'est pas fou mais qui est entier, sain, intelligent, qui n'est pas obsédé par quoi que ce soit. Vos religions créent l'obsession. Toutes vos écritures sont pleines d'obsession, d'obsession sexuelle.

Turiddu, un Sicilien de quarante ans, gaspillait sa vie à faire l'amour - hommes, femmes, enfants, jours, nuits, n'importe quand, n'importe où. Il devenait fou. Il ne pouvait pas s'arrêter.

Finalement, désespéré, il s'est rendu chez un psychanalyste italien de haut niveau à Milan, très cher et très spécial.

"Pouvez-vous m'aider, docteur ?"

"Oui, je pense que oui. Nous allons tenter de nouvelles expériences."

Le premier jour, le médecin dessine un cercle sur une feuille de papier et le montre à Turiddu. "Qu'est-ce que tu vois ?

"Oh, c'est facile - c'est une photo de la chatte d'une belle femme !"

"Quoi ?"

"Oh, on dirait que c'est comme ça, avec ses jambes écartées !"

Le lendemain, le médecin lui montre le dessin d'un triangle. "Qu'est-ce que vous voyez ?

"Oh, c'est une autre vue de la même belle chatte d'hier !"

Le troisième jour, le médecin a décidé de faire un dessin de quelque chose qui ne pourrait jamais être interprété comme sexuel. Il dessine un rectangle et place un point au centre.

"Maintenant, monsieur, que voyez-vous ?"

"Ne soyez pas drôle, docteur. C'est la même image - vous regardez un lit rectangulaire et ce point-là est la belle chatte qui vous obsède depuis trois jours !"

"Vous êtes obsédée sexuelle et perverse", s'est écrié le médecin.

"MOI ?" répond Turiddu. "Moi ? Qui fait tous ces dessins pornographiques tous les jours ?"

Les religions ont créé une situation étrange. Elles ont créé votre obsession du sexe et vous font ensuite vous sentir responsables de cette obsession. Elles sont coupables de créer de la culpabilité chez les gens, mais elles vous font sentir coupables. Mais il y a une stratégie et une politique subtiles dans la création de la culpabilité. Lorsqu'un homme commence à se sentir coupable, il devient faible, il devient stupide. Lorsqu'un homme commence à se sentir divisé, il peut être dominé, il peut être exploité. Il perd son indépendance. Il devient l'esclave d'une église, d'un État, d'une idéologie, d'une philosophie, d'une théologie. Il n'est plus un individu ; il ne peut pas être rebelle. L'humanité a été réduite à un gâchis, à un chaos, et toute l'astuce consiste à empoisonner vos esprits au sujet du sexe.

Le sexe est un phénomène naturel, il n'y a pas lieu de s'en inquiéter. Et si je dois parfois en parler, c'est à cause de ces religions. Une fois que l'homme sera libéré de l'exploitation religieuse et des conventions et traditions religieuses, qui sont très oppressives, il ne sera plus nécessaire de parler de sexe. Nous pourrons alors passer à des méthodes plus complexes et plus scientifiques pour transformer le sexe en formes d'énergie plus élevées.

Le sexe est le centre le plus bas de votre existence et le samadhi le plus haut, le septième centre. C'est une échelle à sept barreaux. L'énergie sexuelle doit être déplacée échelon par échelon jusqu'au septième, où elle s'ouvre comme un lotus à mille pétales. On ne devient un bouddha que lorsque le sexe est transformé.

Cette étiquette est absolument erronée. Pour me condamner, ils m'ont appelé "gourou du sexe", mais en fait, ce sont eux les criminels.

La troisième question

Question 3 :

MAÎTRE, QUE SE PASSERAIT-IL SI TOUT À COUP, PENDANT LE DISCOURS, UN MAÎTRE ZEN FOU ARRIVAIT EN MOTO ET MONTAIT SUR VOTRE SCÈNE ?

Prem Sanatana,

Je vais frapper le maître zen et embrasser sa moto !

La quatrième question

Question 4 :

MAÎTRE, JE SUIS UN HOMME PRATIQUE. MON ESPRIT NE PEUT PAS VOIR QU'UN BUT QUELCONQUE EST ATTEINT PAR LA MÉDITATION.

Vishnudas Sethia,

Il vaut mieux vous dire dès le début que je suis aussi un homme pratique, beaucoup plus pratique que vous ne pourrez jamais l'être. Je ne crois pas aux théories, je crois aux expériences. Je ne dis pas que la religion commence par la croyance, je dis que la religion commence par l'expérience.

Mais je ne suis pas un homme pratique comme vous. Vous n'êtes qu'à moitié pratique ; vous êtes peut-être pratique dans le monde extérieur. Mais il y a aussi un monde intérieur qui a besoin d'une approche aussi scientifique que le monde extérieur. En fait, il a besoin d'une observation plus précise, d'un esprit plus dépourvu de préjugés, d'une approche plus existentielle que le monde extérieur.

Mais je peux comprendre votre problème. Cela arrive à toutes les personnes dites pratiques qui pensent en termes d'argent, de pouvoir et de prestige, qui sont fondamentalement extraverties, qui ne regardent que ce qui est à l'extérieur, qui n'ont jamais essayé d'explorer leur monde intérieur ; cette dimension, ils ne l'ont même pas touchée. Ils ont complètement oublié qu'ils ont aussi un intérieur.

Langley dit à sa femme : "Cette cloche ne sert qu'en cas d'urgence. Maintenant, je vais aller sur le terrain et si quelque chose comme une attaque d'Indiens se produit, il faut sonner la cloche".

Le colon de l'Ouest part donc labourer et, quelques minutes plus tard, la cloche se met à sonner.

Langley s'est précipité vers la maison en criant : "Qu'est-ce qui se passe ?"

"J'ai cru voir un Indien", dit sa femme.

Il m'a dit : "La cloche est réservée aux choses vraiment importantes." Alors il est retourné travailler.

Soudain, la cloche s'est mise à sonner. Il se précipite vers la maison.

"J'ai préparé des biscuits et j'ai pensé que vous en aimeriez", dit Mme Langley.

"Je te l'ai dit, ne sonne pas la cloche à moins qu'il ne se passe vraiment quelque chose."

Langley retourne sur le terrain. Trente minutes plus tard, la cloche se remet à sonner. Il retourna en courant à la maison et vit qu'elle était en feu et que sa femme gisait morte, une flèche dans le dos.

"C'est plutôt ça !", dit le colon.

Vous devez être ce genre d'homme pratique. C'est pourquoi vous ne voyez pas l'utilité de la méditation. En fait, dans un sens totalement différent, vous avez raison : la méditation ne servira à rien si vous êtes intéressé par l'argent, le pouvoir, le prestige, la célébrité. La méditation ne sera d'aucune aide ; en fait, elle détruira tous vos désirs d'argent. Elle détruira votre avidité, elle vous enlèvera votre ambition, elle vous montrera la stupidité de tous les voyages de pouvoir. Elle tuera la racine même de votre ambition : l'ego. En ce sens, il ne servira à rien. Mais vous pouvez avoir de l'argent, du pouvoir, du prestige, vous resterez toujours à l'intérieur de vous un continent noir, inconnu de vous-même. Vous resterez inconscient de vos trésors infinis, et les trésors extérieurs ne peuvent pas remplir votre vide intérieur. Tout ce que vous essayez est voué à l'échec ; vous ne vous sentirez que frustré.

Vous dites :

MON ESPRIT NE PEUT PAS VOIR QU'UN BUT QUELCONQUE EST ATTEINT PAR LA MÉDITATION.

L'esprit ne peut pas voir, c'est vrai, parce que l'esprit et la méditation ne peuvent pas coexister. Si l'esprit existe, il n'y a pas de méditation ; si la méditation existe, il n'y a pas d'esprit. L'esprit n'a jamais vu la méditation ; par conséquent, comment l'esprit peut-il dire à quoi elle peut servir ? L'esprit et la méditation sont exactement comme la lumière et l'obscurité.

J'ai entendu dire qu'une fois, les ténèbres se sont approchées de Dieu et lui ont dit : "Je n'ai jamais fait de mal à ton soleil, mais le soleil se lève tous les matins et commence à me torturer, à me poursuivre de plus en plus loin. Je dois courir toute la journée et la nuit, je ne peux même pas me reposer - le matin, la même chose recommence. Pourquoi, alors que je n'ai rien fait de mal ? Vous devriez arrêter la poursuite du soleil.

C'est injuste !"

Et Dieu dit : "Je comprends. Je vais appeler le soleil immédiatement." Le soleil fut appelé et on lui dit : "Pourquoi as-tu torturé les ténèbres ? Que t'ont fait les ténèbres ?"

Le soleil dit : "Je n'ai jamais rencontré l'obscurité, je ne connais pas l'obscurité. On ne m'a même pas présenté les ténèbres ! Qu'entendez-vous par "ténèbres" ? Où sont les ténèbres ? S'il te plaît, laisse-moi la voir. Amène-la devant moi pour que je voie de qui tu parles !"

Et Dieu a vu les ténèbres et le soleil, mais il n'a pas encore pu les réunir face à face ; c'est impossible. Et le soleil a aussi raison. Elle dit : "Si tu ne mets pas en face de moi la personne qui se plaint de moi... comment pourrais-je arrêter quelque chose que je n'ai même pas conscience d'avoir jamais fait ?"

Il en va de même pour l'esprit et la méditation. Lorsque la lumière de la méditation arrive, le mental disparaît comme l'obscurité. La méditation est donc incompréhensible pour l'esprit. L'esprit est très médiocre - tous les esprits sont médiocres, même les esprits très talentueux sont médiocres. La véritable intelligence est intrinsèque à la méditation et non à l'esprit. L'esprit est un imbécile, l'esprit est un idiot. Nous vivons dans le monde de l'esprit, qui ne cesse de nous dire : "Faites telle ou telle bêtise". Si vous en avez assez de cette stupidité, l'esprit en produit une autre. Il est très inventif, certes, mais pas du tout intelligent.

Tous les esprits sont noirs !

Le Polack était en poste en Allemagne. Un jour, sa femme lui téléphone de Détroit.

"Nous avons un nouveau bébé", s'exclame sa femme, "né il y a trente minutes".

"C'est un garçon ou une fille ? demande son mari.

"Je ne sais pas", a-t-elle répondu.

"Vous n'avez pas regardé entre ses jambes ?"

"Ne sois pas méchant !" dit sa femme. "Qui pourrait penser au sexe dans un moment pareil !"

Lors de sa représentation du soir, un ventriloque avait raconté des blagues sur les Juifs, les Africains, les Japonais et les Américains.

S'adressant à son auditoire, il a ensuite déclaré : "Le moment est venu de faire une blague sur les Polaks".

À ce moment-là, un grand barbu portant un tee-shirt taché de bière se lève et s'écrie : "Je ne veux pas entendre de blagues sur la stupidité des Polonais. Nous ne sommes pas aussi épais que vous le pensez !".

"Asseyez-vous, monsieur, et restez calme", console le ventriloque.

Le Polack lui répond : "Tais-toi, toi ! Je parle au petit bonhomme qui est sur tes genoux !".

L'esprit ne peut pas comprendre ce qu'est la méditation. Comment peut-il décider, Vishnudas Sethia, que la méditation ne remplit aucun objectif ? La seule façon de décider est de faire l'expérience de la méditation.

Aucun objectif extérieur n'est atteint, d'accord, mais il existe des objectifs intérieurs, des objectifs plus élevés, plus grands, plus intrinsèques, plus précieux, qui donneront à votre vie une signification, un sens, qui vous donneront quelque chose de l'éternel, qui vous rendront disponible pour Dieu et Dieu disponible pour vous.

La méditation est le seul moyen de transcender la mort. Sinon, l'homme vit dans la peur, dans le tremblement, l'anxiété et l'angoisse. Si l'homme ne parvient pas à savoir qu'il n'est ni le corps ni l'esprit, mais quelque chose de transcendant aux deux, il reste effrayé, effrayé. Et si vous êtes entouré par la mort, si votre vie n'est qu'une petite île dans l'océan de la mort, quelle vie pouvez-vous vivre ? Dans une telle peur, il n'y a pas de possibilité de vie. La vie n'arrive qu'à ceux qui savent que la vie est éternelle, qu'elle est pour toujours et à jamais, que vous avez toujours été ici et que vous serez toujours ici.

La méditation vous révèle votre bouddhéité. Elle ne fera pas de vous un Alexandre le Grand, un Rockefeller, un Ford ou un Morgan, mais elle fera de vous un Christ, un Zarathoustra, un Lao Tseu. Et ce sont ces personnes qui ont vraiment connu la plénitude.

Quand Alexandre le Grand est mort, il est mort comme un chien, comme un mendiant. Et il l'a reconnu, il a dû le reconnaître, parce que deux grands mystiques le lui ont dit à deux reprises. L'un était Diogène, un mystique grec qui vivait comme Mahavira, nu, mais dans l'extase la plus totale, toujours en danse, toujours en fête.

Lorsqu'Alexandre est allé le voir, il s'est senti jaloux de lui. Il lui dit : "Tu es le premier homme dont j'éprouve de la jalousie".

Diogène dit : "C'est étrange, car je n'ai rien ! Je ne suis qu'un mendiant et tu es l'un des plus grands rois. Tu as presque conquis le monde entier ; bientôt, tu seras le plus grand conquérant de tous les temps. Et moi, je n'ai rien, aucun bien. Comment peux-tu être jaloux de moi ?"

Alexandre dit : "Je suis jaloux de toi, car j'ai beau posséder tout le royaume du monde, je ne vois aucune joie dans ma vie. Ma vie est stérile, vide, comme un désert, sans verdure. Pas même une seule fleur ne s'est ouverte dans mon être, et je vois en toi des fleurs et des fleurs. Ton cœur est en train de danser, ton souffle est une chanson. Si la prochaine fois Dieu a la bonté de me donner une autre chance, j'aimerais naître non pas sous le nom d'Alexandre mais sous celui de Diogène".

Diogène dit : "Alors pourquoi attendre la prochaine fois ? Tu peux être Diogène à l'instant même !".

Mais Alexandre devait être, Vishnudas Sethia, un homme pratique comme vous. Il a dit : "Pour l'instant, ce n'est pas possible, ce n'est pas pratique. Je suis en train de conquérir le monde. Je dois d'abord l'achever, et ensuite seulement je pourrai y penser. "Souvenez-vous de mes paroles : vous ne pourrez pas l'achever - vous serez achevé avant elle. Personne n'achève jamais le travail d'une vie. La vie est trop courte et nos ambitions sont si grandes, si nombreuses. Nos désirs sont infinis - impossible de les réaliser. Et chaque désir continue d'engendrer de nouveaux désirs, alors ne pensez pas que vous pourrez satisfaire vos désirs et que vous deviendrez alors un Diogène. On devient un Diogène comme un saut ; c'est un saut quantique.

En le remerciant, Alexandre poursuit sa conquête. Il a rencontré un autre mystique en Inde. Dans ses mémoires, il se souvient de son nom, Dandamesh ; il doit s'agir d'une forme grecque d'un nom indien. Il doit s'agir d'une forme grecque d'un nom indien. Il n'y a pas de documents indiens à ce sujet et nous ne savons donc pas exactement quel était le nom indien, mais il l'appelle Dandamesh. Il voulait que Dandamesh l'accompagne. Dandamesh rit et refuse.

Alexandre se met en colère. Il dit, en sortant son épée : "Si tu ne viens pas avec moi, je te couperai la tête !".

Et Dandamesh dit : " S'il vous plaît, coupez-la. En fait, je l'ai déjà coupée bien avant, et lorsqu'elle tombera sur la terre, tu la verras tomber sur la terre et je la verrai aussi tomber sur la terre. Tu es aussi séparé de ma tête que je suis séparé de ma tête. J'en suis le témoin.

Alexandre dit encore : "J'ai été jaloux de cet homme qui n'a pas du tout peur de la mort."

Et il mourut sur le chemin du retour ; il n'arriva pas à la maison. La prophétie de Diogène s'est réalisée. Il lui aurait suffi de vingt-quatre heures de voyage supplémentaires pour arriver à bon port. Il dit à ses médecins : "Je suis prêt à vous donner tout ce que vous voulez, mais gardez-moi vingt-quatre heures."

Ils ont dit : "Nous ne pouvons pas vous sauver, même pour vingt-quatre secondes. Ta vie est finie."

Il a dit : "J'ai promis à ma mère que je reviendrais".

Les médecins ont dit : "Un homme mortel ne doit pas faire de promesses, car le lendemain n'est jamais certain".

Il est mort. Sa dernière volonté était que "mes mains restent suspendues hors du cercueil".

"Pourquoi ? lui demandent les gens. "Ce n'est pas conventionnel !

Il a dit : "Conventionnel ou non conventionnel, je veux que tout le monde sache que je meurs les mains vides".

Vishnudas Sethia, par la méditation tu ne deviendras pas un Alexandre, mais tu deviendras un Bouddha.

Vos mains seront pleines ; pas seulement les mains physiques, votre âme invisible sera pleine. Il y aura un grand contentement, de la félicité, de la bénédiction. Tel est le but de la méditation. Vous ne pouvez pas le calculer en termes de mathématiques ; vous ne pouvez pas le peser, le mesurer. C'est incommensurable et inestimable. Il faut en faire l'expérience.

Le problème, c'est qu'un homme comme vous voudrait d'abord être convaincu que cela a un but, mais ce n'est pas possible et cela ne peut pas se faire. Vous ne pouvez pas être convaincu que cela a un but parce que, selon votre conception du but, cela n'a pas de but du tout. Mais il existe une dimension totalement différente du but, une dimension différente du sens et de la signification, de l'accomplissement et du contentement, de la félicité et de la bénédiction, mais vous ne comprendrez pas ce langage. La seule façon de comprendre ce langage est de l'apprendre.

Je suis là pour vous aider à l'apprendre. Et je ne dis pas d'y croire : Je dis qu'il suffit d'expérimenter hypothétiquement. Quelques aperçus de votre être intérieur suffiront et vous convaincront que tout ce que vous avez fait auparavant n'était pas vraiment pratique ; tout cela n'était pas pratique parce que la mort emportera tout ce que vous avez rassemblé. Seule la méditation vous donne quelque chose que la mort ne peut pas détruire, qui est indestructible.

Si vous êtes vraiment un homme pratique, alors allez à la méditation. Je m'adresse à vous en tant qu'homme pratique.

Je suis un homme pratique, je ne suis pas du tout un homme théorique. Aucun Bouddha n'a jamais été théorique ; ils ont toujours été des gens très pratiques. Et ils ont tous découvert qu'il n'y a rien de plus pratique que la méditation.

La cinquième question

Question 5 :

MAÎTRE,

POURQUOI TES BLAGUES ME METTENT-ELLES PARFOIS EN COLÈRE ?

Sandip,

Mes blagues sont destinées à faire beaucoup de choses, des choses différentes pour différentes personnes. Peu de gens se fâcheront si leur ego est blessé. Et rien ne peut blesser l'ego plus profondément qu'une blague. Elle part comme une flèche et de manière si subtile qu'il n'existe aucune protection contre elle. Aucun bouclier n'a encore été inventé pour vous en protéger. C'est l'arme la plus subtile que l'on ait jamais trouvée.

Mais au lieu de vous mettre en colère contre moi, essayez de comprendre : une blessure est touchée, une blessure est ouverte, du pus a commencé à s'écouler. Et vous ne voulez pas qu'on touche à vos blessures, vous ne voulez pas qu'on enlève votre pus. Vous voulez oublier vos blessures et votre pus. Mais l'oubli ne sert à rien ; le pus doit être enlevé.

Mon travail est très ingrat car il fait souvent mal, il est douloureux. Et j'utilise les plaisanteries de bien des façons.

Je les utilise comme des armes, et elles sont si tranchantes qu'aucune épée ne peut être aussi tranchante qu'une blague. Et elle est racontée de manière tellement humoristique que vous ne pouvez pas vous battre avec elle - vous auriez l'air tellement stupide. Vous devez l'avaler, mais elle commence alors à fonctionner. Parfois, certaines personnes pleurent à cause de mes blagues, car elles portent en elles beaucoup de souffrances refoulées. Et quand les larmes viennent en écoutant une blague, on se sent vraiment perplexe. Pourquoi cela fait-il pleurer ?

De nombreuses personnes m'ont écrit : "C'est étrange. Vous racontez une blague et mes larmes se mettent à couler !".

Il n'y a rien d'étrange à cela, il y a une logique derrière. Vous avez toujours ri pour cacher vos larmes.

Friedrich Nietzsche disait : "Ne me demandez pas pourquoi je ris pour de petites choses. Je ris parce que si je ne ris pas, je vais me mettre à pleurer. Pour éviter cette situation embarrassante, je continue à rire. Je m'occupe en riant".

En écoutant une blague, vous devriez normalement rire, mais vous avez peut-être refoulé tellement de larmes qu'au lieu de rire, les larmes commencent à couler lorsque vous vous détendez avec moi en écoutant la blague.

Parfois, on devient sérieux - au lieu de devenir hilarant, on devient sérieux. Certaines personnes m'écrivent sans cesse : "Pourquoi cela arrive-t-il ? Nous devenons sérieux. Quand tout le monde rit, nous devenons soudain très sérieux".

La raison en est qu'il est facile de rire des autres, mais parfois, une blague ne concerne pas les autres ; elle vous concerne, exactement. Elle vous correspond et vous ne pouvez pas rire de vous-même. Vous devenez sérieux, vous vous crispez.

De plus, le sérieux est plus satisfaisant pour l'ego que le rire. Lorsque vous voyez des milliers de personnes rire et que vous restez assis, sérieux, vous avez l'impression d'être quelque chose de saint, de sacré, alors que ce ne sont que des gens ordinaires qui rient. Comment pouvez-vous rire ? Vous n'êtes pas venus ici pour rire, mais pour atteindre l'illumination !

Selon les personnes, différentes choses sont possibles.

Pour quelques personnes, l'illumination est même possible par le rire. Cela aussi va se produire. Je vois beaucoup de gens s'approcher de très près, mais ils ont peur. Un pas de plus... mais ils reculent. Ils ne rient que dans une certaine mesure - ils ne rient que dans la mesure où ils peuvent le contrôler. Lorsqu'ils constatent que la situation échappe à leur contrôle, ils reculent immédiatement, ils commencent à se retenir. S'ils le permettent, le rire deviendra leur illumination.

Sandip, ne t'inquiète pas. Quoi qu'il arrive, quelles que soient les émotions, les humeurs qu'une blague crée en vous, regardez-la.

Un sannyasin de Rajneesh arrive aux portes du paradis.

Saint Pierre est de service. Il regarde le sannyasin et lui dit : "Désolé, mec, tu es trop tôt. Vous, les orangistes, vous ne pouvez jamais faire les choses correctement ? Vous devez retourner sur terre."

"Je ne peux pas jeter un coup d'œil, puisque j'ai fait tout ce chemin", dit le sannyasin.

"Très bien", dit Peter, "des souhaits particuliers ?"

"Eh bien", dit le swami, "j'aimerais voir Jésus".

"Oh, vous croyez donc en lui", ricane saint Pierre.

"Puisque je suis ici, je pourrais aussi bien l'examiner", dit le sannyasin.

"Il n'est pas de bonne humeur", dit Peter. "Mais je vais jeter un coup d'œil.

"Il n'est pas de bonne humeur ? demande le sannyasin étonné. "Cela arrive-t-il aussi au paradis ? Je pensais que les choses seraient bien différentes ici."

"Eh bien", dit Peter, "vous savez, nous avons une communication directe avec la terre et nous écoutons les conférences quotidiennes d'Maître. Et quand Jésus entend ces blagues sur lui-même, il se met en colère !"

Dernière question :

Question 6 :

MAÎTRE,

LE FAIT D'ÊTRE JUIF N'A-T-IL DONC AUCUNE SIGNIFICATION ?

Sant,

JE N'AI PAS DIT CELA. Il y a peu de choses ; il y a peu de choses vraiment importantes que seul un Juif peut gérer, et en ce qui te concerne, Sant, je pense que tu ne devrais pas abandonner ta judéité si soudainement. Attends un peu ; tu en auras encore besoin pendant un certain temps. L'abandonner tout de suite serait trop tôt ; sois un peu plus mûr, et alors il tombera de lui-même.

Une jolie princesse en âge de se marier avait posé certaines conditions à son mariage : par exemple, une réponse satisfaisante à ses trois questions. L'entretien devait se dérouler en privé et la princesse et le futur candidat devaient rester nus pendant l'entretien.

Sant, si tu t'es endormi, réveille-toi ! C'est une blague spécialement pour toi.

Si le candidat ne pouvait pas répondre correctement aux questions, il serait mis en prison. Jusqu'à présent, tous les entretiens ont échoué. Les hindous étaient venus, les mahométans étaient venus, les chrétiens étaient venus, et personne n'avait réussi. Ils ont tous été jetés en prison et le roi était très déçu.

Puis vint un Juif. La princesse nue montra ses seins et posa la première question : "Qu'est-ce que c'est ?".

Le Juif a dit : "Charmantes montagnes de lait et de miel".

En recevant la bonne réponse pour la première fois, la princesse était très heureuse.

Sant, n'oublie pas les réponses - souviens-toi.

Puis, pointant le gland du Juif, elle pose la deuxième question : "Qu'est-ce que c'est ?".

"C'est le bâton de vie avec les cloches de Jérusalem", dit le Juif.

Ravie, elle pose la troisième question en montrant son vagin : "Qu'est-ce que c'est ?".

"C'est le centre de toute la création de l'humanité", répond le Juif.

"Tu as su répondre correctement à toutes mes questions. Je t'accepte comme mon digne époux", dit la princesse. "Maintenant, l'épreuve finale : monter sur les montagnes de lait et de miel, mettre le bâton de vie au centre de la création et faire sonner les cloches de Jérusalem !"

Pourquoi ne pas vous tirer dessus ?

SHIH-KUNG ÉTAIT CHASSEUR AVANT D'ÊTRE ORDONNÉ MOINE ZEN SOUS LA DIRECTION DE MA TZU.

IL N'AIMAIT PAS DU TOUT LES MOINES BOUDDHISTES, QUI S'OPPOSAIENT À SA PROFESSION.

UN JOUR, ALORS QU'IL POURSUIVAIT UN CERF, IL PASSA DEVANT LE CHALET OÙ RÉSIDAIT MA TZU. MA TZU SORTIT ET LE SALUA.

SHIH-KUNG DEMANDE : "AVEZ-VOUS VU DES CERFS PASSER DEVANT VOTRE PORTE ?"

"QUI ÊTES-VOUS ? DEMANDE LE MAÎTRE.

"JE SUIS UN CHASSEUR."

"COMBIEN POUVEZ-VOUS EN ABATTRE AVEC VOTRE FLÈCHE ?"

"UN AVEC UNE FLÈCHE".

"ALORS TU N'ES PAS UN CHASSEUR", A DÉCLARÉ MA TZU. A DÉCLARÉ MA TZU.

"COMBIEN POUVEZ-VOUS EN ABATTRE AVEC UNE SEULE FLÈCHE ? DEMANDE À SON TOUR LE CHASSEUR.

"TOUT LE TROUPEAU, D'UNE SEULE FLÈCHE".

"CE SONT DES CRÉATURES VIVANTES, POURQUOI DEVRIEZ-VOUS DÉTRUIRE TOUT LE TROUPEAU EN UNE SEULE FOIS ?"

"SI VOUS EN SAVEZ AUTANT, POURQUOI NE VOUS TIREZ-VOUS PAS DESSUS ?"

"POUR CE QUI EST DE ME TIRER DESSUS, JE NE SAIS PAS

COMMENT PROCÉDER."

"CE TYPE, S'EXCLAMA TOUT À COUP MA TZU, A MIS FIN AUJOURD'HUI À TOUTES SES IGNORANCES PASSÉES ET À SES MAUVAISES PASSIONS !

C'EST ALORS QUE LE CHASSEUR SHIH-KUNG BRISA SON ARC ET SES FLÈCHES ET DEVINT L'ÉLÈVE DE MA TSEU.

LORSQU'IL DEVINT LUI-MÊME UN MAÎTRE ZEN, IL AVAIT UN ARC AVEC UNE FLÈCHE PRÊTE À TIRER, AVEC LAQUELLE SES MOINES ÉTAIENT MENACÉS LORSQU'ILS L'APPROCHAIENT POUR LUI POSER UNE QUESTION. SAN-PING A ÉTÉ TRAITÉ DE LA MÊME MANIÈRE.

SHIH-KUNG S'EXCLAME, "ATTENTION À LA FLÈCHE !"

PING OUVRIT SA POITRINE ET DIT : "VOICI LA FLÈCHE QUI TUE, OÙ EST CELLE QUI RESSUSCITE ?".

KUNG FRAPPE TROIS FOIS SUR LA CORDE DE L'ARC. PING S'ARCHE.

KUNG DIT : "CELA FAIT TRENTE ANS QUE J'UTILISE UN ARC ET DEUX FLÈCHES, ET AUJOURD'HUI JE N'AI RÉUSSI À ABATTRE QUE LA MOITIÉ D'UN SAGE."

SHIH-KUNG BRISA À NOUVEAU SON ARC ET SES FLÈCHES ET NE LES UTILISA PLUS JAMAIS.

CES BELLES HISTOIRES ZEN appartiennent à un climat et à une psychologie totalement différents. Le monde a trop changé ; un fossé s'est creusé. L'homme est devenu très savant. Ces histoires appartiennent à un monde, à une époque où les gens étaient simples. Ils n'étaient pas rusés, complexes ; ils étaient innocents. Il y avait donc une possibilité d'éveil immédiat.

Le zen est devenu de plus en plus difficile pour la simple raison que l'homme est devenu de plus en plus complexe. Aujourd'hui, il est presque impossible de concevoir comment une illumination soudaine peut être possible, comment, en un seul éclair, on peut être totalement transformé. La personne bien informée ne peut comprendre que la voie de la gradualité ; toute son éducation est un processus de graduation.

C'est pourquoi, lorsqu'un universitaire sort de l'université, nous l'appelons "diplômé" - il a obtenu son diplôme.

L'apprentissage se fait par étapes ; le désapprentissage peut se faire d'un seul coup. Le zen appartient au monde du désapprentissage. Ce n'est pas de la connaissance ; personne ne peut atteindre la connaissance soudainement parce que la connaissance est une quantité, ce n'est pas une qualité. Et tout ce qui est quantitatif ne peut être atteint que progressivement ; on obtient un diplôme, on l'absorbe et on le digère lentement.

Pour souligner ce fait, Gurdjieff avait l'habitude de dire que la connaissance est une quantité, à tel point que si quelques personnes en ont plus, alors quelques autres en auront moins. C'est une quantité comme l'argent. Il n'est pas possible de faire en sorte que tous les gens soient instruits, seules quelques personnes le seront. Ne le prenez pas au pied de la lettre. De nombreux disciples de Gurdjieff l'ont pris au pied de la lettre. Il mettait simplement l'accent sur le caractère quantitatif de la connaissance, sur le fait qu'il n'existe qu'une certaine quantité de connaissances. Si peu de personnes

l'ont acquis, il est évident que d'autres ne pourront plus l'acquérir. C'est comme la terre : il y en a une certaine quantité - si peu de gens l'ont acquise, il en manquera d'autres. Mais ceux qui l'interprètent littéralement, qu'ils soient ennemis de Gurdjieff ou ses amis, passent tous deux à côté de l'essentiel. Il s'agit simplement du fait que la connaissance s'acquiert progressivement parce qu'il s'agit d'une quantité. D'année en année, vous obtenez lentement votre diplôme. Il faut vingt-cinq ans pour apprendre tout ce que l'homme a accumulé pendant des milliers d'années.

Mais le désapprentissage n'a rien à voir avec la progressivité ; on n'obtient jamais de diplôme. On voit ce qu'il en est et on l'abandonne immédiatement. La personne bien informée, bien sûr, trouvera cela plus difficile parce que tout ce qu'elle a acquis avec des années d'efforts, de travail, de fatigue, elle est obligée de s'y accrocher. L'ignorant n'a rien à quoi s'accrocher, et la personne bien informée a de nombreuses couches qui couvrent sa vision.

L'ignorant n'a rien pour couvrir sa vision, il est beaucoup plus clair.

Et vous verrez cette qualité chez les agriculteurs, les charpentiers, les jardiniers - les gens qui travaillent avec la terre - les bûcherons, les pêcheurs. Vous trouverez chez ces personnes une certaine clarté, une certaine immédiateté de la compréhension. Ils ne sont peut-être pas capables de comprendre des théories complexes comme la théorie de la relativité d'Albert Einstein, mais ils sont capables de comprendre immédiatement la beauté d'une parole de Jésus ou de Bouddha.

La personne bien informée peut ne pas être capable de voir la beauté de la parole de Jésus. Il peut commencer à l'analyser, à l'interpréter, à lui imposer ses idées. Il la déformera ; il ne pourra pas la voir telle qu'elle est.

Si un homme comme Jésus vient aujourd'hui, il sera encore plus incompris qu'il ne l'était à son époque. S'il parle la même langue... même à cette époque, les personnes bien informées n'étaient pas en mesure de le comprendre. Ce sont les rabbins - les experts juifs, les brahmanes juifs - qui ont conspiré pour le tuer. Les gens qui le suivaient étaient des gens simples, très simples. Le monde a tellement changé qu'il faut maintenant une approche totalement différente. Le zen doit devenir contemporain. C'est pourquoi je parle tant du zen, parce que j'en vois l'immense beauté, j'en vois la valeur inestimable. Il ne faut pas le perdre, le perdre serait perdre le plus grand trésor que l'humanité ait découvert. Mais nous sommes en train de le perdre.

Vous lirez cette histoire ; elle ressemblera à une belle anecdote, rien de plus spécial que cela. C'est bien plus que cela. C'est ce que le zen appelle la transmission spéciale, une illustration de celle-ci. Mais il vous faudra comprendre comment l'innocence saisit et comment la connaissance rate.

Après trente ans de méditation, un grand bodhisattva est devenu illuminé et, selon la tradition, il est allé voir le maître pour recevoir une robe. Mais il s'agit d'une histoire contemporaine, qui date du vingtième siècle. Mais au lieu de lui donner une robe, le *Maître lui donna un morceau de papier sur lequel était écrit ce qui suit :

Et le Maître a raison, car il y a des gens comme l'Ayatollah Khomaniac et d'autres maniaques qui sont ses disciples. Même avec Al-Hillaj Mansoor qui a déclaré : "Ana'l haq ! - Je suis Allah", ils ne se sont pas comportés de manière humaine. Aujourd'hui, ils sont devenus encore plus inhumains.

prix des clous utilisés la dernière fois.

vous demandez à quelqu'un de goûter le vin avant de le boire.

que nous avons obtenu deviendra un restaurant.

et dire fièrement : "Je l'ai trouvé ! "Je l'ai trouvé !"

Shree Rajneesh".

"Alors, demanda le néo-Bouddha, que puis-je dire ? Où puis-je aller ?" Le Maître répondit : "Tais-toi et assieds-toi."

C'est une époque totalement différente et un esprit totalement différent qui a vu le jour.

Si vous essayez de comprendre ces simples paraboles avec votre esprit, oui, vous pouvez les apprécier pour le moment, mais c'est tout ; elles ne vous aideront en aucune façon dans votre croissance spirituelle. Mais si vous pouvez mettre vos connaissances de côté, si vous pouvez revivre l'innocence que l'homme a perdue, que vous avez goûtée dans votre enfance, alors une histoire comme celle-ci peut être extrêmement éclairante.

Il faut y aller de façon très méditative. Et quand je dis "y aller de manière méditative", je veux dire ne pas utiliser l'esprit, ne pas y aller mentalement. Mettez l'esprit de côté - c'est ce qu'est la méditation - comme si vous ne saviez rien. Ce sera "comme si" au début, mais une fois que vous aurez goûté à la beauté de l'innocence et à la compréhension qui en découle, le "comme si" deviendra une réalité, une réalité authentique ; ce ne sera plus un "comme si".

SHIH-KUNG ÉTAIT CHASSEUR AVANT D'ÊTRE ORDONNÉ MOINE ZEN SOUS LA DIRECTION DE MA TZU.

Même de nos jours, il y avait des érudits, des prêtres, des experts, des professeurs. On n'en parle pas, on ne raconte pas ce genre de choses à leur sujet. Mais le chasseur vit d'une manière plus authentique. Il vit avec les arbres, les animaux, la terre et le ciel, le vent, la pluie et le soleil. Il vit près de la nature. Et la personne qui vit près de la nature est, d'une manière inconnue, inconsciente, proche de Dieu, proche de la vérité.

Parce qu'il vit près de la nature, il a une vague conscience de la présence de Dieu.

Bien sûr, c'est vague, ce n'est pas clair comme de l'eau de roche, sinon il deviendrait illuminé. Mais il le sent intuitivement, instinctivement. Il n'est pas aussi mort qu'un professeur, il n'est pas aussi ennuyeux qu'un érudit ; il est vivant.

Il doit être très vivant car il travaille avec des créatures très vivantes.

SHIH-KUNG ÉTAIT UN CHASSEUR...

D'ordinaire, nous pensons qu'un chasseur devrait être la dernière personne à être initiée, à être ordonnée moine zen par un grand maître comme Ma Tzu. Logiquement, il semble que la chasse soit une profession violente, cruelle. Comment un chasseur peut-il être initié à la méditation ? Et comment peut-il devenir un jour un bouddha ?

Et comment cette transmission spéciale est-elle possible ? Mais cela s'est produit des milliers de fois.

Il est beaucoup plus difficile pour un homme d'affaires, beaucoup plus difficile pour un homme politique, de faire l'expérience soudaine de la présence d'un Maître, parce que son travail est laid. Le travail du chasseur peut nous sembler violent, mais il a sa propre beauté. Parce qu'il vit avec des animaux sauvages, il a une certaine sauvagerie en lui ; il fait toujours partie de la nature.

Il y a une histoire similaire dans la vie de Jésus :

Un matin, il arrive sur la rive du lac de Galilée. Le soleil se lève et un pêcheur vient de jeter son filet dans le lac pour attraper du poisson. Jésus lui pose la main sur l'épaule ; le pêcheur se retourne. Pendant un instant, il n'y a que le silence : le silence du matin, le silence du lac, le silence de Jésus. Et bien sûr, le pêcheur n'a pas l'esprit très bavard.

Avant qu'il ne puisse demander quoi que ce soit, Jésus lui dit : "Combien de temps vas-tu continuer à prendre du poisson ?

Assez, c'est assez ! Viens avec moi, je t'apprendrai à attraper les hommes".

Et il n'y a aucune hésitation. Le pêcheur laisse le filet dans le lac, il ne le retire même pas. Quelque chose s'est passé. La transmission spéciale s'est produite. Il a regardé Jésus dans les yeux ; un oui profond a surgi dans son être. Tout ce qu'il a dit est si clair : "Combien de temps... ? Bien sûr, combien de temps vais-je pêcher ? La vie se résume-t-elle à cela ? - Attraper du poisson, vendre du poisson, chaque jour, année après année ? Est-ce cela la vie ? Il doit y avoir quelque chose de plus."

Et il peut voir qu'il y a quelque chose de plus - cet homme semble l'avoir atteint. La joie sur son visage, la sérénité de sa présence, le silence qui l'accompagne comme une ombre, la profondeur de ses yeux, le feu de son être, ont allumé quelque chose dans le cœur du simple pêcheur.

Sans dire un mot, il suit Jésus. Jésus se déplace, il le suit.

Cet homme est devenu le premier disciple de Jésus. Il s'appelait Andreas. Parce qu'il a été le premier à être appelé par Jésus, le nom même d'Andreas signifie aujourd'hui "le premier à avoir été appelé par le Maître".

C'est un don rare que d'être appelé par le Maître et d'être le premier, mais Andreas en est digne.

Alors qu'ils sortaient du village, un homme accourut et dit à Andreas :

"Où vas-tu ? Ton père est mort ! Reviens à la maison !"

Il a demandé à Jésus - ce sont ses premiers mots - "Pardonne-moi, s'il te plaît. Accorde-moi trois jours de permission pour que je puisse accomplir les derniers rites et rituels. Mon père est mort. Je dois aller accomplir mon devoir. Si vous me le permettez." Mais il demande la permission. Il ne dit pas "je pars", il demande la permission.

Son père est mort, ce n'est pas très important.

Jésus lui dit : "Oublie tout cela. Suis-moi. Dans le village, il y a tant de morts - ils enterreront les morts. Tu n'as pas à t'en préoccuper.

Et Andreas ne s'est jamais retourné. L'homme qui était venu l'appeler resta là, choqué, il n'en croyait pas ses yeux.

Il s'agit de la confiance. Cette qualité a perdu son emprise sur la conscience humaine. C'est pourquoi la religion n'est qu'un mot, Dieu n'est qu'une hypothèse. Les gens parlent de Dieu, philosophent sur Dieu, mais personne n'est prêt à risquer quoi que ce soit.

L'histoire de ce pauvre pêcheur m'est revenue à l'esprit hier lorsque j'ai vu la lettre de Rajen. Il m'a écrit que sa petite amie était partie à l'Ouest et qu'il ne pouvait pas rester ici sans elle. Et il a dû avoir peur - je pourrais dire : "Pas besoin de partir..." - parce qu'à ce moment-là, elle a dû se trouver un petit ami. Il y a tellement de garçons en Occident. S'il y avait tant de morts dans le village, qu'en penseriez-vous ?

- il n'y a pas de garçons en Occident ? Il a dû avoir peur - je pourrais dire que ce n'est pas la peine d'y aller, alors il a écrit : "Je ne vous demande pas la permission d'y aller, je vous dis simplement que j'y vais".

En lisant sa lettre, je me suis souvenu d'Andreas. C'est le fossé qui sépare l'innocent Andreas d'une personne bien informée du vingtième siècle. Rajen est une personne bien informée - un thérapeute et un bon thérapeute. Mais il est facile de quitter le Maître sans sa permission ; il est difficile de vivre quelques semaines sans sa petite amie. Les priorités ont changé.

Shih-kung était un chasseur, pas un thérapeute, ni un homme d'affaires, sinon il aurait raté son coup.

Un ami du Népal est ici, il s'appelle Durga Prasad. Quelques jours auparavant, j'avais répondu à sa question. Il m'a demandé : peut-il aussi se considérer comme un Rajneesh, bien qu'il ne puisse pas prendre le sannyas ? Ne peut-il pas être un Rajneesh sans devenir un sannyasin ? Et quelle est la cause qui l'empêche de devenir un sannyasin ? Il a peur de sa femme, parce qu'elle est une hindoue orthodoxe et qu'elle ne pourra pas le tolérer. Que de petites choses ! Mais ce sont les modes de calcul, les modes de fonctionnement des hommes d'affaires. C'est ainsi que fonctionne l'esprit juif.

Il est impossible pour un tel esprit d'atteindre l'illumination.

Il y avait aussi ce juif qui était tellement radin qu'il prenait le métro aux heures de pointe pour faire repasser ses vêtements.

Et j'ai entendu parler d'un autre homme d'affaires juif : c'était un tel tricheur que même la laine qu'il tirait sur les yeux des gens était à moitié en coton.

C'était une bonne chose que Shih-kung soit un chasseur - une personne simple, une vie simple, à la recherche d'animaux sauvages.

Ce devait être un homme sauvage. C'est pourquoi cette transmission a été possible.

IL N'AIMAIT PAS DU TOUT LES MOINES BOUDDHISTES, QUI S'OPPOSAIENT À SA PROFESSION.

Un homme simple. Il n'aimait pas les moines bouddhistes parce que le bouddhisme est contre la chasse, contre toute forme de violence. Une chose à retenir : la haine est bien meilleure que l'indifférence. Il est très difficile de transformer une personne indifférente. Mais il était tellement plein d'aversion, tellement plein de haine pour les moines bouddhistes et le bouddhisme que le changement, le changement radical, n'a pas été difficile.

La haine, c'est l'amour à l'envers ; la haine, c'est l'amour qui fait du sirshasan, qui se tient sur la tête. Et un homme qui se tient sur la tête peut facilement être remis sur ses pieds ; ce n'est pas très difficile. La personne indifférente est la personne la plus difficile.

C'est ce qui est arrivé à l'esprit contemporain. Autrefois, il y avait des théistes, il y avait des athées, aujourd'hui il n'y a plus ni théistes ni athées. Il n'y a que des indifférents qui se fichent complètement de la religion. Il y en a dans les deux camps, mais en fait quatre-vingt-dix-neuf virgule neuf pour cent des habitants du monde d'aujourd'hui ne sont ni théistes ni athées. En fait, il est considéré comme impoli de discuter de ces questions. Dans la haute société, les gens ne se disputent pas au sujet de Dieu ; c'est une question de goût : "Si vous aimez les roses, tant mieux ; moi, je n'aime pas les roses. La question est réglée ! Il n'est pas question d'argumenter. C'est une question de goûts et de dégoûts. Personne n'est impliqué, engagé. Personne ne sera prêt à être crucifié pour Dieu ou pour l'impiété. Qui s'en soucie à ce point ? Que Dieu existe ou non n'a pas d'importance.

Les gens peuvent aller à l'église tous les dimanches, mais ce n'est qu'un geste social. C'est bien, cela favorise une sorte de relation sociale. Tout comme vous allez au Rotary Club, au Lions Club et à bien d'autres clubs stupides, l'église n'est qu'un club, un club du dimanche, un club religieux où un prêtre continue à dire quelque chose. Personne n'écoute, personne ne s'intéresse à ce qu'il dit. Les gens s'assoient là simplement pour montrer leur visage, pour que tout le monde sache que vous êtes religieux. Le fait d'être connu comme religieux est utile à bien des égards - dans vos affaires, dans vos relations sociales, dans votre politique. Le fait d'être connu comme religieux fonctionne comme un lubrifiant ; il rend la vie plus douce. Cela a donc une utilité sociale, mais rien d'autre.

En Russie, les gens adhèrent tout simplement à l'athéisme de la même manière ; l'athéisme y est la religion officielle. Tout comme dans certains pays le christianisme est la religion officielle, dans d'autres le mahométanisme et dans d'autres encore le bouddhisme, l'athéisme est la religion officielle dans les pays communistes.

Il faut continuer à faire semblant d'appartenir à la religion officielle. C'est plus sûr. Il est dangereux d'aller à l'encontre de la politique officielle ; cela peut vous coûter cher. Et personne ne s'en préoccupe aujourd'hui ; personne ne s'en soucie suffisamment pour payer quoi que ce soit.

En Russie, un homme déclare haut et fort que Joseph Staline est un imbécile. Il est condamné à une peine de vingt ans : cinq ans pour diffamation et quinze ans pour avoir révélé un secret d'État.

SHIH-KUNG N'AIMAIT PAS DU TOUT LES MOINES BOUDDHISTES...

Autrefois, tout le monde était soit fortement pour, soit fortement contre. C'était important, car cela montrait leur intérêt. Et pourquoi était-il contre les moines bouddhistes ? Il était contre parce qu'ils étaient contre sa profession. C'était un homme simple, et ces gens-là ne cessent de parler de violence. Pour lui, la chasse était un jeu magnifique, et ces gens ne comprennent pas du tout - ils voulaient arrêter complètement la chasse. Et lui, il aimait ça, c'était sa joie. Il ne connaissait le bonheur que lorsqu'il poursuivait des animaux sauvages. En fait, lorsque vous poursuivez un animal sauvage avec seulement un arc et des flèches, vous risquez votre vie, c'est dangereux. Dans ce danger, l'esprit s'arrête. Dans cet état dangereux, la pensée ne peut pas fonctionner. Et c'est grâce à ces moments d'insouciance que la chasse peut vous donner quelques aperçus de la méditation.

Il était fortement opposé aux moines bouddhistes et ne les aimait pas. S'il avait été indifférent, cette histoire ne se serait pas produite.

UN JOUR, ALORS QU'IL POURSUIVAIT UN CERF, IL PASSA DEVANT LE CHALET OÙ RÉSIDAIT MA TZU.

MAIS CE N'ÉTAIT QU'UNE COÏNCIDENCE. C'est par hasard qu'il est passé devant la hutte de Ma Tzu, mais c'est devenu le plus grand moment de sa vie.

Même le fait d'entrer par hasard en étroite affinité avec un Maître peut changer votre vie, vous transformer totalement. Mais une simplicité est nécessaire, une simplicité du cœur. L'esprit calculateur peut s'approcher, mais il manquera toujours son coup, parce qu'entre lui et un Maître vivant, la distance est infranchissable. Il vit dans le mental et le Maître vit dans le non-mental ; des mondes les séparent. Mais toute personne qui a un cœur simple, qui n'est pas trop dans le mental, est forcément affectée, est forcément attirée magnétiquement par le champ d'énergie d'un Maître. C'est ce qui s'est passé dans la vie de Bouddha :

Il traversait une forêt et des gens l'en empêchèrent. Ils lui dirent : "Il y a un homme qui est le plus grand meurtrier dont nous ayons jamais entendu parler. Il a fait le vœu de tuer mille personnes et de se faire une guirlande de leurs doigts. Il a déjà tué neuf cent quatre-vingt-dix-neuf personnes et il porte une guirlande de leurs doigts. Personne ne connaît son vrai nom ; parce qu'il porte une guirlande de doigts, son nom est devenu Angulimal" - angulimal signifie une guirlande de doigts. "Il attend une personne de plus, mais maintenant tout le monde a tellement peur que la route est fermée ; personne ne passe jamais de ce côté. Les gens qui doivent partir doivent prendre un long chemin.

Même le roi n'a pas le courage de passer par cette route avec toute son armée.

"L'homme est féroce, l'homme est comme un lion. Ce n'est pas un homme, c'est un mangeur d'hommes ! Il est tellement dangereux que la dernière fois, il l'a dit à sa mère..." parce qu'elle était la seule personne qui lui rendait visite, de temps en temps, pour le persuader que "ça suffit ! Arrêtez ça !"

La dernière fois, il lui a dit : "Ne reviens pas me voir parce que j'attends la dernière personne. Si personne d'autre ne vient, je te tuerai, mais je dois accomplir mon vœu. Je dois tuer mille personnes !

La mère a donc également cessé de s'y rendre. S'il vous plaît, ne prenez pas ce chemin. Ce chemin est désert."

Bouddha dit : "Si tu ne me l'avais pas dit, j'aurais peut-être pris l'autre chemin. Mais maintenant que je sais qu'il n'attend qu'une seule personne et que personne ne veut y aller, pas même sa mère, si je n'y vais pas, qu'adviendra-t-il de son vœu ? Et je vais mourir de toute façon tôt ou tard, alors laissons-le accomplir son vœu. Et qui sait s'il pourra me tuer ou si je pourrai le tuer ?".

Les gens disaient : "Vous êtes fou ! Comment peux-tu le tuer ? Tu ne crois pas au meurtre et tu n'as pas d'arme sur toi."

Bouddha a dit : "Je suis l'arme. Laissez-le essayer et laissez-moi aussi essayer." Et il est parti.

Même les grands disciples qui l'entouraient toujours commencèrent à prendre du retard. Lorsqu'il arriva près de la maison d'Angulimal, ils étaient à des kilomètres derrière lui. Il n'y avait personne, seul Bouddha était là. Ils observaient de loin ce qui se passait.

Angulimal vit arriver Gautam le Bouddha. Il ne savait pas qui était cet homme, mais il y avait quelque chose de beau dans cet homme, dans sa façon d'arriver, dans sa joie, dans sa paix, dans son silence. Angulimal était un homme simple - ce type de personnes est toujours simple - ignorant, mais aussi innocent.

Lorsque Bouddha s'est approché, il a d'abord pensé : "Tuons cet homme et finissons-en pour que je puisse oublier l'affaire, car maintenant personne ne vient." Mais alors que Bouddha s'approchait, il commença à ressentir un amour étrange pour cet homme, une grande compassion pour cet homme qu'il n'avait jamais ressentie pour personne. C'était si étrange, si nouveau, qu'il n'arrivait pas à y croire.

Lorsque Bouddha est arrivé devant lui, il lui a dit : "S'il te plaît, va-t'en. Je suis un homme dangereux.

On dirait que tu ne sais rien de moi. Tu as l'air si innocent. Je suis Angulimal ! Tu vois la guirlande ? J'ai tué neuf cent quatre-vingt-dix-neuf personnes ; j'attends la dernière. Et je suis un homme dangereux. Je vois maintenant que tu es un sannyasin - ta robe jaune, ton crâne rasé. J'éprouve pour vous une étrange compassion que je n'ai jamais ressentie, alors je vous donne une chance. Vous pouvez repartir et j'attendrai quelqu'un d'autre, mais si vous insistez, si vous faites ne serait-ce qu'un pas en avant, je vous tuerai".

Bouddha dit : "Me connaissez-vous ? Si tel est votre vœu, voici le mien : je ne reviendrai jamais en arrière. Vous me tuez ! Je ne me retournerai jamais."

L'homme sortit son épée, mais sa main tremblait.

Bouddha dit : "Qu'est-ce qui se passe ? S'agit-il d'une voie ? Es-tu un épéiste ? Ta main tremble !

Arrêtez de faire trembler votre main ! Ce n'est pas bien - c'est un signe de faiblesse. Il faut être assez fort. Je suis surpris et je me demande comment tu as pu tuer autant de personnes."

Angulimal dit : " C'est la première fois. Mon cœur bat plus vite, ma respiration n'est plus rythmée, ma main tremble. Vous devez faire quelque chose ! On dirait un magicien !"

Bouddha dit : "C'est vrai - je tente aussi ma chance, j'essaie de vous tuer ! Mais je ne tue pas physiquement, je tue psychologiquement. Mais finissez votre travail, ne vous préoccupez pas de mon travail. Je continuerai à faire mon travail, vous ferez le vôtre. Mais avant de frapper mon corps, il y a une chose que vous devez faire pour moi - c'est le dernier souhait d'un mourant. Pouvez-vous couper quelques feuilles de l'arbre ?"

Ces feuilles étaient juste suspendues au-dessus d'eux. Angulimal coupa une petite branche et la donna à Bouddha.

Bouddha dit : "Bien, la moitié est faite. Maintenant, faites l'autre moitié - rejoignez à nouveau cette branche et tuez-moi."

Angulimal dit : "Tu es fou ! Comment puis-je le rejoindre ?"

Bouddha a dit : "Mais couper une branche, même un enfant peut le faire. Ce qui compte, c'est de l'assembler. La destruction est très facile, la création est la vraie chose. Es-tu un homme ou un enfant ?"

Angulimal baissa la tête, honteux. Bouddha lui dit : "Si tu peux comprendre cela, alors il n'y a pas de problème, j'aimerais que tu m'assassines

- que tu me tues.

Angulimal jeta son épée, tomba aux pieds de Bouddha et lui dit : "Tu m'as tué avant que je ne puisse te tuer. Vous avez raison, tout le monde peut détruire. Maintenant, apprenez-moi à être créatif."

Les écritures bouddhistes ont toujours posé la question de savoir comment un homme aussi meurtrier a pu être transformé si facilement par Bouddha. Il est arrivé à de nombreuses reprises que de grands érudits viennent discuter avec lui, mais qu'ils ne soient pas convaincus, qu'ils restent sans conviction. De grands rois sont venus le voir juste pour lui rendre hommage, en espérant que sa bénédiction suffirait, mais ils n'étaient pas prêts à méditer, à devenir sannyasins ou à renoncer - juste à recevoir la bénédiction. Des hommes d'affaires sont venus le voir et ont fait beaucoup en termes d'argent, mais ils ne se sont pas impliqués. Ils ont fait don de grandes terres et de jardins à Bouddha et à ses monastères, mais ils ne se sont pas impliqués. Ces grandes terres n'étaient rien pour eux, mais ils n'ont jamais donné un pouce de leur conscience à Bouddha.

Rappelez-vous : les personnes savantes, les personnes calculatrices, les personnes d'affaires ne sont pas touchées par les bouddhas - elles s'entourent d'une peau si épaisse.

Un voleur juif se présente à la caisse du cinéma et, pointant un pistolet sur la dame, dit : "Le film est horrible ! Rendez-moi mon argent !"

"Ce n'est pas nécessaire, monsieur", dit-elle. "Posez votre arme et je vous donnerai votre argent".

"Non, madame, dit le juif. "Le film est trop mauvais. Rendez-moi l'argent de tout le monde !"

Shih-kung passait par hasard devant la maison de campagne où vivait Ma Tzu. Ma Tzu est sorti. Le Maître reconnaît immédiatement la possibilité, la potentialité. Il sortit de sa chaumière et le salua. Le Maître est toujours en état d'accueil, en particulier pour ceux qui sont prêts.

Les disciples de Ma Tseu ont dû trouver cela étrange. Il n'avait jamais eu l'habitude de venir saluer les rois. Ils le connaissaient. Lorsque les rois viendront, il ne se lèvera même pas pour les saluer. Les gens riches viendront et il ne montrera pas d'intérêt particulier ; il les considérera comme des gens ordinaires. Sortir de la maison pour recevoir un chasseur était étrange, mais les manières des Maîtres sont toujours étranges.

SHIH-KUNG DEMANDE : "AVEZ-VOUS VU DES CERFS PASSER DEVANT VOTRE PORTE ?"

"QUI ÊTES-VOUS ? DEMANDE LE MAÎTRE.

"JE SUIS UN CHASSEUR."

"COMBIEN POUVEZ-VOUS EN ABATTRE AVEC VOTRE FLÈCHE ?"

"UN SEUL AVEC UNE SEULE FLÈCHE". "ALORS TU N'ES PAS UN CHASSEUR", A DÉCLARÉ MA TZU.

"COMBIEN POUVEZ-VOUS EN ABATTRE AVEC UNE SEULE FLÈCHE ? DEMANDE À SON TOUR LE CHASSEUR.

Le Maître sait quel langage parler à un certain type de disciple ; le disciple ne peut comprendre qu'un certain langage. Jésus dit à Andréas : "Combien de temps vas-tu continuer à pêcher ? Je t'apprendrai à prendre des hommes." C'est le langage d'un pêcheur. Ma Tzu a dit :

"COMBIEN POUVEZ-VOUS EN ABATTRE AVEC VOTRE FLÈCHE ?"

"UN AVEC UNE FLÈCHE".

"ALORS TU N'ES PAS UN CHASSEUR".

"COMBIEN POUVEZ-VOUS EN ABATTRE AVEC UNE SEULE FLÈCHE ? DEMANDE À SON TOUR LE CHASSEUR.

Naturellement, il s'est intéressé au fait que cet homme était considéré comme un grand moine bouddhiste. Il a dû en entendre parler. Il était bien connu, c'était l'un des plus grands bouddhistes de tous les temps. "Est-il aussi un chasseur ?"

"TOUT LE TROUPEAU, D'UNE SEULE FLÈCHE".

MA TZU A DIT : "TOUT LE TROUPEAU, AVEC UNE SEULE FLÈCHE".

"CE SONT DES CRÉATURES VIVANTES, POURQUOI DEVRIEZ-VOUS DÉTRUIRE TOUT LE TROUPEAU EN UNE SEULE FOIS ?"

Même le chasseur a estimé que c'était trop. Le Maître peut créer une situation pour souligner un certain fait. Le chasseur ne comprend que son langage. Il parle sa langue et il exagère. Il dit : "Je peux tuer tout le troupeau avec une seule flèche". Même le chasseur est choqué, il a oublié qu'il est chasseur. C'était une stratégie, un stratagème.

"CE SONT DES CRÉATURES VIVANTES", A DIT LE CHASSEUR. "CE N'EST PAS BON, CE N'EST PAS HUMAIN... POURQUOI DÉTRUIRE TOUT LE TROUPEAU D'UN SEUL COUP DE FEU ?"

C'est ce que Ma Tseu voulait qu'il retienne - qu'il s'agit de créatures vivantes. Plutôt que de lui dire : "Ce sont des créatures vivantes, vous ne devez pas les tuer...", il n'aurait pas été correct. Cela n'aurait pas été correct ; il avait entendu cela de nombreuses fois et il détestait les moines bouddhistes à cause de cela. Le Maître procède de manière détournée, indirecte : il joue le rôle du chasseur lui-même - il met le chasseur dans le rôle du moine. Il lui laisse dire ce qu'il aurait dit, en fait. Il lui fait prendre conscience que ce sont des êtres vivants.

Et rappelez-vous ceci : seul un maître peut le faire, un enseignant ne peut pas le faire. Un enseignant dira simplement : "Ce n'est pas bien de tuer des créatures vivantes. C'est de la destruction, de la violence. Vous souffrirez pour votre karma. C'est le mal que vous faites." Et cela ne l'aurait pas aidé du tout parce qu'il avait entendu tous ces arguments ; il aurait lui-même argumenté contre eux. Il a dû se disputer avec beaucoup d'autres.

Et les gens peuvent toujours trouver des arguments ; l'argumentation est facile.

Le Maître essaie de créer une situation dans laquelle vous prenez conscience d'un certain fait. Plutôt que de vous le dire, il est préférable de provoquer en vous une certaine prise de conscience. Le chasseur est pris au dépourvu. Il ne sait pas qu'il a été tué d'une seule flèche.

"SI VOUS EN SAVEZ AUTANT, POURQUOI NE VOUS TIREZ-VOUS PAS DESSUS ? DIT MA TZU.

Cela paraîtra très étrange, si bien que cette déclaration semble soudain déplacée. Ce n'est pas le cas. Le Maître comprend le fonctionnement interne de la conscience. Il ne s'adresse pas à son esprit, mais à sa conscience. Il peut voir clairement ce qui se passe dans son être : il prend conscience que ce qu'il a fait était mal. Et le Maître n'a pas dit que c'était mal. Lorsque quelqu'un d'autre vous dit que c'est mal, votre ego se sent offensé ; vous commencez à argumenter, à vous défendre. Vous devenez de plus en plus défensif, argumentatif. Vous commencez à rationaliser. Et tout peut être rationalisé, tout peut être argumenté et tout peut être défendu. Mais le

Maître a joué un jeu magnifique.

Et c'est là toute la beauté du travail d'un Maître. Il a déjà réussi, quelque chose s'est déjà produit. Ce que le chasseur n'a jamais connu auparavant... bien qu'il ait dû le ressentir, cela a dû rester inconscient. Au fond de lui, il a dû sentir que ce qu'il fait n'est pas juste ; tout le monde le sent. Personne n'est aussi inconscient. Vous savez toujours quand vous faites quelque chose de mal. Si quelqu'un d'autre dit que c'est mal, vous essayez de vous défendre, et la personne qui a dit que c'était mal ne vous a pas aidé - en fait, elle a contribué à votre mal. Vous insisterez, vous continuerez. Vous

Vous le ferez plus volontairement maintenant, juste pour montrer à l'autre personne que vous ne vous souciez pas de ces choses stupides. Vous prouverez votre ego et vous refoulerez votre propre expérience.

La conscience est créée par les autres et c'est pourquoi tout le monde continue à faire des choses contre la conscience.

Saint Augustin dit : "Je fais des choses que je ne devrais pas faire et je ne fais jamais des choses que je devrais faire". Il prie Dieu : "Aidez-moi, car il me semble impossible de sortir de cet étrange schéma - je continue à faire des choses que je ne devrais pas".

Tout le monde fait des choses qu'il ne devrait pas faire, pour la simple raison qu'à chaque fois que les autres vous disent "Ne le faites pas", vous ressentez un profond désir de vous affirmer et de dire "Je vais le montrer, je vais le faire".

Mon père ne m'a punie qu'une seule fois dans ma vie, et il a alors compris qu'avec moi, la punition ne marcherait pas. Quand j'étais enfant, j'avais les cheveux longs, si longs que les gens pensaient que j'étais une fille. Dans le petit magasin de mon père, les fermiers et les paysans venaient, les villageois venaient et demandaient : "À qui appartient cette fille ?". Et c'était toujours embarrassant pour mon père de leur répéter que "c'est un garçon, pas une fille". Mais c'était permanent, et j'étais toujours là, assise.

Un jour, il m'a dit : "Tu dois te couper les cheveux. Cela me gêne de dire à tout le monde que tu es un garçon et non une fille."

Je lui ai répondu : "Qu'y a-t-il de mal à être une fille ? Vous n'avez pas à vous en préoccuper. Laissez-les penser que je suis une fille !

On peut aussi dire que c'est une fille. Qu'y a-t-il de mal à être une fille ?"

Il m'a dit : "Tu ne comprends pas. Et quand ils apprennent que tu es un garçon, ils me disent tous : 'Dis-lui de se couper les cheveux. Pourquoi garde-t-il des cheveux comme une fille ?"

J'ai dit : "Je ne vais pas me couper les cheveux. Si quelqu'un me dit 'Coupe les cheveux', je ne les couperai jamais".

C'est la seule fois où il s'est mis en colère et m'a giflé. Je n'ai rien dit, je suis simplement allée chez le coiffeur et lui ai demandé de me raser complètement la tête.

Ils étaient perplexes, car dans ces régions, on ne rase complètement la tête d'un garçon qu'à la mort de son père. Ils dirent : "Qu'est-ce que tu demandes ?"

J'ai dit : "Tu vas le faire !"

Ils ont demandé : "Ton père est-il mort ?".

J'ai dit : "Oui !". Alors ils l'ont fait.

Quand je suis revenu et que mon père a vu ce que j'avais fait, il a dit : "Qu'as-tu fait ?"

J'ai dit : "Soit je dois avoir des cheveux longs, soit je n'en veux pas du tout."

Il a dit : "Mais maintenant, tu vas me créer encore plus d'ennuis !".

Je lui ai dit : "C'est ton affaire. Vous avez créé."

Les gens ont alors commencé à demander : "Qu'est-il arrivé au père de l'enfant ? Son père est-il mort ?"

Et il dira : "Je suis son père." Et il me dira : "Va ailleurs. Pourquoi rester assis ici ?"

J'ai dit : "Je vais m'asseoir ici !"

Il m'a dit : "Je ne te punirai jamais. J'ai compris que cette façon de faire ne fonctionnera pas avec toi." Et il a tenu parole. De toute sa vie, il ne m'a jamais puni pour quoi que ce soit, quoi que je fasse. En fait, il a compris qu'il valait mieux ne rien me dire, parce que si tu dis "Ne fais pas ça", je vais le faire ; alors c'est absolument certain. Je peux le faire encore plus, ou je peux aller jusqu'à l'extrême.

C'est ainsi que fonctionne l'ego grandissant de l'enfant. C'est la seule façon pour l'ego de grandir : en disant non, en faisant ce qui est interdit. Si l'enfant continue à dire oui, oui, à tout, aux parents, il n'aura jamais d'ego, mais il aura raté quelque chose d'extrêmement important. Il n'aura pas d'ego et ne saura jamais ce qu'est l'absence d'ego. C'est là le problème : sans ego, vous ne pourrez jamais comprendre la beauté de l'absence d'ego. L'ego doit d'abord être créé, puis renforcé, et lorsque l'ego est mûr, il doit être abandonné. Ensuite, c'est l'explosion !

La conscience continue à vous dire ce que vous devez faire et ce que vous ne devez pas faire. Si vous êtes assez courageux, vous ferez exactement ce qu'on vous a dit de ne pas faire. Et c'est ce que devrait faire chaque enfant. Si tu n'es pas courageux, si tu es lâche, tu deviendras un hypocrite. Et l'hypocrite ne saura jamais ce qu'est l'ego et il ne saura jamais non plus ce qu'est l'absence d'ego. Il manquera la félicité ultime de la vie, l'explosion ultime de l'extase.

L'hypocrite est un perdant, et la conscience crée presque toujours des hypocrites, parce qu'il est difficile de se battre chaque jour, à chaque instant, avec tout le monde - parents, professeurs, société, prêtre. Il faut continuer à se battre. Si vous n'êtes pas un combattant, vous n'aurez pas assez d'ego pour le laisser tomber ; votre ego sera si petit qu'il ne vaudra pas la peine d'être laissé tomber.

LE MAÎTRE A DIT : "SI TU EN SAIS AUTANT, POURQUOI NE TE TIRES-TU PAS DESSUS ?".

Il ne s'agit plus d'un dialogue ordinaire, mais d'un dialogue mystérieux. Il devient mystérieux, il devient une communion. Il y a un fossé. Le chasseur a pris conscience qu'il est mal de tuer des animaux vivants ; que vous en tuiez beaucoup ou un seul n'est qu'une question de quantité. Mais ce qui est mal est mal ; plus ou moins n'a pas d'importance. Et combien d'animaux a-t-il tué dans sa vie ?

Voyant qu'il a pris conscience de tous les torts qu'il a commis, de toute destructivité, de toute violence... toute sa vie n'a été que violence, tuerie Chaque jour, il a tué des animaux ; il a peut-être tué des milliers d'animaux dans toute sa vie. Maintenant qu'il a pris conscience de cela, quelque chose est possible :

LE MAÎTRE DIT : "SI TU EN SAIS AUTANT, POURQUOI NE TE TIRES-TU PAS DESSUS ?"

"N'est-il pas temps que vous vous tiriez dessus plutôt que de tirer sur des animaux ?" Et Shih-kung a compris, il a eu honte. Oui, c'est vrai, il a déjà fait assez de mal. C'est un meurtrier. Il vaut mieux se tuer soi-même.

IL A AJOUTÉ : "POUR CE QUI EST DE ME TIRER DESSUS, JE NE SAIS PAS COMMENT PROCÉDER".

Il demande : "Pouvez-vous m'enseigner ?" Il demande : "Pouvez-vous m'aider à procéder ?".

"CE TYPE, S'EXCLAMA TOUT À COUP MA TZU, A MIS FIN AUJOURD'HUI À TOUTES SES IGNORANCES PASSÉES ET À SES MAUVAISES PASSIONS !

Que s'est-il passé ? Quelque chose d'incroyable, d'inimaginable. Parce que Shih-kung a dit : "Je ne sais pas comment me tirer dessus. J'aimerais - je comprends votre point de vue. J'ai fait assez de mal, je ne vaux pas la peine de vivre un seul instant de plus." Si cette compréhension a eu lieu, alors toute l'ignorance passée est terminée et toutes les mauvaises passions ont disparu.

D'un seul coup, d'une seule flèche, le Maître a tué tout le troupeau - de toutes les mauvaises passions, de l'ignorance, de toutes ses rationalisations, de tous ses arguments, de toute sa haine pour les moines bouddhistes.

C'EST ALORS QUE LE CHASSEUR SHIH-KUNG BRISA SON ARC ET SES FLÈCHES ET DEVINT L'ÉLÈVE DE MA TSEU.

Ce n'est pas une démarche calculée, ce n'est pas une démarche commerciale.

SUR CE, LE CHASSEUR SHIH-KUNG BRISA SON ARC ET SES FLÈCHES...

Il a terminé. Lorsque le Maître a déclaré :

"CE TYPE A MIS FIN AUJOURD'HUI À SON IGNORANCE ET À SES MAUVAISES PASSIONS PASSÉES.

SHIH-KUNG... BRISA SON ARC ET SES FLÈCHES ET DEVINT L'ÉLÈVE DE MA TZU.

Immédiatement, instantanément, sans la moindre question. Cela se produisait autrefois très facilement. Cela arrive aussi aujourd'hui, mais plus rarement. C'est arrivé ici à de nombreuses personnes, mais c'est de plus en plus rare, chaque jour plus rare.

LORSQU'IL DEVINT LUI-MÊME MAÎTRE ZEN, IL AVAIT UN ARC ET UNE FLÈCHE PRÊTS À TIRER, AVEC LESQUELS SES MOINES ÉTAIENT MENACÉS LORSQU'ILS L'APPROCHAIENT POUR LUI POSER UNE QUESTION.

PARCE QU'IL ÉTAIT UN CHASSEUR - il n'était pas un connaisseur, mais il était devenu éclairé - il n'était pas capable de philosopher ou de répondre à des questions. Il ne connaissait qu'une seule réponse. Son Maître l'a changé d'un seul coup. Son Maître a répondu à toutes ses questions d'une seule flèche ; il a tué tout le troupeau. Il a prouvé ce qu'il a dit. C'était un vrai chasseur.

Il a dit : "Je peux tuer tout le troupeau avec une seule flèche." Et il a dit à Shih-kung : "Alors tu n'es pas un chasseur, si tu ne peux tuer qu'un seul animal avec une seule flèche. Quelle sorte de chasse est-ce là ? Tu n'es pas un maître en la matière, tu n'es qu'un amateur. Ne te vante pas d'être un chasseur, ce n'est rien. Si vous voulez apprendre à chasser, je vous apprendrai ce qu'est la chasse. Mais la vraie chasse commence en se tirant dessus, en tuant l'ego". Il ne connaissait donc qu'une seule réponse à toutes les questions, et quelles que soient les questions posées par ses disciples, il les menaçait de la flèche et de l'arc.

SAN-PING A DÉJÀ ÉTÉ TRAITÉ DE LA SORTE.

S'EXCLAMA SHIH-KUNG...

San-Ping a dû poser une question.

SHIH-KUNG S'EXCLAME, "ATTENTION À LA FLÈCHE !"

"Si tu poses une question, je ne connais qu'une seule réponse : Cherche la flèche ! Je te tue immédiatement, ici et maintenant. C'est ce qu'a fait mon Maître et c'est ce que je sais. C'est tout ce que je sais - et c'est suffisant, car cela m'a transformé et cela vous transformera. Je ne vais pas me préoccuper de vos questions stupides".

PING OUVRIT SA POITRINE ET DIT : "VOICI LA FLÈCHE QUI TUE, OÙ EST CELLE QUI RESSUSCITE ?".

C'était la première fois que quelqu'un ouvrait sa poitrine. Encore une fois, une autre rencontre de la même qualité que celle qui s'est produite trente ans auparavant entre Shih-kung et Ma Tzu. La même rencontre, trente ans plus tard, se reproduit entre Shih-kung et San-ping. PING OUVRE SA COQUILLE ET DIT : "D'accord, vous tuez. Si c'est la réponse, je suis prêt à l'accepter. Seulement, avant de me tuer, clarifiez une chose : C'EST LA FLECHE QUI TUE ; OÙ EST LA FLECHE QUI RESSUCRE ?

KUNG FRAPPE TROIS FOIS SUR LA CORDE DE L'ARC. PING S'ARCHE. KUNG DIT : "CELA FAIT TRENTE ANS QUE J'UTILISE UN ARC ET DEUX FLÈCHES, ET AUJOURD'HUI, JE N'AI RÉUSSI À ABATTRE QUE LA MOITIÉ D'UN SAGE."

MAINTENANT, il s'agit d'une déclaration très, très lourde ; vous devrez l'approfondir. Tout d'abord, selon le zen, selon la psychologie des bouddhas, l'esprit a trois aspects. C'est pourquoi Kung a frappé trois fois sur la corde de l'arc ; cela symbolise les trois aspects de l'esprit.

Kung a dit : "Cette mort se produit en trois étapes. Le premier aspect est ce que nous appelons l'esprit, la raison, la pensée. Le deuxième aspect est ce que nous appelons le cœur, les sentiments, les émotions. Le premier aspect est masculin, le second est féminin. Le premier aspect est extraverti, actif et agressif, et le second aspect est inactif, introverti et réceptif. Le premier aspect a créé la science, la logique, la philosophie, la théologie, etc. Le second aspect a créé tous les arts, la poésie, la musique, la danse, la littérature, la peinture, etc.

Et le troisième aspect est appelé le soi : il transcende à la fois l'actif et l'inactif, l'extraverti et l'introverti ; il transcende la dualité, en prenant simplement conscience des deux. La philosophie hindoue l'appelle l'ATMA, le soi suprême, et l'hindouisme s'arrête là. Le jaïnisme s'arrête également ici, de même que toutes les autres religions.

Selon le zen, s'arrêter là, c'est n'être qu'à moitié sage.

Le Bouddha dit qu'il reste encore quelque chose ; c'est le quatrième, qui n'est pas un aspect de l'esprit. Même le troisième, le soi, est l'ego le plus subtil ; c'est le plus subtil, mais c'est l'ego. L'esprit est toujours là, très silencieux, ni actif ni inactif, très calme, dans un état de dormance, ni masculin ni féminin, sous forme de graine, mais il est toujours là. Il peut être réactivé par n'importe quelle situation ; il n'est pas mort.

Patanjali appelle cet état sabeej samadhi - samadhi avec semence. Et le quatrième, il l'appelle nirbeej samadhi - samadhi sans semence. Le quatrième est appelé par tous les bouddhas simplement le quatrième, turiya ;

aucun nom n'est donné, juste le nombre, le quatrième. Le quatrième signifie la transcendance de la transcendance, aller au-delà de l'au-delà. Le Bouddha l'appelle anatta - le non-soi.

Seul Gautam le Bouddha a touché le point le plus élevé. C'est pourquoi j'aime l'appeler la psychologie des Bouddhas. Je ne l'appellerai pas la psychologie des Jaïns parce qu'ils s'arrêtent au soi, et je ne l'appellerai pas la psychologie du Vedanta parce qu'ils s'arrêtent aussi au soi Ils sont venus très près, ils sont venus presque, mais presque est encore un peu loin... juste un pas de plus. Ils s'accrochent encore à l'idée du soi Ces trois-là sont la partie mortelle. Le Maître tue ces trois-là. Et le quatrième est la résurrection. Les trois sont la crucifixion et le quatrième est la résurrection.

PING OUVRIT SA POITRINE ET DIT : "VOICI LA FLÈCHE QUI TUE ; OÙ EST CELLE QUI RESSUSCITE ?

OÙ EST CELUI QUI DONNE UNE RENAISSANCE ?"

KUNG FRAPPE TROIS FOIS SUR LA CORDE DE L'ARC. PING S'ARCHE.

Juste après les trois, il s'est incliné. C'est pourquoi Shih-kung a dit qu'il n'était qu'un demi-sage. Il aurait dû attendre un peu plus pour le quatrième.

KUNG DIT : "J'AI UTILISÉ UN ARC ET DEUX FLÈCHES..."

Un arc signifie le soi et deux flèches signifient l'esprit et le cœur, la raison et l'émotion, la pensée et le sentiment, le masculin-féminin, le yang-yin, Shiva-Shakti - toute la dualité, le monde de la dualité, ces deux-là : le positif et le négatif, le jour et la nuit, l'été et l'hiver, la vie et la mort. Quoi que vous vouliez, où que vous trouviez la dualité, cela signifie les deux flèches. Et lorsque vous allez au-delà de la dualité, cela signifie l'arc, le troisième, le soi.

Il aurait dû attendre un peu. Shih-kung allait le faire - il l'a fait.

SHIH-KUNG BRISA À NOUVEAU SON ARC ET SES FLÈCHES...

Il aurait dû attendre cela. S'il avait attendu cela et qu'il s'était ensuite prosterné, il aurait été immédiatement un homme pleinement éclairé. Il s'est arrêté à la troisième étape - là où le Vedanta s'arrête, le Jaïnisme s'arrête, le Christianisme, l'Islam, tous les chemins s'arrêtent, parce qu'on a l'impression d'être arrivé. C'est un état magnifique, extrêmement magnifique. On a l'impression qu'il ne peut rien y avoir de plus, mais c'est le cas.

Rappelez-vous que si vous ne disparaissez pas totalement, s'il ne reste même pas une trace de vous, s'il ne reste même pas l'idée spirituelle d'être, lorsque vous êtes arrivé au non-être, au néant absolu, au vide, à l'espace pur, continuez. Ce n'est qu'avec le quatrième que vous saurez, ce n'est qu'avec le quatrième que la vérité est révélée, que Dieu est connu, que le Tao est réalisé.

SHIH-KUNG BRISA À NOUVEAU SON ARC ET SES FLÈCHES ET NE LES UTILISA PLUS JAMAIS.

Il a trouvé son successeur. Il l'attendait. Le jour où il s'est trouvé lui-même, il a brisé son arc et ses flèches ; maintenant, il a trouvé quelqu'un qui peut continuer à porter sa flamme. Il a trouvé quelqu'un qui peut continuer à porter sa flamme.

a encore brisé son arc et ses flèches. Il s'est passé quelque chose d'extraordinaire, mais il faudra faire un pas de plus.

San-ping a accompli un grand travail en un seul instant, il a manqué un seul pas. Il faut s'en souvenir.

Un homme n'est pleinement éclairé que lorsqu'il disparaît complètement, lorsqu'il n'y a plus rien à l'intérieur, lorsqu'il est comme un bambou creux et qu'il devient une flûte et que le tout se met à chanter à travers lui.

Lorsque le chant n'est plus le sien, alors le chant est divin.

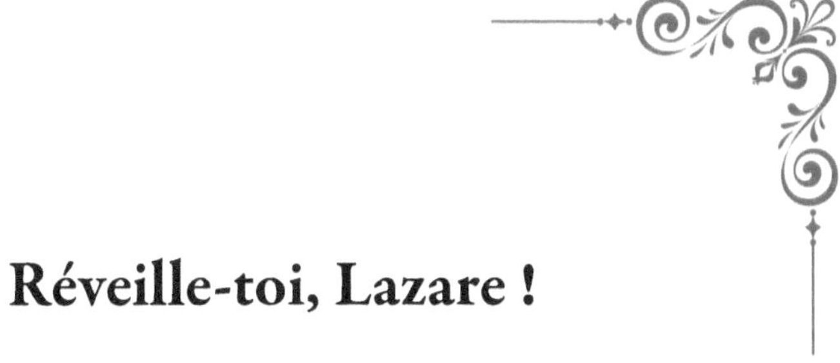

Réveille-toi, Lazare !

L a première question
      Question 1 :
MAÎTRE,
JÉSUS A-T-IL VRAIMENT RAPPELÉ LAZARE DE LA MORT ?

La fonction du maître est précisément cela : appeler les disciples à la vraie vie - d'ordinaire, ils sont morts. D'ordinaire, vous n'êtes vivants qu'en apparence ; ne vous laissez pas tromper par l'apparence. Vous fonctionnez comme un robot, efficacement, mais ce n'est pas la vie. Vous n'avez pas encore goûté à la vie. La vie a le goût de l'éternité, pas du temps. Le temps, c'est la mort.

En sanskrit, nous avons un mot pour les deux, pour le temps et la mort - kal. Il est très significatif. Cela doit être dû à l'expérience des mystiques. Le temps, c'est la mort. Vivre dans le temps, c'est ne pas vivre du tout ; aller au-delà du temps, c'est le début de la vie.

C'est le sens de la parabole, c'est une métaphore. Lazare représente tous les disciples, Jésus représente tous les Maîtres, et ce qui s'est passé entre Jésus et Lazare se répète entre chaque Maître et chaque disciple. Le disciple vit dans sa tombe ; le Maître l'appelle, le réveille.

Mais les chrétiens ont essayé de prouver que la parabole était quelque chose d'historique ; c'est là qu'ils se trompent. Il ne faut pas pousser trop loin les métaphores, sinon elles perdent tout leur sens. Non seulement elles perdent leur sens, elles perdent leur beauté, leur poésie. Elles deviennent laides, elles deviennent absurdes, elles deviennent stupides. Les gens commencent alors à en rire, et seules les personnes très crédules, très stupides, peuvent y croire.

Ne prenez jamais les métaphores pour des faits. Elles n'ont rien à voir avec l'histoire, mais elles ont quelque chose à voir avec le monde intérieur de l'homme. Le problème avec le monde intérieur est qu'il ne peut être exprimé sans utiliser de métaphores. La poésie doit être utilisée pour l'exprimer ; même dans ce cas, elle n'est exprimée que partiellement, elle n'est jamais exprimée totalement. Pour comprendre ces belles paraboles, il faut une oreille et un cœur très sympathiques. Il n'est pas nécessaire d'être croyant.

Les croyants créent des problèmes : ils poussent la métaphore trop loin et donnent ensuite eux-mêmes des raisons aux non-croyants de critiquer. Ils deviennent eux-mêmes les victimes et ne peuvent plus se défendre rationnellement. Si l'on comprend cela, il n'y a aucun problème ; si l'on ne comprend pas cela, soit on croit et l'on est stupide, soit on ne croit pas et l'on est également stupide. Dans les deux cas, vous manquez la signification, vous manquez le doigt qui pointe vers la lune. Vous commencez à discuter du doigt, comme si le doigt était la lune. Quelques personnes commencent à essayer de prouver qu'il s'agit de la lune, et naturellement elles provoquent l'antagonisme ; et il y a des personnes qui commencent à prouver qu'il ne s'agit pas de la lune. Et n'oubliez pas que les personnes qui tentent de prouver que ce n'est pas la lune sont forcément plus rationnelles, plus attrayantes pour l'esprit.

C'est pourquoi les théistes ont mené une bataille perdue d'avance et les athées ont progressé chaque jour. Aujourd'hui, près de la moitié de la planète appartient aux athées ; tous les pays communistes sont athées. La religion est devenue quelque chose du passé ; elle n'a aucune signification pour la moitié du monde, et l'autre moitié n'est pas religieuse non plus. Même les chrétiens, les hindous, les mahométans, les jaïns, les bouddhistes ne le sont que formellement - parce qu'ils sont nés dans une certaine religion, ont été élevés dans une certaine idéologie, et n'ont pas le courage de sortir du giron. Il faut du courage - il est dangereux d'aller à l'encontre de la foule. Ils font des compromis ; au fond d'eux-mêmes, ils savent que tout cela est absurde. Même les chrétiens savent que c'est un non-sens. L'histoire de la naissance virginale de Jésus est un pur non-sens ! L'histoire du retour à la vie de Lazare n'est pas un fait.

"Lazare, Lazare, réveille-toi !" - silence.

"Lazare, Lazare, réveille-toi !" - pas de réponse.

"Lazare, Lazare, réveille-toi !!"

On entend un gémissement, puis une voix provenant de la tombe :

"Bon sang ! Tu sais que si tu n'apportes pas ce putain de café, je ne me lèverai pas !"

Cela semble bien plus factuel que l'histoire stupide que les chrétiens ne cessent de raconter, d'élaborer et de discuter.

Mais j'aime la parabole en tant que telle. En tant que parabole, elle a une signification, une énorme signification. C'est ce qui se passe ici ! Vous venez à moi comme des morts ; la vie en vous n'est qu'à l'état de semence. Il faut l'appeler, la provoquer.

L'autre jour, je vous disais qu'une seule fois mon père m'a giflé, à cause de mes cheveux longs. Je devais avoir dix ans, pas plus. Je suis allé me raser la tête. Or, aucun coiffeur du village ne l'aurait fait parce que c'est un petit village ; il aurait été impossible de convaincre qui que ce soit que mon père était mort. De plus, toutes les boutiques de coiffeurs se trouvaient juste en face de la boutique de mon père, de l'autre côté de la route ; ils pouvaient voir de là, depuis leurs boutiques, que mon père était vivant. Mais j'ai connu un vieil homme magnifique qui était opiomane. Il était juste en face de la boutique de mon père, mais il était toujours à moitié endormi, et c'était un homme gentil.

Quand je le lui ai dit, il était défoncé. Il m'a regardé et m'a dit : "Pauvre garçon, ton père est donc mort ? C'est dommage !" Il n'a même pas regardé hors de sa boutique ; il aurait pu y voir mon père. Il m'a rasé la tête et, lorsque je lui ai demandé combien d'argent il voulait pour cela, il m'a répondu : "Non, je ne prendrai pas d'argent de toi - ton père est mort et j'ai pitié de toi. Si tu veux que je te rende un service, tu peux venir me voir et je le ferai gratuitement."

J'ai dit : "Mais je n'aurai plus besoin de vous parce que mon père est mort et qu'il ne mourra plus jamais. On ne peut mourir qu'une fois.

Il a répondu : "C'est exact."

"Et je n'aurai pas besoin de vos services.n Et en fait, je ne suis pas allé chez un coiffeur depuis lors.

Cette fois, lorsque mon père est mort, un ami m'a demandé, dans une lettre, "Qu'est-ce que tu vas faire ? Vas-tu te raser la tête ?"

J'ai dit : "Je l'ai fait à l'avance, il y a quarante ans ! Et on ne peut le faire qu'une fois. De plus, cette fois-ci, mon père n'est pas mort ; en fait, il était mort jusqu'à présent. Cette fois, il est entré dans la vie éternelle, il a goûté pour la première fois à la vie. Je ne le considère pas comme mort : il n'a jamais été aussi vivant".

La vie a alors un sens totalement différent. Mais il serait stupide d'en faire une réalité ; elle a une dimension spirituelle. Lazare devait être mort, tout comme tout le monde est mort. À moins de devenir illuminé, vous êtes mort, à moins de savoir qui vous êtes, vous êtes mort. Dès que vous savez qui vous êtes, dès que votre lumière intérieure explose et que l'obscurité disparaît, vous devenez vivant, et ce pour la première fois. Il n'y a alors plus de naissance ni de mort. Vous avez dépassé le temps, vous avez goûté à l'éternité. Lazare a dû goûter à l'éternité à travers Jésus, c'est le sens de la parabole.

Bien sûr, les chrétiens ne seront pas d'accord avec mon interprétation.

Quelques jours auparavant, en provenance d'Allemagne... L'Église protestante d'Allemagne a publié une brochure contre moi dans laquelle elle dit que les gens peuvent être trompés par mes paroles parce que je parle de Jésus et que je donne de belles interprétations aux paroles de Jésus, mais que ces interprétations ne sont pas chrétiennes - comme si elles devaient être chrétiennes, ce n'est qu'alors qu'elles peuvent être justes ! Comme si les chrétiens avaient un droit d'auteur sur Jésus ! Jésus appartient à tous ! Bien sûr, mon interprétation est mon interprétation. Qui dit que c'est chrétien ? Même s'ils disent que c'est chrétien, je nierai ! Ce n'est pas chrétien - c'est mon interprétation, c'est ma vision. Mais je connais Jésus plus directement que les chrétiens ne le connaissent. Ils le connaissent à travers les écritures, ils le connaissent à travers l'érudition.

L'homme qui a rédigé cette brochure est titulaire d'un doctorat, d'un doctorat en littérature, d'un doctorat en philosophie - il doit être un grand érudit. Mais il est lui-même devenu confus parce qu'il a dû lire tous mes livres. Il ne peut pas vraiment dire que je suis contre Jésus. Je dois dire que cet homme a une certaine sincérité : il ne peut pas dire directement que je suis contre Jésus, il ne peut pas non plus dire que j'ai tort. Tout ce qu'il peut dire, c'est que je suis enraciné, profondément enraciné, dans le mysticisme oriental, que mon orientation est le mysticisme oriental et non le christianisme, et que les chrétiens doivent donc être conscients de mes interprétations.

Mais Jésus lui-même était profondément enraciné dans le mysticisme oriental. Il appartenait à l'école mystique des Esséniens et voyageait dans tout l'Orient. Il n'était pas chrétien. Il n'était qu'un homme comme moi - je ne suis pas chrétien et il ne l'était pas non plus. Il a été crucifié par les Juifs et je peux être tué par les Hindous. Ils ont fait des efforts pour me tuer ; ils continueront à faire des efforts pour me tuer, pour la simple raison que lorsque la vérité est affirmée, les gens qui ont vécu sur des mensonges ont peur ; une grande peur s'empare d'eux. Leurs fondements mêmes sont ébranlés.

Quand je dis quelque chose sur Jésus, en réalité je parle de moi, parce que je ne vois pas de différence. Je parle à partir de la même source, de la même expérience, de la même lumière.

C'est ce que je voudrais dire, Ananddas : Lazare a dû être rappelé de la mort par Jésus. Et pourquoi seulement Lazare ? Beaucoup de personnes ont dû être appelées par lui ; Lazare n'est qu'un représentant, mais cela ne signifie pas un phénomène factuel.

Évitez autant que possible les faits lorsque vous essayez de comprendre Bouddha, Jésus, Zarathoustra, Lao Tseu - évitez la factualité. Ils ne s'intéressent pas aux faits, et cela ne signifie pas non plus que ce qui est dit est une fiction ; ce n'est ni un fait ni une fiction. C'est une manière poétique d'exprimer des choses qui sont inexprimables - essentiellement, intrinsèquement inexprimables. Il y a des choses que l'on ne peut que suggérer ; ces paraboles sont des façons de suggérer. Ne les prenez pas trop au sérieux, prenez-les avec légèreté. Appréciez-les et essayez d'en découvrir la signification. Et ne vous préoccupez pas de savoir si tel incident s'est produit ou non.

Il est bon de rappeler que l'Orient ne s'est jamais intéressé à l'histoire, qu'il n'a jamais écrit d'histoire. Ce n'est que lorsqu'il a commencé à entrer en contact avec l'Occident que l'Orient a commencé à s'intéresser à l'histoire. Sinon, l'Orient n'a jamais écrit d'histoire, pour la simple raison que l'histoire est un non-sens. Quel est l'intérêt d'écrire des choses ordinaires, factuelles ? Nous avons écrit les choses essentielles, et il y a une différence entre l'accessoire et l'essentiel.

Allez dans un temple jaïn et vous y verrez vingt-quatre statues de teerthankaras jaïns - les personnes qui ressemblent à Jésus, Bouddha, Zarathoustra - et vous serez surpris, elles se ressemblent toutes exactement.

Ce n'est pas possible ; vous ne pouvez pas trouver vingt-quatre personnes exactement pareilles. Même les Jaïns ne peuvent pas distinguer qui est qui. Ils ne peuvent pas vous dire qui est Mahavira, qui est Neminath, qui est Parshwanath, qui est le premier et qui est le dernier, parce qu'ils se ressemblent absolument - les mêmes visages, les mêmes nez, les mêmes yeux, les mêmes corps, la même posture. Pour distinguer les différentes personnes, les Jaïns ont découvert des symboles. Chaque statue a un petit symbole ; le symbole représente un lion ou quelque chose qui indique de quelle statue il s'agit.

Pourquoi les a-t-on fait se ressembler ? Elles ne sont certainement pas historiques. Elles sont semblables parce que les sculpteurs jaïns ne s'intéressaient pas à l'histoire, mais aux phénomènes intérieurs. Ils avaient atteint la même expérience - comment la représenter ? et comment la représenter dans le marbre ? Ils

ont atteint la même immobilité, le même centrage, le même enracinement, la même cristallisation. D'où les mêmes statues - la même posture, le même corps représente quelque chose de l'intérieur - le même état spirituel, le même samadhi.

En observant ces vingt-quatre teerthankaras et leurs statues, vous serez surpris par bien des choses.

Vous verrez que leurs oreilles sont très grandes et que leurs lobes touchent leurs épaules. On ne trouve pas d'oreilles aussi longues. Cela représente quelque chose. Cela signifie que ces personnes ont atteint leur état de conscience ultime par l'écoute absolue : écouter le chant des oiseaux, écouter le vent passer entre les pins, écouter le bruit de l'eau, écouter silencieusement tout ce qui se passe autour d'eux.

L'écoute était leur méthode. Tout comme la méthode bouddhiste consiste à observer la respiration, la méthode jaïn consiste à écouter les sons. Il suffit d'écouter correctement. Si l'on peut écouter sans que l'esprit ne bavarde à l'intérieur, si l'esprit devient complètement calme... ce chien qui aboie au loin ou ces oiseaux qui gazouillent. Si l'on peut simplement écouter sans penser qu'il s'agit d'un chien qui aboie ou d'oiseaux qui gazouillent, en écoutant simplement sans penser, sans interpréter, on atteindra des royaumes de silence de plus en plus profonds ; on atteindra la conscience ultime.

Toute forme de conscience mène à l'ultime. La conscience peut provenir de n'importe quel sens parmi les cinq. Vous pouvez écouter de la musique et cela fera l'affaire... vous pouvez écouter n'importe quoi et cela fera l'affaire. Vous pouvez voir les nuages, les couchers de soleil et les oiseaux qui volent dans le ciel, et la vue fera l'affaire. Le seul point à retenir est que votre esprit ne doit pas fonctionner ; votre sens doit rester à l'abri de l'esprit.

Pour représenter cela, les longues oreilles. Maintenant, comment représenter en marbre la méthode d'écoute ?

C'est une belle représentation. Mais il y a des érudits jaïns stupides, tout aussi stupides que les chrétiens, qui pensent que chaque teerthankara a de si longues oreilles ; sans de si longues oreilles, personne ne peut être un teerthankara. Teerthankara signifie exactement la même chose que Bouddha ou Christ ; c'est la terminologie jaïne. Or, personne n'a de longues oreilles, donc personne n'est un teerthankara. C'est de la stupidité, ce n'est pas de la compréhension, ce n'est pas une approche sympathique. Il est donc très facile de critiquer cette approche.

Ces soi-disant croyants aident en fait les non-croyants, parce qu'ils leur donnent des raisons de réfuter, d'argumenter contre la religion.

Mon approche est celle d'un poète, pas d'un historien.

La deuxième question

Question 2 :

MAÎTRE,

J'EN ARRIVE SOUVENT AU POINT OÙ MA VIE N'A PLUS DE SENS, DE VALEUR ET DE SIGNIFICATION. TOUT CE QUE JE COMMENCE À FAIRE ME CONDUIT À CE POINT.

ET LES RIVIÈRES ET LES OCÉANS QUE JE CONNAIS SONT DES RIVIÈRES ET DES OCÉANS D'ILLUSIONS, DE RÊVES ET DE FANTASMES, QUI N'ONT RIEN À VOIR AVEC LE TAO.

S'IL VOUS PLAÎT, POURRIEZ-VOUS M'AIDER À COMPRENDRE TOUS CES CERCLES ILLUSOIRES.

UNE VIE VÉCUE INCONSCIEMMENT NE PEUT AVOIR AUCUN SENS. En fait, la vie n'a pas de sens en elle-même. Le sens apparaît lorsque la conscience naît en vous ; la vie reflète alors votre conscience, la vie devient un miroir, la vie se fait l'écho de votre chanson, de votre célébration, de votre musique intérieure. En entendant ces échos, vous commencez à ressentir une signification, un sens, une valeur.

En vivant une vie inconsciente, vous pouvez passer d'un travail à l'autre, cela ne servira à rien.

Peut-être que pendant quelques jours, lorsque le travail est nouveau et qu'il y a de l'excitation, vous pouvez vous sentir bien. Vous pouvez à nouveau projeter vos illusions, vous pouvez à nouveau commencer à espérer : "Cette fois-ci, cela va arriver. Peut-être que cela ne s'est pas produit jusqu'à présent, mais cette fois-ci, cela va se produire". Vous serez à nouveau frustré. Toute attente est vouée à la frustration.

Un homme conscient vit sans attentes, il ne peut donc jamais ressentir de frustration.

Tôt ou tard, lorsque la lune de miel sera terminée, vous vous sentirez frustré. Et combien de temps la lune de miel peut-elle durer ? Et à chaque fois, la frustration sera plus grande parce que vos échecs s'accumulent ; cela devient une montagne. Et vous avez échoué tellement de fois qu'au fond de vous, quelque part, la peur tapie est toujours là ; même lorsque vous êtes en lune de miel, au fond de vous, la peur est là, que ce ne sera pas très différent. On espère contre toute espérance. Vous devez espérer vivre, sinon vous devrez vous suicider.

Ainsi, les gens changent de travail, ils changent de passe-temps, ils changent de femme, de mari, ils changent de religion. Ils changent tout ce qu'ils peuvent changer - avec l'espoir que cette fois-ci, quelque chose va se passer. Mais à moins de changer, rien ne se passera.

Il ne s'agit pas de changer quelque chose à l'extérieur - vous restez le même !

J'ai entendu parler d'un homme qui s'est marié huit fois et qui était perplexe : à chaque fois, après quatre, cinq ou six mois, il découvrait que, bien sûr, le corps était différent, mais que la femme qu'il avait trouvée était exactement la même que la précédente - le même type de femme. Il n'arrivait pas à croire ce qui se passait.

Il changera à nouveau ; il cherchera une autre femme avec un nez différent, une couleur différente, une coiffure différente, peut-être d'une race différente, d'un pays différent, mais en fin de compte, il découvrira que seules les couches extérieures sont différentes, mais que la structure intérieure de la psyché de la femme est la même.

La raison est claire - elle n'était pas claire pour lui, mais la raison est claire. La personne qui choisit est la même, son goût est le même. Il aimera toujours un certain type de femme, et son goût était inconscient ; il n'était même pas conscient de la raison pour laquelle il aimait cette femme. Lorsque vous tombez amoureux d'une femme ou d'un homme, savez-vous pourquoi, comment ? Vous n'êtes pas du tout conscient. Vous n'êtes pas conscient de votre propre fonctionnement.

Yatri vit une histoire d'amour avec Sarita depuis de nombreuses années, mais je ne pense pas qu'il soit conscient de la raison pour laquelle il a aimé Sarita. Il y a un an, ils se sont séparés et il a essayé avec d'autres femmes, mais cela n'a pas fonctionné.

Ils se sont à nouveau donné la main, puis se sont à nouveau séparés. Maintenant, il est tombé amoureux de Divya et je ne sais pas s'il en est conscient : il y a une certaine similitude entre Sarita et Divya - toutes deux sont des femmes ésotériques ! Et Yatri est très impressionné par les conneries ésotériques ! Divya n'est plus qu'une Sarita plus grande. D'une manière ou d'une autre, il est sorti du puits et est tombé dans le fossé ! Il aura de multiples fractures.

Si vous ne prenez pas conscience de la raison pour laquelle vous faites une certaine chose, pourquoi vous choisissez une certaine personne, certains

Si vous avez un certain travail, une certaine fonction, une certaine femme, un certain homme, vous resterez forcément frustré. Encore et encore, vous manquerez le sens de la vie.

La vie n'est qu'une toile vide sur laquelle il faut peindre un sens. Ce que vous peignez sera le sens de la vie.

Ingo, la première chose que je voudrais te dire, c'est que maintenant, au lieu de changer les choses - n'importe quelle direction extérieure, n'importe quelle dimension - change ta conscience. Le changement doit être intérieur ; seul un changement intérieur peut changer quelque chose. Sinon, tous les changements sont faux, pseudo... il semble que quelque chose change, mais rien ne change jamais. Devenez conscient.

Vous dites :

LES RIVIÈRES ET LES OCÉANS QUE JE CONNAIS SONT DES RIVIÈRES ET DES OCÉANS D'ILLUSIONS, DE RÊVES ET DE FANTASMES, QUI N'ONT RIEN À VOIR AVEC LE TAO.

Non, vous ne le savez pas. Vous l'avez entendu et vous y avez peut-être cru. Je vous dis tous les jours que vous vivez dans l'illusion. En m'écoutant encore et encore, vous commencerez à me croire ; cela ne vous aidera pas. Vous n'êtes pas conscient que vous vivez dans des illusions, des rêves et des fantasmes. Si vous en êtes conscient, le changement est immédiat ; vous ne poserez alors plus la question.

Connaître le faux comme le faux, c'est connaître le vrai. Ce sont les deux aspects d'une même pièce, ils ne sont pas différents. Si vous connaissez le faux en tant que faux, dans cette même connaissance, vous avez connu le réel en tant que réel. Il s'agit d'une expérience simultanée. Si vous pouvez reconnaître le faux, vous devez avoir reconnu le vrai, sinon comment reconnaître le faux ?

Une personne qui rêve ne peut pas savoir qu'il s'agit d'un rêve. Et s'il dit dans son rêve que c'est un rêve, cela signifie simplement un rêve à l'intérieur d'un rêve, rien d'autre. Vous pouvez rêver à l'intérieur de rêves à l'intérieur de rêves ; mais si vous savez vraiment qu'il s'agit d'un rêve, le rêve s'évaporera immédiatement, disparaîtra. La question ne se serait pas posée. La question se pose parce que vous vous accrochez encore à des attentes.

Oui, vous êtes prêt à accepter que les attentes passées étaient fausses, mais les attentes qui vous entourent en ce moment, qui vous séduisent, sont-elles fausses ?

"Il m'est arrivé une chose terrible la nuit dernière", dit Mario à son ami.

"Mais ton anniversaire n'était pas hier ?"

"Oui ! Quand je suis arrivé à mon bureau hier matin, ma secrétaire m'a invité à l'accompagner chez elle !"

"Et tu trouves ça terrible ? Elle est belle !"

"Laissez-moi finir. A sept heures, j'étais à sa porte avec un bouquet de roses. Elle a ouvert la porte, vêtue d'une belle robe décolletée..."

"Et ensuite ? Que s'est-il passé ensuite ?" demande l'ami avec impatience.

"Elle m'a offert un martini, a mis de la musique douce et m'a chuchoté : 'J'ai une surprise pour toi. Viens dans ma chambre dans dix minutes'".

"Et qu'as-tu fait ? demande l'ami.

Au bout de dix minutes, je suis entré et j'ai vu tous mes collègues qui chantaient "Joyeux anniversaire".

"Eh bien, ce n'était pas si terrible !"

"Ah oui ? J'aurais aimé que vous soyez à ma place... J'étais nue !"

Les gens continuent à vivre dans des attentes, des illusions. Une illusion est brisée et ils commencent immédiatement à vivre dans une autre illusion. Ils ne prennent jamais vraiment conscience que tout ce que votre esprit projette sera illusoire. L'esprit ne peut que créer des illusions. Votre Dieu est une illusion, votre méditation est une illusion, votre yoga est une illusion, votre Tao est une illusion, parce que ce sont toutes vos projections mentales. C'est comme l'horizon qui semble si proche - on peut l'atteindre en une heure - mais on n'atteint jamais l'horizon. Il apparaît seulement, il n'existe pas. Si vous courez après lui, vous courrez après lui pour l'éternité et vous ne le trouverez pas.

Un jour, un Arabe a rencontré un homme qui marchait dans le désert du Sahara, vêtu d'un simple maillot de bain.

"Quelle est la distance jusqu'à la mer ? demanda l'homme.

"Environ cinq cents miles au nord", dit l'Arabe.

"Je vais devoir rester sur la plage !".

Ingo, si tu continues à vivre dans l'esprit, tu devras vivre sur la plage, tu n'atteindras jamais l'océan. Il n'y a même pas cinq cents miles - il n'existe pas, c'est un mirage.

Ne répétez pas les clichés, essayez de comprendre. Ne croyez pas, essayez de comprendre. Arrêtez de projeter vos fantasmes, vos rêves, vos attentes sur la vie. Oubliez tout cela. Tout l'effort doit être unique, et c'est la façon d'être éveillé. Si vous êtes éveillé, les choses seront différentes, totalement différentes.

Et il n'y aura plus besoin de trouver quelque chose de spécial, de trouver un sens ; alors, dans les petites choses de la vie, il y a un sens, il y a une grande signification. Chaque caillou au bord de la mer devient un diamant.

Il y a des sermons dans chaque pierre, des chants cachés dans chaque rocher et des écritures partout, parce que le monde est plein de Dieu, débordant de piété.

Et vous avez soif de sens pour la simple raison que vous ne regardez pas ce qui est, et vous ne pouvez pas regarder ce qui est parce que vous êtes profondément endormi.

Réveille-toi ! Ingo, réveille-toi ! Sors de ta tombe. L'inconscience est ta tombe. Et alors tu sauras ce qu'est la vie, combien elle est belle, combien elle est heureuse, quelle bénédiction et quel don de Dieu.

La troisième question

Question 3 :

MAÎTRE,

L'HOMME PEUT-IL RIRE MÊME FACE À LA MORT ?

DHAMMA BOUDDHA

Narendra,

CELA DÉPEND. Il y a des gens qui ne peuvent pas rire même quand la vie les comble de joie ; ils restent sérieux, ternes, morts. Les fleurs continuent à pleuvoir sur eux ; ils ne regardent pas ces fleurs, ils ne se sentent pas reconnaissants. Ils ont complètement oublié le langage de la gratitude. Ils ont oublié de rire.

Mais un homme alerte et conscient, un homme qui est un homme au sens propre du terme - intégré, centré, enraciné - rira face à la mort.

Mansoor riait lorsqu'on le tuait. Il riait si fort que les gens qui le tuaient ne pouvaient contenir leur curiosité. Ils demandèrent : "Mansoor, que se passe-t-il ? Es-tu fou ou quelque chose comme ça ? Pourquoi ris-tu ?"

Il a dit : "Je ris parce que vous êtes en train de tuer quelqu'un d'autre. Ce corps n'est pas Mansoor - je ne suis pas lui. Si vous pensez que j'ai commis un crime en me déclarant Dieu, punissez-moi. Pourquoi punissez-vous ce corps ? Ce pauvre corps n'a rien fait. Pourquoi coupez-vous mes jambes et mes mains ?

C'est comme punir la maison d'un homme qui a commis un crime - c'est de la pure stupidité. C'est pour cela que je ris".

Ces personnes ont dû se sentir très embarrassées. Et finalement, lorsqu'ils allaient lui couper la langue...

car Mansoor a été tué d'une manière bien plus inhumaine que Jésus. Il a été découpé morceau par morceau : ses jambes ont été coupées, puis ses mains ont été coupées, ses yeux ont été arrachés, son nez a été coupé, sa langue a été coupée et sa tête a été coupée. Personne, ni avant ni après, n'a été torturé d'une manière aussi cruelle.

Avant qu'ils ne lui coupent la langue, il rit à nouveau en regardant le ciel. Ils ne pouvaient plus contenir leur curiosité, car maintenant il ne les regardait plus, il regardait le ciel.

Et ils dirent : "Vous vous êtes moqués de nous, maintenant pourquoi vous moquez-vous et de qui ?".

Il a dit : "Je me moque de Dieu ! Je me moque de Dieu parce que je lui dis : "Tu ne peux pas me tromper. Même si tu viens sous la forme de ces bouchers, je te connais, je te reconnais, je t'aime, je te vénère, parce que même dans ces mains qui me coupent et me tuent, c'est ton énergie et personne d'autre. Tu es venu à moi de façon magnifique ; maintenant tu es venu de façon cruelle juste pour me tester, pour savoir si Mansoor peut te reconnaître de cette façon ou non". Je me moque de lui. Je lui dis : "Je peux te reconnaître sous n'importe quelle forme. Une fois que je t'ai reconnu, je t'ai reconnu pour toujours".

Narendra, cela dépend. Les maîtres zen sont connus pour mourir en plaisantant, comme si la mort était une blague. En fait, c'est une blague.

Une tribu sauvage de cannibales africains danse follement autour de la grande marmite où cuisine le père Dupont, quand soudain le maître zen éclate de rire.

Il continue de rire jusqu'à ce que le chef, incapable de retenir sa colère plus longtemps, se précipite vers la marmite : "Qu'est-ce qui te fait rire ?"

Au bout d'un moment, le maître parvient à dire, en riant à moitié, "Je viens de chier dans la soupe !".

La quatrième question

Question 4 :

MAÎTRE,

COMMENT POUVONS-NOUS APPRENDRE AUX ENFANTS À ÊTRE MORAUX ET RELIGIEUX ?

Krishnaraj,

ES-TU FOU ? C'est à moi que vous posez cette question ou à l'Ayatollah Khomaniac ? À qui posez-vous cette question ? Vous devriez vous adresser à l'ayatollah Khomaniac.

J'enseigne une religion sans religion et une morale amorale. Il te sera presque impossible, Krishnaraj, de comprendre. Ta question même montre que tu ne connais pas du tout ma vision, ma façon de voir les choses.

La première chose : vous ne devez pas enseigner la religion et la morale aux enfants ; vous devez apprendre d'eux parce qu'ils sont beaucoup plus proches de Dieu que vous. Ils viennent d'arriver de la maison de Dieu, ils en portent encore le parfum. Vous avez complètement oublié, ils n'ont pas encore oublié ; il leur faudra du temps pour oublier. Il faudra du temps pour qu'ils soient conditionnés par vous et détruits par vous.

Et c'est ce que vous me demandez : comment les détruire, comment détruire leur religiosité, comment détruire leur moralité, comment détruire leur authenticité, comment détruire leur sincérité, bref, comment détruire leur intelligence.

L'intelligence est la source de toute religion et de toute morale, et les enfants sont plus intelligents que vous. Apprenez d'eux plutôt que d'essayer de leur enseigner. Abandonnez cette idée stupide que vous devez leur enseigner. Observez-les, voyez leur authenticité, leur spontanéité, leur vigilance, leur vivacité d'esprit, leur joie de vivre, leur gaieté, leur émerveillement.

La religion naît de l'émerveillement et de la crainte. Si vous pouvez ressentir de l'émerveillement, si vous pouvez ressentir de l'admiration, vous êtes religieux.

Non pas en lisant la Bible, la Gita ou le Coran, mais en faisant l'expérience de l'émerveillement. Lorsque vous voyez le ciel rempli d'étoiles, ressentez-vous une danse dans votre cœur ? Voyez-vous un chant naître dans votre être ? Ressentez-vous une communion avec les étoiles ? C'est alors que vous êtes religieux. Vous n'êtes pas religieux en allant à l'église ou au temple et en répétant des prières empruntées qui n'ont rien à voir avec votre cœur, qui ne sont que des affaires de tête.

La religion est une histoire d'amour - une histoire d'amour avec l'existence. Et les enfants sont déjà dans cette histoire. Tout ce dont vous avez besoin, c'est de ne pas les détruire. Aidez-les à conserver leur émerveillement, aidez-les à

restent sincères, authentiques et intelligents. Mais vous les détruisez. C'est ce que vous voulez, en fait, en posant cette question : "Comment enseigner... ?"

La religion ne s'enseigne pas, elle s'attrape. Êtes-vous religieux ? Avez-vous l'impression d'avoir une religion autour de vous ? Alors vous ne poserez pas une question aussi stupide. Vos enfants l'apprendront en vous côtoyant. S'ils vous voient pleurer de joie en regardant un coucher de soleil, ils seront forcément touchés ; ils se tairont. Vous n'avez pas besoin de leur dire de se taire ; ils verront les larmes et comprendront le langage. Ils verront le caractère sacré de vos larmes et se tairont d'eux-mêmes.

Ils s'assoient silencieusement à vos côtés. Ils regarderont aussi les étoiles, le coucher de soleil ou la lune.

Vous ont-ils vu danser autour d'un rosier lorsque les roses se sont ouvertes au petit matin et que l'air est parfumé ? Vous ont-ils vu danser autour des roses ? Ils vous demanderont : "Pouvons-nous aussi participer ? Pouvons-nous aussi danser avec VOUS ?"

En fait, s'ils veulent danser, vous leur direz : "Arrêtez ces bêtises ! Viens avec moi au temple et cueille toutes les roses pour les offrir à Dieu".l C'est ça la religion ? Les roses étaient déjà offertes à Dieu, elles dansaient déjà dans la brise, au soleil. En les cueillant, vous les avez tuées.

Vous avez tué les roses vivantes et maintenant vous allez les offrir à un Dieu mort ! Un Dieu stupide que vous avez fabriqué, inventé. Juste une pierre que vous avez peinte et placée dans un temple. Bien sûr, ce type de religion doit être imposé parce que les enfants sont des personnes intelligentes, très intelligentes. Ils résistent à ce genre d'application. C'est une tentative de détruire leur liberté et leur intelligence.

Observez l'intelligence des enfants. Et chaque fois que vous trouvez de l'intelligence, réjouissez-vous-en, aidez-les et dites-leur : "C'est ainsi que vous devez continuer à avancer."

Papa a critiqué le sermon, maman a trouvé que l'organiste avait fait beaucoup d'erreurs. La sœur n'aime pas les chants de la chorale. Mais ils ont changé d'avis lorsque le jeune fils a déclaré : "C'était quand même un bon spectacle pour vingt pence".

Le propriétaire d'un élevage de poulets voulait que son fils se comporte mieux, il a donc imaginé une leçon de choses.

"Tu vois, mon fils ? Les poules qui étaient mauvaises ont été mangées par un renard".

"Et alors ? répondit son fils. "S'ils avaient été bons, nous les aurions mangés !".

Deux enfants de six ans examinent une peinture abstraite dans une boutique de souvenirs. Ils regardent une tache de peinture :

"Fuyons", dit l'un d'eux, "avant qu'ils ne disent que c'est nous qui l'avons fait".

Un père rentre chez lui après une journée de travail et trouve son petit garçon sur le perron, l'air très malheureux.

"Qu'est-ce qui ne va pas, mon fils ? demanda-t-il.

"Entre nous", dit le garçon, "je ne peux pas m'entendre avec votre femme".

Un père emmène son jeune fils à l'opéra pour la première fois. Le chef d'orchestre commence à agiter sa baguette et la soprano entame son air. Le garçon finit par demander : "Pourquoi la frappe-t-il avec sa baguette ?".

"Il ne la frappe pas, il l'agite en l'air", répond le père.

"Alors pourquoi crie-t-elle ?"

Il suffit d'observer un peu les petits enfants pour se rendre compte de leur intelligence.

Johnny venait de rentrer chez lui après son premier jour d'école.

"Eh bien, mon chéri," demande sa mère, "que t'ont-ils appris ?"

"Pas grand-chose", répond l'enfant. "Il faut que je reparte.

Un jeune garçon arrive à son premier jour d'école en Amérique. Comme il s'agissait d'un immigrant italien, il ne parlait pas du tout anglais. Le directeur de l'école a donc annoncé que toute personne parlant italien devait se présenter au bureau.

Bientôt, un jeune garçon débraillé se présente. "Ils lui ont demandé s'il parlait italien.

"Bien sûr", répond le garçon. "Je vis dans un quartier italien, je le parle tout le temps.

"Bien", ont-ils dit. "Nous avons besoin de votre aide pour traduire. Demandez-lui d'abord comment il s'appelle."

"D'accord. Hé, petit ! Quel est ton nom ?"

Et c'est ce qui s'est passé ! C'est assez italien.

Si vous observez les petits enfants, leur inventivité, leur intelligence, leur exploration constante de l'inconnu, leur curiosité, leur recherche, vous n'avez pas besoin de leur enseigner des croyances.

Et qu'est-ce que la religion dans votre esprit, Krishnaraj ? - L'enseignement de certaines croyances. Et aucune croyance n'est religieuse, toutes les croyances rendent les gens stupides. La religion est une expérience, pas une croyance. Vous en ferez des hindous, des mahométans ou des chrétiens, mais cela ne fera pas d'eux des religieux. Et vous n'êtes pas intéressé, en fait, par le fait de les rendre religieux ; vous êtes intéressé par le fait de les rendre hindous, mahométans, chrétiens. Vous voulez qu'ils appartiennent à votre groupe et vous avez peur de leur intelligence. Vous voulez la tuer et la détruire avant qu'il ne soit trop tard - avant qu'ils ne commencent à se révolter, avant qu'ils ne commencent à penser par eux-mêmes. C'est un crime grave que de forcer les enfants à adhérer à une croyance religieuse, quelle qu'elle soit. Aidez-les à comprendre et dites-leur de trouver leur religion.

Vous ne permettez pas aux enfants de voter ; pour l'idéologie politique, ils doivent attendre vingt et un ans, puis vous pensez qu'ils sont assez mûrs pour voter. Et pour l'idéologie religieuse, ils sont mûrs à cinq ou quatre ans ! Pensez-vous que l'éducation religieuse est d'un niveau inférieur à l'éducation politique ? Pensez-vous que l'appartenance à un parti politique nécessite une plus grande intelligence, une plus grande maturité, que l'appartenance à une religion ? Si vingt et un ans est l'âge de la maturité politique, alors au moins quarante-deux ans devrait être l'âge de la maturité religieuse. Avant quarante-deux ans, personne ne devrait choisir une religion quelconque. Cherchez, explorez, explorez partout, explorez dans toutes les directions possibles.

Et lorsque vous décidez de votre religion par vous-même, elle a une signification : lorsqu'elle vous est imposée, c'est un esclavage ; lorsque vous la choisissez, c'est un engagement, c'est une implication.

La brochure protestante dont je viens de parler mentionne également un fait : une chose doit être apprise de Rajneesh et de ses sannyasins - la raison pour laquelle ils se sentent si engagés. la raison pour laquelle ils se sentent si impliqués, si profondément amoureux. Aucun chrétien ne semble être aussi profondément amoureux du Christ. Pourquoi sont-ils si amoureux de leur propre maître ? Il doit y avoir une raison derrière tout cela qui doit être explorée.

La raison est claire : le sannyas ne vous est pas imposé, vous l'avez choisi. Il en a été de même pour les disciples de Jésus, pour les disciples de Bouddha. Mais cela ne se produit que lorsque le maître est vivant ; lorsque le maître n'est plus là...

En fait, les enfants devraient être autorisés à choisir leurs propres maîtres. Les parents ne devraient pas imposer leur propre idéologie à leurs enfants. Si vous aimez vraiment vos enfants, ne leur enseignez aucune religion. Oui, donnez-leur le sentiment d'être religieux, donnez-leur le sentiment de prier. Et cela, vous pouvez le leur donner non pas en leur disant comment prier, mais en étant vous-même en prière. S'ils vous voient en train de prier, ils s'y mettront. La prière est contagieuse. Ils commenceront à vous demander : "Comment pouvons-nous aussi participer à la prière ?"

Si vous vous asseyez en méditation et qu'ils voient le silence, la sérénité et le calme qui vous entourent et une certaine aura qui se dégage de la méditation, un certain rayonnement, ils vont forcément s'y intéresser. Ils s'intéressent toujours à tout ce qui est nouveau.

Et la moralité est un sous-produit de la religion. Lorsque l'on ressent dans son cœur l'émergence d'une religion, d'une relation, d'une communion avec l'existence, on devient moral. Ce n'est pas une question de commandements, ce n'est pas une question de ce qu'il faut faire ou ne pas faire, c'est une question d'amour, de compassion.

Lorsque vous êtes silencieux, une profonde compassion naît pour l'ensemble de l'existence, et de cette compassion naît la morale. On ne peut pas être cruel, on ne peut pas tuer, on ne peut pas détruire. Lorsque l'on est silencieux et heureux, on commence à devenir une bénédiction pour tous les autres. Ce phénomène de devenir une bénédiction pour tout le monde est la vraie moralité.

La moralité n'a rien à voir avec les soi-disant principes moraux. Ces soi-disant principes moraux ne créent que des hypocrites : ils ne créent que des pseudo-personnes, des dédoublements de personnalité. L'humanité est devenue schizophrène à cause de milliers de prêtres, de soi-disant saints et de mahatmas et de leurs enseignements continus : "Fais ceci, ne fais pas cela". On ne vous aide pas à être conscients, à voir ce qui est bien et ce qui est mal. On ne vous donne pas d'yeux, on vous donne simplement des instructions.

Je m'efforce de vous aider à ouvrir les yeux, à les découvrir, à les débarrasser de toutes sortes de rideaux, afin que vous puissiez voir ce qui est juste. Et lorsque vous voyez ce qui est juste, vous êtes tenus de le faire, vous ne pouvez pas faire autrement. Lorsque vous voyez ce qui est mal, vous ne pouvez pas le faire, c'est impossible.

La religion apporte la clarté et la clarté transforme votre caractère.

La cinquième question

Question 5 :

MAÎTRE,

JE SUIS RUSSE. POUVEZ-VOUS ME RACONTER AU MOINS DEUX BLAGUES SUR LES RUSSES ?

Darshan,

Un Russe entre en courant dans la cabane d'un ami et s'écrie : "Les Américains sont allés sur la lune !".

"Vraiment ?" s'exclame son ami avec enthousiasme. "Tous ?

Trois personnes sont assises sur un banc de la Place Rouge à Moscou. Au bout d'un moment, l'une d'entre elles pousse un gros soupir.

Quelques instants plus tard, le second soupire tout aussi lourdement. Le troisième regarde rapidement autour de lui d'un air très inquiet et chuchote :

"Sssh ! Ne parlez pas de politique en public !"

Et la dernière question

Question 6 :

MAÎTRE,

JE VEUX ÊTRE UN CÉLIBATAIRE, UN PARFAIT BRAHMACHARIN.

S'IL VOUS PLAÎT, BÉNISSEZ-MOI.

Sant Maharaj,

QUI SONNERA LES CLOCHES DE JÉRUSALEM ? Et sur la porte, nous avons besoin de quelqu'un pour continuer à sonner les cloches de Jérusalem. Attends un peu, ne sois pas si pressé. Pourquoi veux-tu être célibataire ?

Ce désir naît chez chaque Indien - après des siècles de conditionnement. J'aimerais aussi que vous soyez un jour célibataire, non par désir mais par compréhension profonde. Et le désir ne fait jamais partie de la compréhension, rappelez-vous. Le désir peut naître de la frustration.

Le sexe est à la fois une joie et une tristesse, une extase et une agonie. Ce paradoxe doit être compris ; sans comprendre ce paradoxe, vous ne pourrez jamais comprendre le désir de célibat, de brahmacharya. Le sexe apporte une extase momentanée ; pendant un instant, vous êtes transporté dans un autre monde, le monde de l'intemporalité. Pendant un instant, vous vous fondez dans l'autre, vous n'êtes plus un ego - d'où la grande joie, la joie orgasmique. Mais cela ne dure qu'un instant, et ensuite tout se referme. Toutes les portes et les fenêtres qui s'étaient ouvertes se referment. Le ciel et les étoiles que vous aviez vus ont disparu. Vous êtes de retour dans votre sombre donjon. Il est bien plus sombre qu'avant, car vous avez maintenant goûté à quelque chose de l'au-delà.

C'est comme si, par une nuit noire, vous passiez sur la route et qu'une voiture arrivait avec ses phares allumés. Soudain, il n'y a plus de lumière pendant un instant, et la voiture passe. La route est alors beaucoup plus sombre qu'auparavant, car vous pouvez comparer. Les yeux ont connu la lumière ; maintenant, l'obscurité semble, par contraste, très sombre.

Avant que la lumière n'apparaisse, vous vous étiez habitués à l'obscurité.

DHAMMA BOUDDHA

Le sexe procure une profonde extase, mais elle est momentanée. Puis c'est la chute, une grande chute depuis les hauteurs. L'obscurité vous entoure, l'angoisse surgit et vous commencez à vous sentir triste. Vous commencez à vous dire : "À quoi tout cela sert-il ?" Vous tombez dans un espace négatif et vous commencez à penser contre le sexe. "Quel est l'intérêt de tout cela ? Si ce n'est que momentané, ça n'en vaut pas la peine." Et combien de temps vous l'avez espéré, combien de temps et combien de temps vous l'avez attendu, et combien de choses vous en avez attendu ! Et rien n'est resté entre vos mains, juste un souvenir, un souvenir fugace qui s'éloigne rapidement de vous. Et maintenant vous êtes dans l'obscurité, dans l'angoisse, dans l'agonie. Il valait mieux ne pas le savoir.

C'est dans ces moments négatifs que naît le désir de célibat, mais cela ne va pas durer très longtemps non plus, parce qu'après vingt-quatre heures, vous auriez oublié le moment négatif, la tristesse, l'agonie. Cela aussi serait devenu une partie de la mémoire, cela aurait reculé. Vous regardez à nouveau une belle femme, ses belles courbes, son beau visage... et à nouveau le désir. Et vous commencez à espérer que cette fois-ci, ce sera peut-être différent. Qui sait ? Et de nouveau, vous êtes ravi, excité.

Dans ces moments-là, vous devenez très positif à l'égard de l'amour.

C'est un cercle vicieux : après le positif, le négatif, après le négatif, le positif, comme le jour ou la nuit. Le jour suit la nuit, la nuit suit le jour, et vous continuez à tourner dans cette roue. En Orient, nous l'appelons exactement la roue de la vie, de la naissance et de la mort, la roue des oppositions polaires. Il y a des hauts et des bas et vous continuez. Lorsque vous êtes en haut, vous vous sentez au sommet du monde et vous pensez que tout cela était absurde, le célibat et tout le reste - ce n'était que de la stupidité. Mais lorsque vous arrivez à un moment négatif, vous commencez à penser que toute cette positivité n'était qu'une infatuation. C'est ce que vous avez fait à maintes reprises et ce que vous continuerez à faire toute votre vie si vous n'essayez pas de comprendre le cercle vicieux.

Je ne dis donc pas qu'il faut décider quoi que ce soit quand on est négatif. Si vous décidez dans votre négativité, vous deviendrez négatif pour la vie. C'est ce qui est arrivé aux religions dans le passé, elles sont devenues négatives pour la vie.

Ils se sont décidés au moment négatif. Il faut alors s'échapper dans les monastères, aller dans les montagnes, dans les grottes. Et là aussi, le sexe ne vous quittera pas si facilement, car le sexe n'est pas quelque chose d'extérieur à vous, c'est quelque chose d'intérieur. C'est votre biologie, c'est votre psychologie, c'est votre physiologie ; ces hormones sont en vous. Elles sont dans votre sang, dans vos os, dans votre moelle. Ce n'est même pas seulement dans votre centre sexuel, parce qu'il y a eu des gens stupides qui ont coupé leurs organes sexuels pour devenir parfaitement célibataires.

En Russie, une secte chrétienne croyait en l'ablation des organes sexuels. Bien sûr, cela posait un problème à la secte, car elle ne pouvait pas avoir d'enfants. Or, chaque secte veut avoir de plus en plus d'adeptes, et si vous vous coupez les organes sexuels, votre secte disparaîtra bientôt du monde. Cette secte avait donc l'habitude d'adopter des enfants - des enfants de pauvres, des enfants de mendiants. Et lorsque ces enfants devenaient jeunes, sexuellement matures, leurs organes sexuels étaient coupés.

Chaque année, ils se réunissaient lors d'un grand rassemblement où cette cérémonie était pratiquée, et les gens se coupaient les organes sexuels avec frénésie, et de plus en plus de gens se laissaient emporter par cette frénésie.

Les gens sont imitatifs, très imitatifs ; si l'un fait quelque chose, d'autres le feront.

Les femmes avaient l'habitude de se couper les seins, et elles entassent les seins et les organes sexuels - plus l'entassement est grand, plus la vertu s'est manifestée cette année-là. Dieu a été très satisfait d'elles.

Le sexe n'a rien à voir non plus avec l'organe sexuel ; vous pouvez couper l'organe sexuel, le sexe subsistera, car le centre sexuel existe dans votre cerveau. L'organe sexuel n'est que le prolongement de ce cerveau

centre. Ils ont maintenant trouvé ce centre dans le cerveau. Une petite fenêtre peut être pratiquée dans votre tête et des électrodes peuvent être placées exactement au niveau de votre centre sexuel dans le cerveau, et il peut être chatouillé directement et vous aurez un orgasme, sans qu'aucun organe sexuel ne soit impliqué dans ce processus. Et bientôt, je pense que le jour n'est pas loin où les gens porteront de petites boîtes dans leurs poches, des électrodes dans leur cerveau.

Personne ne saura jamais ce que vous faites - ils verront juste le sourire sur votre visage ! Et vous aurez l'air si heureux, si épanoui, comme si vous étiez devenu un bouddha ! Et tout ce que vous faites, c'est appuyer sur un bouton à l'intérieur de votre poche. Vous continuerez à appuyer sur le bouton, et à chaque fois que vous appuierez sur le bouton, le courant électrique atteignant le centre sexuel le chatouillera.

C'est ce qui se passe lorsque vous faites l'amour à une femme : c'est juste la libération de sperme qui chatouille le bouton. Cela peut être fait de manière beaucoup plus économique grâce à la technologie scientifique ; cela va se faire.

Ce jour-là, vous en aurez fini avec le mariage, avec l'homosexualité, avec l'hétérosexualité ; vous en aurez fini avec toutes sortes de sexualités. Il n'y aura plus qu'un seul type de sexualité ; nous devrons lui trouver un nom - la sexualité de la boîte d'allumettes ou quelque chose comme ça ! Comme une boîte d'allumettes que l'on garde dans sa poche.

Le seul danger est... Pourquoi n'est-il pas encore commercialisé ? - Parce que c'est scientifiquement prouvé, les expériences ont été concluantes. La seule raison pour laquelle ce n'est pas commercialisé, c'est qu'il n'y aura aucun moyen d'empêcher les gens d'avoir des milliers d'orgasmes chaque jour ; ils arrêteront de faire tout le reste. C'est le seul problème, car le sexe a une limite, une certaine limite. Un homme peut faire l'amour une fois par jour ou deux fois par jour ; cela dépend de l'âge - très jeune, trois fois par jour. Avec l'âge, il faut de plus en plus de temps pour récupérer. Mais avec cette boîte d'allumettes, il n'y a pas de problème - que l'on soit vieux, jeune ou même mort, il n'y a pas de problème. Quelqu'un d'autre peut continuer à appuyer sur votre bouton et le cadavre continuera à trembler. C'est ce qui se passe, c'est vraiment ce qui se passe.

Il y a des araignées... pendant qu'elles font l'amour, la femelle araignée commence à manger l'amant. Il fait l'amour, il est sur elle, et elle commence à le manger. Les femmes sont dangereuses ! Et elle commence à manger la tête ; elle mange d'abord la tête parce qu'alors il ne peut pas s'échapper. Mais il continue à faire l'amour - la tête a disparu, mais qui a besoin de tête ? Quand il s'agit de faire l'amour, qui a besoin de la tête ? - La tête est partie ; lentement, lentement, les autres parties commencent à s'abîmer, mais il continue à faire l'amour. Ce qui reste continue à trembler. L'araignée mâle de cette espèce ne fait l'amour qu'une seule fois. Un peu d'amour ! Un peu de totalité ! Une certaine plénitude ! Sainte araignée !

Les expériences menées par Skinner à ce sujet ont prouvé que cela pouvait être dangereux, car sur des rats, ils ont essayé - les rats cessent alors de tout faire. Ils ne mangent pas, ils ne se préoccupent pas de dormir ; ils continuent à appuyer sur le bouton. Vous allez être surpris : six mille fois par heure !

Bien sûr, au bout de trois ou quatre heures, le rat était mort. Mais tant que le rat n'est pas mort, il continue à appuyer sur le bouton. Qui se soucie maintenant de manger, de dormir et de tout autre type de conversation sociale, etc. - Rencontrer des gens, aller au Rotary Club, tout cela, qui s'en soucie ? C'est là le danger. C'est ce qui a arrêté Skinner, parce qu'il a tenté de nombreuses expériences... On ne peut pas s'arrêter. Une fois que le rat ou tout autre animal ayant fait l'objet d'une expérience le sait, cela continue encore et encore.

Le sexe vous accompagnera dans votre monastère, il vous accompagnera dans la grotte, parce qu'il est dans votre cerveau.

Le célibat n'existera pas, seule la perversion existera.

Sant, le célibat doit venir de lui-même, et non être pratiqué et cultivé. Il vient de lui-même, mais alors ce n'est pas une décision prise dans un moment négatif, alors ce n'est pas une vie négative, alors c'est un phénomène transcendantal. Vous avez vu maintes et maintes fois le positif et le négatif.

vous avez compris le tour que vous joue la nature. vous êtes victimes de la nature.

La nature veut reproduire son espèce, c'est pourquoi elle a mis en place une stratégie à l'intérieur de vous, appelée votre sexe. Une fois que vous avez compris cela par votre propre expérience, le sexe commence à disparaître et le célibat apparaît, mais il n'est pas imposé, il n'est pas pratiqué.

Je ne peux bénir qu'un tel célibat.

Vous me posez la question :

MAÎTRE, JE VEUX ÊTRE CÉLIBATAIRE...

S'il vous plaît, ne le désirez pas. Passez en revue toutes les expériences d'amour, positives ou négatives. Allez-y de manière méditative, en pleine conscience. Et lentement, une lumière transcendantale apparaîtra en vous, une compréhension profonde se produira. Et alors, vous ne vous demanderez plus "Comment devenir célibataire ?". Vous serez célibataire.

Je ne peux bénir que ce type de célibat.

Je ne peux bénir que ce qui se produit par la compréhension, et non par la culture. Je suis contre le caractère, je suis seulement pour la conscience. Si le caractère suit la conscience, tant mieux, mais la conscience ne doit pas suivre le caractère. C'est ce qui s'est passé jusqu'à présent, mais ce n'est plus possible. L'homme est devenu adulte.

Aujourd'hui, une approche scientifique totalement nouvelle est nécessaire pour résoudre les problèmes intérieurs de l'homme. Mon sannyas est une approche scientifique. Il n'a rien à voir avec les anciennes religions ; c'est une religion de l'avenir. Mes sannyasins doivent être les hérauts de l'avenir.

Mes bénédictions vous accompagnent, mais seulement lorsque quelque chose se produit en vous par la compréhension, et non par l'effort. Je suis contre tout effort.

L'esprit est parti

UN JOUR, UN ANGE RETOURNANT AU CIEL APERÇOIT AU-DESSOUS DE LUI UNE FORÊT LUXURIANTE ENVELOPPÉE D'UN GRAND HALO DE LUMIÈRE. AYANT VOYAGÉ DANS LE CIEL DE NOMBREUSES FOIS AUPARAVANT, IL AVAIT NATURELLEMENT VU DE NOMBREUX LACS, MONTAGNES ET FORÊTS, MAIS N'Y AVAIT JAMAIS PRÊTÉ ATTENTION. AUJOURD'HUI, CEPENDANT, IL REMARQUA QUELQUE CHOSE DE DIFFÉRENT : UNE FORÊT ENTOURÉE D'UNE AURA RAYONNANTE, D'OÙ PARTAIENT DES FAISCEAUX DE LUMIÈRE QUI IRRADIAIENT VERS TOUTES LES PARTIES DU FIRMAMENT. IL SE DIT : "AH, IL DOIT Y AVOIR UN ÊTRE ÉCLAIRÉ DANS CE BOIS ! JE VAIS DESCENDRE ET VOIR QUI C'EST."

EN ATTERRISSANT, L'ANGE VIT UN BODHISATTVA ASSIS TRANQUILLEMENT SOUS UN ARBRE, ABSORBÉ DANS UNE PROFONDE MÉDITATION. IL SE DIT : "MAINTENANT, JE VAIS DÉCOUVRIR LA MÉDITATION QU'IL PRATIQUE. ET IL OUVRIT SES YEUX CÉLESTES POUR VOIR SUR QUEL OBJET OU IDÉE CE YOGI AVAIT CONCENTRÉ SON ESPRIT.

LES ANGES PEUVENT GÉNÉRALEMENT LIRE DANS L'ESPRIT DES YOGIS. MAIS DANS CE CAS, À SA GRANDE SURPRISE, L'ANGE N'A RIEN TROUVÉ DU TOUT. IL A TOURNÉ AUTOUR DU YOGI, PUIS L'A FAIT TOURNER EN ROND. IL EST FINALEMENT ENTRÉ LUI-MÊME EN SAMADHI, MAIS N'A TOUJOURS RIEN TROUVÉ DANS L'ESPRIT DU BODHISATTVA.

ENFIN, L'ANGE SE TRANSFORMA EN ÊTRE HUMAIN, FIT TROIS FOIS LE TOUR DU BODHISATTVA, SE PROSTERNA ET

DIT :

"JE FAIS OBÉISSANCE À L'AUSPICIEUX, JE TE RENDS HOMMAGE, Ô SEIGNEUR DE TOUS LES ÊTRES SENSIBLES ! RÉVEILLE-TOI, S'IL TE PLAÎT, SORS DU SAMADHI ET DIS-MOI SUR QUOI TU MÉDITAIS. APRÈS AVOIR ÉPUISÉ TOUS MES POUVOIRS MIRACULEUX, JE N'AI TOUJOURS PAS RÉUSSI À DÉCOUVRIR CE QUI SE TROUVAIT DANS TON ESPRIT".

LE BODHISATTVA SOURIT. L'ANGE S'ÉCRIA À NOUVEAU : "JE TE FAIS OBÉISSANCE, JE TE RENDS HOMMAGE ! SUR QUOI MÉDITES-TU ?" LE BODHISATTVA CONTINUA SIMPLEMENT À SOURIRE ET RESTA SILENCIEUX.

C'EST L'UNE DES PLUS BELLES PARABLES de toutes les archives de la mythologie zen, de l'approche zen de la vie, de la vision zen de la vérité. Mais la première chose à retenir est qu'il s'agit d'une parabole, d'un mythe. Elle signifie beaucoup de choses, mais ce n'est pas un fait historique. Les anges n'existent pas dans les faits, mais ils ont une grande importance sur le plan mythologique.

Dans toute l'histoire de l'humanité, aucune mythologie n'est dépourvue de l'idée d'anges. Les religions différent presque sur tous les points, mais toutes réservent une place au mythe des anges. Il doit donc y avoir quelque chose d'important qui ne peut être relaté sans faire intervenir le mythe des anges. Il faut d'abord comprendre cela.

L'ange est considéré comme un messager divin. L'homme n'existe pas dans le vide, l'homme n'existe pas comme une île. Il est en communion constante avec Dieu, avec le tout ou avec le Tao. Il peut en être conscient, il peut ne pas en être conscient - cela fait une grande différence. Mais le fait demeure vrai, que l'on en soit conscient ou non, que l'homme est en communion constante avec l'existence. C'est la première chose que représente le mythe des anges : l'homme et l'existence sont profondément en communion.

Les anges sont considérés comme des messagers de Dieu apportant des messages aux êtres humains. Ils courent constamment entre le ciel et la terre.

Si vous abandonnez l'idée des anges et que vous regardez simplement autour de vous, vous trouverez mille et une choses qui circulent continuellement entre la terre, le plan terrestre, et le ciel, le plan divin. Au fur et à mesure que l'on devient plus attentif, on découvre de plus en plus de connexions. Nous existons dans un réseau cosmique et nous en faisons partie.

En Orient, on dit que l'univers est comme une toile d'araignée. Si vous touchez un seul fil de la toile d'araignée, toute la toile ressentira la vibration. Touchez un seul brin d'herbe et vous aurez touché la plus grande étoile, l'étoile la plus lointaine, parce que l'ensemble est une unité organique ; rien n'est sans rapport. Seule l'ignorance humaine a créé l'idée de l'ego.

L'homme vit dans une sorte d'auto-exil ; c'est un exil qu'il s'impose à lui-même. Nous avons fait une petite capsule autour de nous-mêmes ; nous sommes devenus encapsulés, aliénés. Nous souffrons, nous sommes malheureux.

Nous ne trouvons alors aucun sens à la vie, aucune signification à la vie. Nous nous sentons alors déracinés, sans fondement.

Nous nous sentons alors accidentels, comme si nous n'étions pas du tout nécessaires, comme si l'existence continuait à fonctionner de la même manière, que nous soyons là ou non. Cela nous blesse profondément. Nous perdons confiance en nous-mêmes. Nous devenons quelque chose de futile, d'inutile, de superflu ; c'est par accident que nous sommes venus à l'existence.

Toute cette absurdité est due au fait que nous avons créé l'idée de l'ego. L'ego est un effort pour se déconnecter du tout, alors qu'on ne peut pas se déconnecter du tout, mais on peut vivre dans la croyance qu'on a réussi. Cette croyance est la cause de votre enfer. Abandonnez la croyance de l'ego et vous verrez soudain des messagers courir entre vous et le tout, continuellement, à chaque instant, jour après jour. Les oiseaux qui chantent apportent des messages, les fleurs qui s'ouvrent apportent des messages, les étoiles qui scintillent dans la nuit apportent des messages. L'existence entière devient alors un livre ouvert, la VRAIE Bible. Il n'est plus nécessaire de se plonger dans de vieilles écritures pourries ; il suffit de regarder autour de soi et de commencer à lire l'existence. Il y a alors des sermons partout, des écritures partout, des chants partout.

C'est la première chose que représente le beau mythe des anges. Vous avez dû voir des photos des anges : ils ressemblent tous à de petits enfants, même s'ils ne sont pas jeunes. Ils ont l'air d'enfants - leurs visages ont la même innocence, la même pureté, le même état non empoisonné. Leurs yeux, leurs joues, toute leur personnalité est celle d'un enfant - comme si un enfant avait été agrandi, comme si vous regardiez un enfant à travers une loupe.

Tous les bouddhas l'ont dit : Si vous ne retrouvez pas votre enfance, vous ne saurez pas ce qu'est la vérité. Mais ils ne sont pas puérils, souvenez-vous - ils sont enfantins, bien sûr, mais pas puérils. Être enfantin, c'est être retardé, être enfantin, c'est être innocent. Être enfantin est sain, être puéril est très malsain.

Notre société ne nous permet pas de rester des enfants, elle nous oblige à devenir des soi-disant adultes, qui ne le sont pas vraiment. Physiquement, ce sont des adultes, mais pas psychologiquement ; psychologiquement, ils sont très enfantins. L'âge psychologique moyen n'est que de treize ans. La personne peut avoir quatre-vingt-dix ans, mais son âge psychologique moyen reste bloqué quelque part à l'âge de treize ans.

C'est quelque chose de très étrange. L'homme devrait grandir comme un tout ; sa psychologie, sa physiologie, son âme, tout devrait grandir dans une sorte de danse harmonieuse. Ce n'est qu'ainsi qu'il reste entier, qu'il est en bonne santé, qu'il est sain d'esprit. Si une seule partie de l'être humain est à la traîne, c'est l'ensemble qui ne se développera pas, parce qu'on ne peut pas se développer par parties, c'est impossible.

Cela s'est passé dans un tribunal :

Un voleur a été arrêté et juste avant que le magistrat ne le punisse, ne prononce sa peine, le voleur a dit : "Monsieur, je voudrais dire une chose avant que vous ne prononciez votre jugement. Je ne suis pas responsable et vous ne pouvez pas punir quelqu'un pour la faute d'un autre."

Le magistrat dit : "Que veux-tu dire ? N'as-tu pas volé ces choses ? Il y a des témoins oculaires."

Il a répondu : "Oui, ils ont aussi raison. Mes mains ont fait le mal, mais je ne l'ai pas fait. Vous pouvez punir mes mains, mais vous ne pouvez pas me punir."

Le magistrat était également très rusé. Il a dit : "D'accord, quelle main a commis le crime ?"

Et l'homme dit : "Ma main droite".

Le magistrat a dit : "C'est très bien. Dans ce cas, votre main droite est envoyée en prison pour dix ans."

Tout le tribunal a ri, car si la main va en prison, comment l'homme peut-il rester en arrière ? Il devra aller en prison. Mais la cour doit s'arrêter de rire au milieu, parce que l'homme riait encore plus fort que la cour.

Le magistrat a dit : "Vous riez ? Vous êtes fou ou quoi ?"

L'homme a répondu : "Non, je ne suis pas fou". Il a enlevé son manteau et a donné sa main droite - qui n'était qu'une main artificielle. Il a dit : "Vous pouvez envoyer cette main en prison pour dix ans, cent ans ou aussi longtemps que vous le souhaitez."

Si vos parties sont artificielles, il est possible de les séparer, mais votre corps n'est pas artificiel. Toutes vos parties vous sont intrinsèquement nécessaires ; rien n'est artificiel en vous. Donc, si une chose reste en arrière, tout le reste reste en arrière. Vous pouvez continuer à prétendre que vous êtes devenu une personne adulte, mais vous n'êtes pas une personne adulte, et vous pouvez vous observer et observer les autres. grattez un peu la personne et vous trouverez l'enfance qui remonte. Vous pouvez être le père d'une demi-douzaine d'enfants et, lorsque vous vous disputez avec votre femme, vous commencez à jeter des oreillers. Vous pouvez être une mère d'une demi-douzaine d'enfants et lorsque vous vous disputez, vous entrez dans une crise de colère, très puérile.

"Oy, docteur, est-ce que j'ai des tsuris avec mon fils, pleure la dame. "Toute la journée, il ne fait rien d'autre que de souffler des bulles. Il fait des bulles avec de la mousse de savon et les souffle à l'aide d'un tuyau en terre cuite.

"Vraiment, madame, vous n'avez aucune raison de vous inquiéter", dit le psychiatre en souriant avec indulgence. "Beaucoup de fils font des bulles".

"Je trouve que c'est drôle", insiste la femme, "et sa femme aussi".

C'est une chose de faire quelque chose quand on est enfant - on peut souffler des bulles de savon - mais quand on est physiologiquement adulte, du moins quand on a l'air d'une personne adulte, la même chose semble stupide.

Observez la vie des gens - leur vie est double. Leur vie n'est pas singulière ; ils vivent plusieurs vies, en fait. Ils doivent vivre plusieurs vies parce que leurs nombreuses parties sont restées accrochées à différents endroits et qu'ils doivent vivre toutes ces parties ; ils ne peuvent pas vivre comme une totalité.

Souvent, les gens me demandent : "Pourquoi ne pouvons-nous pas être complets ?" Vous ne pouvez pas être total pour la simple raison que votre main peut n'avoir que sept ans, votre autre main peut avoir vingt ans, votre tête peut n'avoir que treize ans, votre cœur peut venir de naître ou n'être pas encore né, peut-être dans le ventre de votre mère, votre tête peut avoir quatre-vingts ans. Comment pouvez-vous vivre une vie totale ? Vous vivrez forcément comme une foule, parfois à un stade, parfois à un autre.

Le jour, le signor Giovanni est un magnat des affaires, qui travaille dur et est sérieusement marié, mais la nuit, il devient un play-boy, qui fréquente toutes les boîtes de nuit de Rome.

Un jour, sa femme décide qu'il est temps qu'ils passent une soirée ensemble et lui demande de l'emmener dans une boîte de nuit. Ne pouvant dissuader sa femme, ils sont sortis ensemble.

Lorsqu'ils arrivent à la boîte de nuit, le portier l'accueille chaleureusement.

"Vous le connaissez ? demande la femme.

Il s'empresse de répondre : "C'est mon garçon de courses. Il travaille la nuit pour gagner plus d'argent."

Dans la boîte de nuit, la fille-lapin lui pince la joue et lui dit : "Bonjour, Signor Giovanni."

Soupçonneuse, la femme demande : "Comment se fait-il que tu connaisses cette fille ?"

Transpirant, il répond : "Eh bien, c'est l'un des mannequins qui travaillent pour moi".

Le MAITRE D' les conduit ensuite à la meilleure table, près de la piste de danse. Au moment où ils s'asseyaient, les danseurs de ballet sont sortis, se sont arrêtés devant leur table et ont commencé à chanter "Hip-hip-hourra pour le Signor Giovanni !".

La femme était furieuse. Elle l'a traîné hors de la boîte de nuit, l'a poussé dans un taxi et a commencé à le battre.

Le chauffeur de taxi se retourne et demande : "Que se passe-t-il, Signor Giovanni ? La poupée vous cause des ennuis ? Dois-je la jeter hors du taxi ?"

Les gens vivent plusieurs vies, toutes en même temps, d'où le désordre. Une personne peut être très sage dans un domaine et très stupide dans un autre. Une personne peut être très sincère dans un domaine et très peu sincère et peu fiable dans un autre. Et vous êtes toujours très perplexe, car vous n'auriez jamais pensé que cet homme puisse faire cela ; vous n'auriez jamais imaginé que cet homme puisse se suicider - il était si mûr. Mais vous ne connaissez pas l'homme dans son intégralité parce que vous ne connaissez pas ses nombreuses vies. Vous n'auriez jamais cru que cet homme puisse commettre un meurtre - il était si aimant, si gentil. Ce n'était qu'une façade ; avec une autre façade, il pouvait être très laid, très violent, très meurtrier. Vous ne l'avez peut-être pas connu. En fait, que dire de vous ? Il ne sait peut-être pas lui-même combien de personnes vivent en lui. Il peut ne pas reconnaître ses propres aspects parce que beaucoup d'entre eux restent enfouis ; il les a refoulés sous terre. Il en a tellement peur qu'il ne peut pas les évoquer. Il se sentira trop immature, enfantin, stupide, bête, médiocre, et il n'aimerait pas voir tout cela.

George Gurdjieff avait une habitude : chaque fois qu'il initiait un nouveau disciple, ce qui était très rare...

Il était très exigeant ; parmi des milliers de personnes, il n'en choisissait qu'une ou deux. Et sa méthode de sélection était très étrange. Il vous forcera à boire des vins forts, des whiskies, des brandies - et c'était un expert en toutes sortes d'intoxications, de boissons alcoolisées, de drogues psychédéliques - et il continuera à vous forcer pour la simple raison qu'à moins que vous ne deveniez totalement inconscients, tous vos visages ne peuvent pas faire surface. Et il veut voir tous vos visages avant de pouvoir décider si cela vaut la peine de faire des efforts avec vous, si cela vaut la peine de vous donner du mal, si vous avez un quelconque potentiel, ou si vous êtes juste un cas perdu, un cas désespéré - alors pourquoi se donner la peine ? Il n'était pas comme un homme comme moi qui est prêt à se préoccuper de n'importe qui ; il était tout le contraire.

Je suis prêt à travailler avec n'importe qui, car mon approche est la suivante : que vous progressiez dans cette vie ou non n'est pas la question ; même si vous avez essayé un peu, tout cela fera partie de vous - dans une autre vie peut-être, avec un autre maître, cela pourra se réaliser. Il se peut que vous ne deveniez pas illuminé cette fois-ci, mais le désir même, l'aspiration même suffisent. Je travaillerai, que vous en soyez dignes ou non. Il suffit que vous le désiriez. Je sèmerai les graines. Peut-être que cette vie-ci, vous ne pousserez pas, mais les graines resteront parce qu'elles ne sont jamais détruites.

Et les personnes qui vont devenir éclairées dans cette vie, je ne peux pas m'en attribuer tout le mérite, parce qu'elles ont peut-être vécu avec Jésus, elles ont peut-être vécu avec Bouddha, elles ont peut-être vécu avec Mahomet, elles ont peut-être dansé avec Jalaluddin, elles se sont peut-être assises avec

Bokuju, Rinzai... Vous avez vécu des milliers de vies. Si tous ces gens avaient été aussi exigeants que Gurdjieff, vous ne seriez pas ici ; parce qu'ils ont tous travaillé sur vous, quelque chose a continué à grandir. C'est pourquoi je ne choisis pas du tout. Quiconque vient me voir est prêt à travailler ; mon approche est différente.

L'approche de Gurdjieff était différente. Il voulait connaître tous vos visages immédiatement, puis il décidait. Pour moi, il faudra dix ans pour connaître tous vos visages, parce que je devrai attendre différentes situations pour connaître vos autres aspects. Mais lui, il voulait savoir tout de suite ; ce n'est qu'ensuite qu'il commencerait son travail.

Mais n'oubliez pas que vous n'êtes pas une seule personne, mais plusieurs. Vous êtes polypsychique. Un homme peut être un grand scientifique...

L'un des hommes qui était allé sur la lune - seules trois personnes y sont allées - est devenu un disciple de Swami Shivananda de Rishikesh. Aujourd'hui, Shivananda n'est plus en vie, mais ses disciples sont là. Tout ce que Shivananda a écrit n'est que de la troisième catégorie ; il n'avait aucune idée de quoi que ce soit de réel. Il ne faisait que répéter comme un perroquet l'ancienne philosophie hindoue pourrie, et encore, pas de manière très sophistiquée. Mais un homme qui a marché sur la lune est devenu son disciple. C'est de la pure stupidité, mais cet homme qui a marché sur la lune porte peut-être encore en lui quelque chose de très enfantin. C'est peut-être à cause de cette puérilité qu'il a voulu aller sur la lune en premier lieu, car tout enfant veut aller sur la lune, et ce n'est pas nouveau. Depuis la nuit des temps, tous les enfants s'intéressent à la lune et commencent à tendre les mains vers elle et à vouloir la prendre dans leurs mains. Peut-être n'était-ce qu'une idée enfantine que la technologie moderne l'a rendu capable de réaliser, car l'intérêt qu'il manifeste aujourd'hui pour des gens comme Muktananda, Shivananda, montre la stupidité de la personne.

Il est possible qu'une personne se développe dans une certaine direction - et c'est ainsi que notre éducation est structurée.

Cela fait de vous des experts. Vous devez vous spécialiser dans une chose et dans les autres choses, dans toutes les autres choses, vous restez médiocres.

Un Italien se rend chez un médecin. "Docteur, s'exclame-t-il, je suis désespéré ! Il y a quelques nuits, je suis rentré du travail et j'ai trouvé ma femme au lit avec un autre homme ! Quand elle m'a vu, elle s'est mise à pleurer, alors j'ai dit : "Eh bien, prenons un café...". Puis, l'autre nuit, la même chose ! Elle était au lit avec mon voisin ! J'ai pris le pistolet pour les tuer, mais elle a pleuré et pleuré, alors j'ai dit : "Bon, prenons un café... Puis la nuit dernière, la même chose s'est reproduite. Elle m'a promis que c'était la dernière fois, qu'elle ne recommencerait jamais... alors j'ai dit : "Eh bien, prenons un café...".

Mais je suis inquiet, docteur. Est-ce que c'est bien de boire autant de café ?"

Observe-toi et tu trouveras mille et une choses ridicules en toi aussi. Toutes les blagues que je continue à te raconter te concernent !

Les anges représentent l'innocence de l'enfant, mais pas l'infantilisme. Seule cette innocence peut vous mettre en contact avec la piété, c'est pourquoi les anges sont des messagers de Dieu, des contacts avec Dieu. Vous avez dû voir des anges sur des photos, vous avez dû lire des articles à leur sujet. Ils sont toujours en train de chanter, de danser, de louer le Seigneur, Alleluia ! Tout ce qu'ils font, c'est jouer de la harpe et chanter Alléluia. Oui, il existe un état d'innocence qui n'est que chant, musique, harmonie, joie et alléluia.

Rappelez-vous que les anges représentent tout cela : la totalité de la vie, l'innocence de la vie, la célébration de la vie. Vous êtes alors immédiatement connecté au divin, vous n'êtes plus déconnecté. Vous ne vous sentez plus étranger. Vous n'êtes plus un étranger, vous devenez un initié. L'existence vous appartient et vous appartenez à l'existence.

Voici donc cette parabole :

UN JOUR, UN ANGE QUI RETOURNAIT AU CIEL VIT AU-DESSOUS DE LUI UNE FORÊT LUXURIANTE ENVELOPPÉE D'UN GRAND HALO DE LUMIÈRE.

LES ANGES VOLENT. L'HOMME CREUSE, rampe, bien qu'il soit également né avec des ailes, mais il n'est pas conscient de ces ailes. En côtoyant un Maître, la première prise de conscience du disciple est que "je peux aussi voler", que "je peux aussi m'élever", que "je peux aussi dialoguer avec les étoiles, le ciel, l'infini et l'éternité".

L'homme est tellement inconscient qu'il n'a pas conscience de tout son potentiel. Que dire de l'ensemble de son potentiel ? - Il n'est même pas conscient d'une partie de son potentiel. Les psychologues disent que vous n'êtes conscient que d'un dixième de votre esprit ; il s'agit de l'esprit. Et qu'en est-il de l'âme ? Vous n'êtes pas du tout conscient de l'âme, et c'est là que se trouvent vos ailes.

Les anges ne sont donc pas des êtres physiques, mais des esprits. Ils n'ont pas de poids, ils sont en apesanteur.

Et dans la méditation profonde, ces moments vous arriveront où vous découvrirez soudain que vous n'avez pas de poids, que la gravitation n'a pas de sens pour vous, qu'une autre loi a commencé à fonctionner dans votre vie : la loi de la grâce. Tout comme la gravitation vous tire vers le bas, la grâce vous tire vers le haut.

Mais la première chose à faire est de devenir conscient. Vous ne connaissez qu'un dixième de votre esprit ; vous devez d'abord connaître l'ensemble de votre esprit et ce n'est qu'ensuite qu'il est possible de connaître quelque chose de votre âme.

"Bonjour, docteur, mon opération a-t-elle réussi ?"

"Désolé, mon vieux, je suis Saint Pierre !"

C'est ainsi que vous vivez : vous ne voyez pas ce qui est, ce qui n'est pas, ce qui se passe. Vous continuez à projeter vos propres idées sur les gens, sur les choses, et vous continuez à jouer à des jeux stupides. Ces jeux commencent dès l'enfance et se poursuivent tout au long de la vie. Bien sûr, ils deviennent plus complexes, mais leur qualité reste la même ; la quantité devient plus grande, mais la qualité reste la même. Et vous n'êtes même pas conscient qu'il existe un monde totalement différent qui n'appartient pas au domaine du quantitatif.

L'autre jour, une sannyasin m'a posé la question suivante : "J'ai entendu dire, bien que je n'y croie pas, qu'il y a quelques personnes dans le monde qui travaillent comme véhicules de Dieu." Elle mentionne un babaji et quelqu'un qui va s'annoncer comme Maitreya, le Bouddha de cet âge, et ces personnes viennent dans le monde pour aider l'humanité. Elle dit "... bien que je ne croie pas à tout cela, mais je suis moins consciente, vous êtes plus consciente, alors vous pouvez répondre à ma question."

Elle pense que la différence entre elle et moi n'est que du moins et du plus : elle est un peu moins consciente, je suis un peu plus conscient, c'est tout ; la différence est de quantité, de degrés. Mais ce n'est pas seulement son idée, c'est ainsi que presque tout le monde pense. Dans le monde, nous pensons toujours en termes de quantité ; nous ne connaissons pas les dimensions de la qualité.

Il ne s'agit pas d'être plus ou moins conscient. Soit on est conscient, soit on ne l'est pas. Il s'agit d'une transformation.

Soit on est un Bouddha, soit on ne l'est pas ; ce n'est pas que l'on soit un peu moins Bouddha et un peu plus Bouddha, que l'on soit juste un kilo de Christ et un autre deux kilos de Christ. Nous croyons en la matière, c'est pourquoi nous croyons en la quantité. La matière est une quantité ; l'âme n'est pas une quantité.

Lorsque vous devenez conscient au plus profond de votre être, cela se produit comme une illumination soudaine.

Tout votre être devient lumière. L'instant d'avant, tout était ténèbres et l'instant d'après, tout est lumière. Mais cette dimension nous est totalement inconnue. Nous vivons toute notre vie dans le monde de la quantité. L'enfant en sait un peu moins et vous en savez un peu plus, et votre père en sait encore un peu plus que vous, ce n'est donc qu'une question de temps. Vous en saurez également plus au fil du temps, au fur et à mesure que vous deviendrez plus expérimenté, plus informé. Mais le jeu reste le même. Les enfants jouent aux mêmes jeux que vous.

Allez observer les enfants, puis restez assis en silence et observez vos propres jeux, vos propres voyages, et vous ne trouverez aucune différence qualitative - quantitative bien sûr. Ils peuvent jouer au Monopoly, où tout est faux - fausses notes et fausses stations, et tout est faux - mais lorsqu'ils jouent, ils deviennent sérieux, ils deviennent très sérieux. Qu'en pensez-vous ?

- vos notes sont vraies ? Ils sont aussi faux ! Dans une partie de Monopoly, quatre personnes ont consenti à croire que ces billets sont réels : ils sont donc réels ! Pour ces quatre personnes, ils sont devenus réels parce qu'ils ont consenti, ils ont passé un contrat par lequel ils croient en leur réalité.

Et quels sont vos billets ? Le billet indien ne sera pas réel en Chine, le billet chinois ne sera pas réel en Inde. Pourquoi ? Si un billet est réel, il est réel, qu'il s'agisse de la Chine ou de l'Inde. C'est simplement que les Indiens ont consenti, ont passé un contrat selon lequel ils croiraient en ce billet, et c'est pourquoi il est réel.

Quelques jours auparavant, il y avait des billets de mille roupies en Inde, puis le gouvernement a décidé de les annuler. Comment annuler les réalités ? Peut-on annuler le fait que demain, il n'y aura pas de lever de soleil, sur ordre du gouvernement ? Mais vous pouvez annuler ces roupies. Les roupies ont été annulées : les billets de mille roupies sont devenus invalides en une seconde.

Et les gens ont fait toutes sortes de choses avec ces billets de mille roupies. Bien sûr, un peu de temps a été accordé - vous pouvez aller à la banque et les changer - mais il y a eu des problèmes. Ces billets doivent être de l'argent blanc. Vous devrez expliquer où vous avez obtenu ces billets. Et comme partout il y a des choses doubles, dans l'argent aussi il y a de l'argent blanc et de l'argent noir. L'argent noir signifie que vous le possédez, que vous pouvez l'utiliser, mais que vous ne pouvez pas le déclarer publiquement parce que vous n'avez pas payé d'impôts dessus, vous n'avez pas montré d'où il venait. Il se peut que vous l'ayez gagné par la contrebande ou par une autre source illégale. De nombreuses personnes ne pouvaient pas déclarer ces billets. Ils ont fabriqué des cigarettes avec des billets de mille roupies et les ont fumées ! Pourquoi rater une telle occasion ? Ils ont étalé les billets et pris leur petit-déjeuner sur les billets. Pourquoi rater une telle occasion ? Les gens les jetaient simplement par la fenêtre. De petits enfants portaient des liasses de billets de mille roupies et jouaient avec. Ils sont devenus inutiles. Ce n'était qu'un consentement qui a été retiré.

De l'enfance à la vieillesse, on joue toujours aux mêmes jeux. Aux échecs, les chevaux... sont tous faux : si vous êtes pauvre, ils sont en bois, si vous êtes riche, ils sont en ivoire, en diamants ou en toute autre matière précieuse, mais ils sont tous faux. Et puis il y a des gens qui font de vraies guerres - mais elles aussi sont fausses, sous de faux prétextes :

"Notre religion est en danger, notre pays est en danger." Maintenant, la "patrie" est une croyance.

Les personnes qui sont allées sur la lune pour la première fois ont pris conscience du fait que la terre est une ; elles ne voyaient pas les pays. Ils ne voyaient pas les pays. Ils ne voyaient pas l'Inde, le Pakistan et le Bangladesh. Ils ne pouvaient pas savoir où se trouve l'Amérique, où se trouve l'Europe, où se trouve l'Asie, ce qui est communiste et ce qui ne l'est pas, quels sont les pays démocratiques et quels sont les pays dictatoriaux.

Il n'y avait aucune différence ; toutes les frontières disparaissaient. Pour la première fois, ils ont pris conscience que les frontières n'existent que sur les cartes et que les cartes sont fausses.

"Maman, maman, est-ce que je peux tomber enceinte ?" demande la petite fille à bout de souffle sur le pas de la porte.

"Non, bien sûr que non, ma chérie, tu n'as que six ans", dit maman.

La petite fille se retourne et court sur le chemin en criant : "C'est bon, les gars, on recommence !".

Mais c'est le même jeu qui se poursuit encore et encore.

Isabella sortait pour la première fois. L'histoire ne concerne pas notre Isabel - elle s'appelle Isabel, pas Isabella, d'ailleurs ! Isabella sortait pour son premier rendez-vous. Ses parents l'ont prévenue qu'elle devait être rentrée à 21 heures. Elle est arrivée avec dix minutes de retard, les cheveux défaits et le maquillage en bataille. Ses parents lui demandent comment s'est passée la soirée.

"Mamma mia !" a été sa seule relecture.

Le lendemain soir, Isabella sort avec le même homme. Une fois de plus, ses parents l'ont sévèrement avertie qu'elle devait être de retour à 21 heures.

À dix heures et demie, elle arrive, les vêtements ébouriffés, les cheveux ébouriffés. Après avoir été réprimandée pour être rentrée tard, sa seule réponse à la question de savoir comment s'était déroulée la soirée fut : "Mamma mia !".

La troisième nuit, Isabella est arrivée à la maison à une heure du matin ; sa robe était à l'envers, ses cheveux en désordre. Ses parents l'engueulent pendant des heures, puis lui demandent comment s'est passée la soirée. Isabella s'effondre alors en sanglots et s'écrie : "Me a mamma !".

Ce jeu se poursuivra à d'autres niveaux, sur d'autres plans, mais la différence ne portera que sur la quantité et non sur la qualité.

Le changement qualitatif intervient dans votre vie lorsque l'inconscience disparaît, que la mécanique disparaît, que l'esprit en tant que tel disparaît et que vous devenez un non-esprit. L'esprit est mécanique, le non-esprit est non-mécanique. L'absence d'esprit est la révolution, la grande révolution, la seule révolution qui existe. Et lorsque cela se produit, vous êtes plein de lumière, et ceux qui ont des yeux, ceux qui sont assez innocents pour avoir des yeux seront capables de voir cette lumière.

UN JOUR, UN ANGE QUI RETOURNAIT AU CIEL APERÇUT AU-DESSOUS DE LUI UNE FORÊT LUXURIANTE ENVELOPPÉE D'UN GRAND HALO DE LUMIÈRE. AYANT VOYAGÉ DANS LE CIEL DE NOMBREUSES FOIS AUPARAVANT, IL AVAIT

NATURELLEMENT VU DE NOMBREUX LACS, MONTAGNES ET FORÊTS, MAIS N'Y AVAIT JAMAIS PRÊTÉ ATTENTION. AUJOURD'HUI, CEPENDANT, IL REMARQUA QUELQUE CHOSE DE DIFFÉRENT : UNE FORÊT ENTOURÉE D'UNE AURA RAYONNANTE, D'OÙ PARTAIENT DES FAISCEAUX DE LUMIÈRE QUI IRRADIAIENT VERS TOUTES LES PARTIES DU FIRMAMENT.

L'ANGE POUVAIT LE VOIR grâce à son innocence d'enfant, grâce à sa capacité d'aller vers le haut, grâce à sa capacité d'être relié à la piété. Vous avez peut-être manqué, vous avez peut-être passé à côté de la même forêt. Et je vous le dis, vous avez souvent croisé de telles personnes et vous les avez manquées, parce que vous n'êtes pas nouveaux sur la terre, vous êtes aussi anciens que l'existence elle-même. Il est impossible, improbable, que vous n'ayez pas rencontré un seul Bouddha dans votre vie. Quelque part, à un moment donné, vous avez dû croiser le chemin d'un Bouddha. Mais vous avez dû le rater, sinon vous auriez été transformé, vous auriez changé, vos valeurs auraient changé. Votre vie aurait été un phénomène totalement différent - mais vous avez dû passer à côté.

Il est facile de passer à côté parce qu'il est très facile d'être rusé, intelligent, bien informé. Il est difficile d'être innocent. Et il y a peu de choses que seules les personnes innocentes peuvent voir.

SE DIT-IL, "AH, IL DOIT Y AVOIR UN ÊTRE ÉCLAIRÉ DANS CE BOIS !

JE VAIS DESCENDRE ET VOIR QUI C'EST."

À L'ATTERRISSAGE, L'ANGE APERÇOIT UN BODHISATTVA ASSIS TRANQUILLEMENT SOUS UN ARBRE, ABSORBÉ DANS UNE PROFONDE MÉDITATION.

Toute la forêt était rayonnante, brillait d'une lumière étrange, était entourée d'un halo. Cela arrive toujours, et ceux qui ont des yeux peuvent le voir, ceux qui ont des oreilles peuvent en écouter la musique, et ceux qui ont assez d'amour peuvent le comprendre. L'amour, l'innocence, la simplicité, l'humilité, l'absence d'égoïsme permettent de le comprendre.

IL VIT UN BODHISATTVA ASSIS TRANQUILLEMENT... ABSORBÉ DANS UNE PROFONDE MÉDITATION.

Selon le zen, la méditation devient profonde au quatrième stade. Il existe quatre stades de méditation.

Le premier est de ne pas parler ; vos lèvres sont silencieuses. C'est une sorte de silence extérieur, mais c'est le début. Le début doit être extérieur parce que vous êtes à l'extérieur ; vous ne pouvez commencer qu'à partir de là où vous êtes.

La deuxième méditation consiste à ne pas penser. D'abord, vous arrêtez les mots, vous ne parlez pas. Deuxièmement, vous arrêtez les mots, vous ne pensez pas. Et la troisième consiste à ne pas penser que "je ne pense pas", ce qui est le plus difficile - parce que lorsque vous voyez que toutes les pensées ont disparu, cette pensée s'empare de tout votre être :

"Aha ! Je suis arrivé. C'est SATORI !" Mais vous avez commencé à tomber. Et au début, cela se produira forcément plusieurs fois, à moins que le Maître ne continue à vous frapper et à vous dire : " Arrêtez ça !

Il n'est pas nécessaire de s'en vanter auprès de qui que ce soit, ni auprès de soi-même. Laissez passer, c'est aussi une phase".

La quatrième est la méditation profonde où l'on est simplement - sans même penser que l'on n'a pas de pensées.

Socrate dit... sa célèbre déclaration, mais c'était un Grec et il pensait de manière logique. Si vous soumettez sa déclaration aux Zen, ils vous diront : "C'est le troisième état, pas le quatrième." Il dit : "Je ne sais qu'une chose, c'est que je ne sais rien." Les adeptes du zen diront : "Même cette connaissance est suffisante : 'Je sais que je ne sais rien' - mais il y a tout de même quelque chose de connu." Vous portez toujours la dernière ombre. L'éléphant est passé mais la queue reste, et parfois la queue est la partie la plus difficile, et l'on s'accroche à la queue. L'ensemble a disparu ; c'est maintenant la dernière chose à laquelle s'accrocher.

C'est comme un homme qui se noie et qui s'accroche à une paille, sachant parfaitement qu'une paille ne peut pas le sauver.

Mais si quelqu'un lui dit : "Qu'est-ce que tu fais ? C'est une paille - elle ne va pas vous sauver", il sera en colère. Vous détruisez son dernier rêve, vous prenez sa dernière illusion.

Friedrich Nietzsche a dit : "Ne perturbez pas l'illusion des gens, sinon ils ne vous pardonneront jamais".

Et je le sais parfaitement, ils ne pardonnent jamais - mais il faut quand même briser leurs illusions. Qu'ils pardonnent ou non, c'est leur affaire. Qui s'en soucie ? Il faut leur dire : "Cette paille ne vous sauvera pas".

Les adeptes du zen diront que Socrate a atteint le troisième stade. Il a maintenant besoin d'un maître zen pour le frapper, pour le pousser jusqu'au quatrième, où il oubliera totalement cette affaire de connaissance. Même le fait de dire : "Je sais que je ne sais rien" est une connaissance.

Quelques jours auparavant, j'ai donné le sannyas à une belle femme ; elle s'appelle Kiffy. Elle ne sait pas ce que cela signifie et je ne le sais pas non plus, alors il y a eu un problème - que faire ? J'ai donc dit : "Ne vous inquiétez pas." Je l'ai appelée Anand Kiffy et je lui ai dit : " Anand signifie félicité, alors quelle que soit la signification de Kiffy, soyez simplement une Kiffy heureuse ! Et la félicité est la vraie chose, l'éléphant ; Kiffy n'est que la queue. Si l'éléphant peut passer, nous ferons en sorte que la queue puisse aussi passer."

Mais parfois, l'éléphant passe facilement parce que vous pouvez voir que c'est la cause de votre malheur, mais la queue ? Il faut la garder comme un souvenir, juste pour se remémorer tous ces beaux jours.

Bien sûr, il n'y avait rien de beau...

Une mère disait à son petit garçon : "Tu vas manger ou pas ?".

Le garçon était très têtu et disait : "Je déteste la façon dont tu cuisines ! Je n'en mangerai pas. Même mon chien l'a refusé !"

La mère a dit : "Écoute, dans vingt ans, tu diras à une femme que ma mère était une excellente cuisinière".

C'est ainsi que les gens sont. Au bout de vingt ans, chaque garçon dira à sa femme : "Ma mère était une excellente cuisinière !" Et ce même garçon était chaque jour un problème pour sa mère, et la mère était un problème pour le garçon. La mère essayait de forcer et le garçon résistait ; il détestait toutes ces choses. Mais après vingt ans, tout le monde oublie. Les gens commencent à se souvenir de belles choses sur un passé qui n'a jamais existé ; ils inventent. Les gens sont inventifs, très inventifs à propos du passé.

Je ne crois donc pas qu'il existe une seule autobiographie qui soit vraie. J'ai lu des milliers d'autobiographies, mais voici mon observation : pas une seule autobiographie n'est vraie. Seul un bouddha peut écrire une véritable autobiographie - mais les bouddhas n'ont jamais écrit - parce qu'un bouddha peut voir les faits, mais alors cela ne vaut pas la peine d'écrire du tout. Qu'y a-t-il à écrire ? D'ordinaire, les gens inventent leur passé. Ils essaient d'abord de créer un avenir - ce qui n'est pas possible, ils échouent ; tout le monde échoue inévitablement. Lorsque l'on échoue dans la création de l'avenir, la seule solution est de créer un passé. Désormais, personne ne peut vous en empêcher ; vous pouvez vous amuser à inventer un passé. Toutes les autobiographies sont des fictions créées, inventées, polies, exagérées. Beaucoup de choses ont été supprimées, beaucoup de choses ont été ajoutées.

Et je ne dis pas que les gens le font sciemment - les gens ne sont pas tellement conscients - les gens le font simplement. Ils doivent croire que c'est ainsi que les choses se sont passées ; ils y croient. Ils l'écrivent avec une très grande sincérité.

Les gens s'accrochent donc au passé. La dernière accroche dans la méditation est la suivante : "Maintenant je suis arrivé, tout est fini, l'esprit est parti" - et c'est l'esprit qui sort par la porte de derrière. C'est le dernier effort de l'esprit pour vous tromper.

C'est pourquoi, jusqu'au troisième zen, les gens n'appellent pas la méditation profonde. Ils ne la qualifient de profonde qu'à partir du quatrième, lorsque tout a disparu ; même l'idée que tout a disparu n'existe plus. L'esprit a disparu. Même l'idée que "j'ai atteint le non-esprit" n'existe plus. La connaissance a disparu. Même l'idée que "maintenant je ne sais rien" n'existe plus. Le zen a franchi l'étape ultime.

S'EST-IL DIT - L'ANGE S'EST DIT - "MAINTENANT, JE VAIS VOIR QUELLE MÉDITATION IL PRATIQUE".

Il s'agit simplement de la demande d'un enfant. Rappelez-vous que l'ange ne représente que l'innocence, qu'il n'est pas un sage, qu'il n'est qu'un enfant. N'oubliez jamais la différence entre les deux, car ils sont à la fois semblables et très différents. L'enfant a le même type d'innocence que le sage, mais le sage a perdu cette innocence et l'a retrouvée, alors que l'enfant ne l'a pas encore perdue. C'est la même innocence, mais elle change de qualité lorsque vous la perdez et la retrouvez. L'enfant peut avoir des aperçus de l'intelligence qui appartient à un bouddha, mais ce ne sont que des reflets. La lune qui se reflète dans un lac ressemble exactement à la vraie lune, et parfois même elle est plus belle que la vraie lune, mais ce n'est qu'un reflet. Jetez une petite pierre dans le lac et vous verrez la différence. Le reflet disparaît.

L'enfant peut être dérangé très facilement ; le sage ne peut pas être dérangé du tout. Il n'y a aucun moyen de déranger le sage. L'enfant est innocent, mais son innocence sera perdue tôt ou tard. Il est intelligent, mais il perdra son intelligence.

Lors d'un cours d'école du dimanche, le prêtre a demandé aux élèves : "Qui peut me dire combien de temps Adam et Eve sont restés dans le jardin d'Eden ?".

Le petit Johnny s'empresse de répondre : "Jusqu'au 15 septembre".

Pourquoi ? demande le prêtre, étonné. "Pourquoi le 15 septembre ?

"Parce que les pommes ne sont pas mûres avant cette date", répond le petit Johnny.

Or, aucun théologien n'a pu découvrir cette date avec autant de précision. Et je suis parfaitement d'accord avec le petit Johnny : c'est bien cette date qui a été retenue.

La mère explique à Mario l'origine du monde.

"Tout cela est arrivé parce qu'Adam a désobéi à Dieu et a mangé une pomme", dit Mario.

"C'est ce que dit la Bible", répond la mère.

"C'est dommage ! Si seulement j'avais été là à la place d'Adam, nous serions encore tous dans le jardin d'Eden !".

"Quoi ! Qu'est-ce que tu dis ? s'exclame la mère.

"Oui, bien sûr, tu ne te souviens pas ? Je n'aime pas les pommes !"

Les enfants ont une vision rapide, une vision directe. Mais elle sera obscurcie, elle sera forcément obscurcie.

Il s'agit d'un don naturel, et vous ne pouvez apprécier aucun don naturel tant que vous ne l'avez pas perdu ; vous ne l'apprécierez que lorsque vous l'aurez perdu. Vous ne l'apprécierez que lorsque vous l'aurez perdu, et vous ferez alors de grands efforts pour le regagner. Le paradis doit être perdu et regagné ; il n'est un paradis que lorsqu'il est regagné, sinon ce n'est pas un paradis.

L'ange n'est qu'un enfant, innocent. Il n'est pas un sage.

Naturellement, il s'est dit : "Maintenant, découvrons la méditation qu'il pratique".

LA MÉDITATION N'EST JAMAIS PRATIQUÉE. Ceux qui pensent en termes de pratique de la méditation sont des enfants ; ils ne connaissent rien à la méditation.

ET IL OUVRIT SES YEUX CÉLESTES POUR VOIR SUR QUEL OBJET OU IDÉE CE YOGI AVAIT CONCENTRÉ SON ESPRIT.

La méditation n'est pas non plus une concentration, mais l'enfant ne peut pas penser à une méditation qui n'a pas d'objet.

Il y a donc deux sortes de religions dans le monde : la première, la religion enfantine qui pense à Dieu le père. Toutes les religions qui pensent à Dieu comme père ou Dieu comme mère sont des religions enfantines. Elles projettent Dieu en tant que père ou mère ; c'est l'esprit d'un enfant.

Ensuite, il y a des religions vraiment adultes, matures, qui ne considèrent pas Dieu comme un père ou une mère, en fait qui ne considèrent pas du tout Dieu comme une personne - qui considèrent la piété comme une simple qualité qui imprègne l'existence, qui considèrent Dieu comme une conscience, comme une lumière, qui considèrent Dieu comme le vide, la pureté absolue, le néant, l'absence de soi.

Le zen appartient à la deuxième catégorie ; c'est l'approche religieuse la plus mature.

L'ange pensa : "Sur quel sujet, sur quel objet, sur quelle idée s'exerce-t-il ? Sur quoi concentre-t-il son esprit ?"

La méditation n'est pas la concentration ; la méditation n'est pas du tout l'esprit.

LES ANGES PEUVENT GÉNÉRALEMENT LIRE DANS L'ESPRIT DES YOGIS...

parce que les yogis essaient de se concentrer. Le zen va bien au-delà du yoga : le yoga ne fait que vous préparer au saut ultime - le zen est ce saut ultime. Mais il y a des millions d'imbéciles dans le monde qui continuent à pratiquer des postures de yoga toute leur vie, en oubliant complètement qu'il ne suffit pas de préparer le sol et de préparer le sol et de préparer le sol pour faire un jardin : il faut aussi semer les graines. Préparer le terrain est nécessaire, mais ce n'est pas tout, ce n'est pas l'essentiel ; ce n'est qu'une étape préliminaire.

Mais il y a des gens - et ils sont devenus célèbres dans le monde entier simplement parce qu'ils peuvent faire toutes les postures de yoga - qui peuvent déformer leur corps dans toutes sortes de formes. Et elles ont un grand impact.

Ils devraient être dans les cirques ! Ils ne font pas du tout partie du phénomène religieux, mais ils le dominent. Et il y a des gens qui vont les voir, pour être torturés par eux, parce que si vous commencez les postures de yoga dès votre enfance, c'est facile, très facile. Si vous commencez les postures de yoga après que votre corps soit devenu mature, c'est très difficile. Mais les gens pensent que c'est de l'austérité, de l'ascétisme.

Toute cette entreprise de torture, tout ce masochisme semble en valoir la peine parce qu'il y a la carotte suspendue devant votre nez : vous réaliserez Dieu, vous connaîtrez les plaisirs célestes, vous réaliserez ceci et cela, vous deviendrez immortels. Et les gens sont prêts à faire n'importe quelle bêtise : plus c'est absurde, plus ils pensent qu'il doit y avoir quelque chose dedans.

MAIS L'ANGE NE TROUVE RIEN, À SA GRANDE SURPRISE. IL TOURNA ET TOURNA AUTOUR DU YOGI...

Il tourna autour du bodhisattva, regardant dans tous les coins et recoins...

ET EST FINALEMENT ENTRÉ LUI-MÊME EN SAMADHI...

parce qu'un esprit innocent peut saisir, s'imprégner - il peut ne pas être en mesure de comprendre ce qui se passe.

C'est souvent le cas : lorsque le petit Siddhartha vient pour un gros plan ou pour un charansparsh, je peux voir ce qui se passe. Il ne peut pas comprendre ce qui se passe, mais il y entre immédiatement. Il ne pourra pas le retenir parce qu'il n'est pas conscient de ce qui se passe, mais il est ouvert à moi.

Il y a quelques jours, il voulait vivre avec de vrais hommes. Il m'a écrit une lettre dans laquelle il disait : "Assez vécu avec des petits enfants, je veux vivre avec de vrais hommes." Je l'ai donc envoyé vivre avec Govinddas. Il y est allé dans la nuit - il devait être une heure de la nuit - a ouvert sa valise, a rangé ses affaires, a dit "Salut les gars !" a réglé son réveil et s'est endormi. Il règle son réveil tous les soirs pour que, lorsque je reviens de la conférence, il puisse m'accueillir à la porte - il doit m'y attendre - tous les jours. Parfois - c'est un petit enfant - le réveil ne peut pas le réveiller, alors il prend d'autres dispositions. Deux, trois gardes, il leur dit : "Si ça ne marche pas, vous venez. Si je ne viens pas, alors vous venez, mais réveillez-moi à temps pour que je sois prêt, lavé et nettoyé." Et il m'attendra sous un arbre.

Il ne peut pas comprendre ce qui se passe, mais il peut y entrer. Dès que je vois ses yeux, il entre en samadhi. Il peut s'imprégner de cette ouverture.

Un sannyasin a écrit l'autre jour : "J'étais venu pour un darshan rapproché et pendant que d'autres personnes passaient par les darsans rapprochés, j'étais très ouvert, j'appréciais, je coulais et j'étais dans un état de laisser-aller, mais quand je suis venu moi-même, soudain quelque chose a mal tourné - je suis devenu fermé".

Et je sais ce qui s'est passé parce que chaque fois que quelqu'un s'ouvre et se ferme soudainement, je peux entendre le son "clic" ! Ce qui est arrivé à cette sannyasin, c'est qu'elle est devenue jalouse des autres médiums. Cette jalousie a suffi. Elle m'a oubliée, elle est devenue jalouse des médiums parce qu'ils sont si proches de moi, et tous les jours. Je voyais ce qui lui arrivait, la jalousie la fermait.

Dans sa lettre aussi, sans le savoir, elle le mentionne : "Vos médiums m'écrasaient presque, et à cause de leurs mouvements, je ne pouvais pas rester ouverte". Ce n'est pas à cause de leurs mouvements - leurs mouvements sont là pour vous aider à vous ouvrir. Ils se balancent dans une ouverture totale vers moi. Ils vous entourent pour que leur ouverture puisse vous aider. Ils vous entourent de tous les coins - de derrière, de devant, de partout. Ils créent une atmosphère d'ouverture, un climat d'ouverture. C'est leur but. Mais elle est devenue jalouse - après tout, une femme est une femme. Même si elle est sannyasin, il est très difficile d'oublier ses qualités féminines. J'ai entendu le clic si fort !

L'ange tournant autour du bodhisattva lui-même est entré en samadhi :

... MAIS NE TROUVAIT TOUJOURS RIEN DANS L'ESPRIT DU BODHISATTVA.

L'innocence ne peut pas comprendre ; elle peut entrer en contact, mais elle ne peut pas comprendre. Pour comprendre, il faut retrouver l'innocence L'innocence retrouvée est capable de comprendre L'innocence retrouvée a quelque chose de plus, une nouvelle saveur, un nouveau parfum. Seul un sage peut comprendre. Pour comprendre, il faut de l'innocence, mais il faut aussi quelque chose de plus, un plus : c'est la perdre et la gagner - ce fossé est nécessaire.

ENFIN L'ANGE S'EST TRANSFORMÉ EN ÊTRE HUMAIN...

Jusqu'à présent, il n'était qu'un esprit.

... FIT TROIS FOIS LE TOUR DU BODHISATTVA, SE PROSTERNA ET DIT :

"JE FAIS OBÉISSANCE À L'AUSPICIEUX, JE TE RENDS HOMMAGE, Ô SEIGNEUR DE TOUS LES ÊTRES SENSIBLES ! RÉVEILLE-TOI, S'IL TE PLAÎT, SORS DU SAMADHI ET DIS-MOI

SUR QUOI TU MÉDITAIS. APRÈS AVOIR ÉPUISÉ TOUS MES POUVOIRS MIRACULEUX, JE N'AI TOUJOURS PAS RÉUSSI À DÉCOUVRIR CE QUI SE TROUVAIT DANS TON ESPRIT".

Il faut maintenant se rappeler ce point : l'enfant a une qualité, l'innocence, pour comprendre, mais l'autre qualité lui fait défaut. Il ne l'a pas encore perdue, il ne l'a pas encore manquée, il n'est pas encore tombé en disgrâce, il ne s'est pas encore égaré. Il la considère comme acquise ; il n'en est pas encore reconnaissant. La personne bien informée l'a manquée mais n'essaie pas de la retrouver. Il a une autre qualité : il l'a manqué, mais il ne cherche pas à le retrouver. Ni l'enfant ne comprendra, ni le savant, ni l'érudit.

Pour comprendre, il faut un sage qui a perdu et qui a ensuite fait tous les efforts possibles, risqué tout pour le regagner. Il possède les deux qualités : l'innocence de l'enfant et la conscience de celui qui s'est égaré et de celui qui a souffert. Il sait ce qu'est l'ignorance, c'est pourquoi il peut savoir ce qu'est la connaissance. Il sait ce qu'est la connaissance, c'est pourquoi il peut maintenant savoir ce qu'est la sagesse.

L'ange dit :

"S'IL VOUS PLAÎT... DIS-MOI SUR QUOI TU MÉDITAIS. APRÈS AVOIR ÉPUISÉ TOUS MES POUVOIRS MIRACULEUX, JE N'AI TOUJOURS PAS RÉUSSI À DÉCOUVRIR CE QU'IL Y AVAIT DANS TON ESPRIT."

Il n'y avait pas d'esprit et il n'y avait rien dans l'esprit, c'est pourquoi il a échoué. Mais il n'est pas conscient de cet état. Bien sûr, il en a fait lui-même l'expérience - il est entré en samadhi - mais il n'est pas encore assez conscient pour savoir ce qui lui est arrivé.

LE BODHISATTVA SOURIT.

C'est la transmission spéciale. Les mots ne servent à rien, ils ne sont pas suffisants, mais le sourire peut dire quelque chose qui ne peut être dit, il peut montrer quelque chose qui ne peut être dit.

L'ANGE S'ÉCRIA À NOUVEAU : "JE TE RENDS HOMMAGE, JE TE RENDS HOMMAGE ! SUR QUOI MÉDITES-TU ?"

Mais l'ange ne comprend pas non plus le sourire.

LE BODHISATTVA CONTINUA SIMPLEMENT À SOURIRE ET RESTA SILENCIEUX.

La parabole s'arrête là ; elle ne dit rien de ce qui est arrivé à l'ange. Il a dû rester aussi ignorant qu'avant. Il est passé si près, mais il a manqué son coup. La personne bien informée s'est approchée de très près et a raté sa cible en raison de sa connaissance ; la personne innocente peut s'approcher de près et rater sa cible parce qu'elle n'est pas encore assez consciente. L'innocence plus la conscience, alors seulement la transmission spéciale est possible. Et le Tao ne peut être transmis que d'une manière très spéciale ; aucune méthode ordinaire n'est applicable.

Le bodhisattva a fait tout ce qui pouvait être fait, mais l'ange n'était pas un bouddha. S'il avait été un bouddha, il aurait compris. Le même sourire était sur le visage de Mahakashyapa lorsque Bouddha est arrivé un jour, une fleur de lotus à la main, pour son cours matinal, et qu'il s'est assis, assis, sans prononcer un seul mot. Il y eut un grand silence. "Il n'en a jamais été ainsi auparavant. Que s'est-il passé ? Pourquoi ne parle-t-il pas ?" Et il continuait à regarder la fleur de lotus. Les minutes semblaient aussi longues que les heures, puis Mahakashyapa sourit et Bouddha l'appela, lui donna la fleur de lotus et dit à l'assemblée : " Ce qui peut être dit, je vous l'ai dit et ce qui ne peut pas l'être : "Ce qui peut être dit, je vous l'ai dit, et ce qui ne peut pas être dit, je l'ai donné à Mahakashyapa. Il l'a compris."

Il s'agit de la première transmission spéciale au-delà des écritures. Mahakashyapa est le premier moine zen, le premier maître zen. La tradition du zen commence avec Mahakashyapa ; il est le premier patriarche. Le zen a commencé par un sourire. C'est un phénomène très étrange ; il faut une grande préparation pour le comprendre. Un enfant en est capable mais n'est pas encore assez conscient. La personne bien informée peut être capable d'utiliser des mots, des philosophies, des concepts, mais elle n'est pas en mesure de saisir le phénomène insaisissable.

Le disciple doit apprendre à être les deux à la fois. Il doit être très innocent et très conscient. Puis, à un moment donné, lorsque tout est prêt, en un instant, tout devient lumière, tout est compris, et pour toujours.

Vous comprenez ?

La première question
Question 1 :
MAÎTRE,
QU'EST-CE QU'IL Y A AU DÉJEUNER AUJOURD'HUI ?
Sant Maharaj,

DE QUOI S'AGIT-IL ? Êtes-vous vraiment en train de devenir célibataire ? Cela arrive aux célibataires : ils commencent à s'intéresser à la nourriture plutôt qu'aux femmes. Vous pouvez observer les sannyasins indiens, les soi-disant mahatmas, et vous les trouverez toujours très gros, avec un gros ventre. La raison en est que toute leur sexualité est pervertie. Ils commencent à concentrer leur libido sur la nourriture.

La nourriture et le sexe sont profondément liés, très intimement liés, depuis le tout début. La nourriture est nécessaire à la survie de l'individu et le sexe est nécessaire à la survie de l'espèce. Le sexe est exactement comme la nourriture pour l'espèce et la nourriture est comme le sexe pour l'individu. Sans nourriture, l'individu mourra, sans sexe, l'espèce mourra.

Si vous commencez à réprimer votre sexualité, vous passerez naturellement de l'amour au déjeuner ! Ce n'est pas une coïncidence.

Regardez la photo de Swami Shivananda Maharaj. Toute sa vie, il a parlé de yoga et de méditation, mais en voyant la photo, on a l'impression qu'il ne faisait que manger, manger et manger. Il ne pouvait pas

Il ne pouvait plus marcher - il était devenu si gros. Il ne pouvait plus lever les mains ; elles étaient devenues si lourdes que deux personnes devaient les porter !

Et avez-vous regardé la statue ou la photo du gourou de Muktananda, Nityananda ? Cet homme a vaincu tous les swamis et tous les mahatmas de tous les temps ! Si vous regardez la statue de Nityananda... Une fois, alors que je passais à côté de l'ashram de Muktananda, il m'a invité et je suis allé voir. Il m'a montré la statue de Nityananda et je lui ai dit - et depuis il est très en colère - je lui ai dit : "Cet homme est vraiment un miracle !"

Il m'a dit : "Que voulez-vous dire ?" Il a dû penser que je parlais de siddhis et de pouvoirs de yoga.

J'ai dit : "Ne vous méprenez pas sur mes propos. Cet homme est un miracle dans le sens où j'ai vu des gens avec de gros ventres, mais ce ne sont pas des miracles - l'homme a un ventre. Ici, c'est tout le contraire - c'est le ventre qui a l'homme ! L'homme semble n'être qu'un appendice ! ajouté d'une manière ou d'une autre ; sinon, le véritable élément semble être le ventre.

Sant Maharaj, ne vous intéressez pas trop au déjeuner, c'est dangereux.

À moins que le brahmacharya, le célibat, ne se produise de lui-même, comme conséquence d'une prise de conscience profonde, il va se concentrer sur quelque chose ou sur une autre chose ; il va trouver un exutoire. Et la nourriture est très proche.

Dès le début, l'enfant est associé à l'idée de nourriture et d'amour. Ils deviennent presque comme les deux aspects d'une même pièce, parce qu'il reçoit l'amour de sa mère et aussi la nourriture de sa mère. Son objet d'amour et son objet de nourriture sont les mêmes. Pas seulement la mère, mais le sein en particulier : il reçoit la nourriture du sein, ainsi que la chaleur et la sensation d'amour.

Il y a une différence : lorsque la mère aime son enfant, le sein a une sensation et une vibration différentes. La mère apprécie que l'enfant se nourrisse de son sein ; cela stimule sa sexualité. Si la mère est vraiment amoureuse de son enfant, elle est presque en proie à une joie orgasmique. Ses seins sont très sensibles ; ce sont les zones les plus érotiques de son corps. Elle se met à rayonner et l'enfant le sent.

L'enfant prend conscience du phénomène que sa mère apprécie. Elle ne se contente pas de le nourrir, elle y prend plaisir.

Mais lorsque la mère donne le sein par nécessité, le sein est froid, il n'y a pas de chaleur. La mère n'est pas disposée, elle est pressée. Elle veut lui arracher le sein le plus vite possible. Et l'enfant le ressent. Il est évident que la mère est froide, qu'elle n'aime pas, qu'elle n'est pas chaleureuse. Elle n'est pas vraiment une mère. L'enfant semble ne pas être désiré, il se sent non désiré.

L'enfant ne se sent désiré que lorsque la mère prend plaisir à nourrir l'enfant au sein, lorsque cela devient presque une relation amoureuse, presque une relation orgasmique. Ce n'est qu'à ce moment-là que l'enfant se sent aimé de sa mère, qu'il a besoin d'elle. Et avoir besoin de la mère, c'est avoir besoin de l'existence, car la mère est toute son existence ; il connaît l'existence à travers la mère. Quelle que soit l'idée qu'il se fait de la mère, c'est l'idée qu'il se fait du monde.

Un enfant qui n'a pas été aimé par sa mère se retrouvera aliéné dans l'existence, il se retrouvera étranger. Il ne peut pas croire en Dieu, il ne peut pas avoir confiance en l'existence. Il ne peut

s'il n'a même pas confiance en sa propre mère, comment peut-il faire confiance à quelqu'un d'autre ? La confiance devient impossible. Il doute, il se méfie, il est continuellement sur ses gardes, il a peur, il a peur. Il trouve partout des ennemis, des concurrents. Il craint à chaque instant d'être écrasé et détruit. Le monde ne lui semble pas du tout être une maison. Il ne peut pas être religieux, souvenez-vous.

La religion naît, le premier aperçu de la religion apparaît à l'enfant dans sa relation avec sa mère.

Si cette relation est empoisonnée, quelque chose dans la source même est empoisonné. Il devient alors très difficile d'apporter la religion à l'enfant. Il a alors besoin d'une grande psychothérapie, d'un long, long, ardu et douloureux processus de retour en arrière afin de pouvoir se défaire de tous ses vilains souvenirs, en accord avec toute approche religieuse de l'existence.

L'athéisme naît avec sa relation - la première relation, la première connaissance - et c'est avec la mère, en particulier avec les seins de la mère. Si la mère est heureuse, se réjouit de nourrir l'enfant, alors l'enfant ne mange jamais trop parce qu'il a confiance, il sait que la mère est toujours là.

Chaque fois qu'il a faim, ses besoins sont satisfaits. Il ne mange jamais trop.

Un enfant bien aimé reste en bonne santé. Il n'est ni maigre ni gros, il garde l'équilibre. Mais si la mère est froide, si la mère n'est pas disposée, alors l'enfant commence à se gaver parce qu'il a peur - qui sait si la mère sera disponible ou non l'heure suivante ? Il se remplit au maximum de ses capacités ; son ventre commence à grossir.

Tous les enfants pauvres ont le ventre plus gros pour la simple raison que la mère va travailler toute la journée ; la mère va leur manquer. Elle peut arriver le soir - fatiguée, épuisée, pas d'humeur à aimer ou à être chaleureuse. L'enfant sera considéré comme un fardeau. Et une fois que l'association de l'enfant est passée de l'amour à la nourriture, toute sa vie sera une complexité inutile.

Ce n'est pas un hasard si, en Inde, où le célibat a été prôné pendant des siècles, exalté par des siècles, les gens sont devenus accros à la nourriture. Il y a tant d'épices que l'on ne trouve nulle part ailleurs dans le monde, et tant de sortes de nourriture. La raison en est que la vie amoureuse des gens est affamée et qu'ils doivent la remplir d'une manière ou d'une autre, la bourrer de nourriture.

Deux hommes d'âge moyen discutaient de leur baisse de libido. L'un dit à l'autre : "Oui, la nourriture est en train de remplacer le sexe comme grande fascination dans ma vie. D'ailleurs, la semaine prochaine, je vais faire installer un miroir au-dessus de la table de la cuisine !"

Mais j'espère que vous ne voulez pas dire littéralement, Sant, votre question. Je la prends au sens métaphorique. Dans ce cas, c'est bon. Si vous voulez dire, qu'est-ce que je vous prépare aujourd'hui ? alors c'est bon, parce que je suis constamment inquiet de savoir qui va sonner les cloches de Jérusalem à la porte ! Si vous devenez un Nityananda, un Akandananda, un Shivananda - et vous le pouvez - vous êtes un Pendjabi, un grand corps, vous pouvez vaincre tous ces "nandas". Si vous vous intéressez vraiment à la nourriture, vous pouvez arriver au sommet ! Mais je pense que votre question est métaphorique.

Jack racontait à son ami qu'il avait rencontré une fille qui ne faisait pas la différence entre une salade César et un rapport sexuel.

"Tu lui as expliqué ?", demande son ami.

"Non, pas du tout ! Mais je déjeune avec elle tous les jours !"

Si c'est ce que vous entendez par "déjeuner", c'est tout à fait normal. Avec ma bénédiction, allez-y.

La deuxième question

Question 2 :

MAÎTRE,

JE N'AI JAMAIS EU PEUR DE QUOI QUE CE SOIT ET JE N'AI JAMAIS CHOISI DE M'ÉCHAPPER DANS MA VIE. IL N'Y A QU'UNE SEULE CHOSE QUI M'A FAIT PEUR ET QUI M'A

DONNÉ UN SENTIMENT INSUPPORTABLE DE FUITE : L'ENNUI. POURQUOI AI-JE SI PEUR DE L'ENNUI ? QU'EST-CE QUE J'ESSAIE DE FUIR AU JUSTE ?

Sarjano,

C'EST L'UNE DES QUESTIONS LES PLUS IMPORTANTES, car l'homme est le seul animal à ressentir l'ennui. Les buffles ne le ressentent pas, bien qu'ils aient l'air de s'ennuyer beaucoup. Les ânes ne le ressentent pas, bien qu'ils aient eux aussi l'air de s'ennuyer beaucoup. À part l'homme, personne ne ressent l'ennui ; et même en ce qui concerne l'homme, tous les hommes ne ressentent pas l'ennui. Il faut de l'intelligence pour ressentir l'ennui, donc très peu de personnes, même les plus intelligentes du monde, ressentent l'ennui. Bouddha l'a ressenti, Mahavira l'a ressenti. Les personnes les plus rares ressentent l'ennui parce qu'il faut une grande intelligence pour en faire l'expérience. D'une certaine manière, ce n'est donc pas une malédiction, c'est une bénédiction.

C'est de l'ennui que naît la recherche du sens de la vie. Ceux qui se sont ennuyés montrent simplement que les significations ordinaires de la vie, quelles qu'elles soient, ne sont plus satisfaisantes pour eux. Il y a des gens qui sont parfaitement heureux avec l'argent, qui accumulent de plus en plus d'argent, et qui semblent s'y intéresser énormément, parfaitement heureux dans leur recherche de plus. Ce ne sont pas des êtres humains vraiment développés : ce sont les êtres humains les plus médiocres, les plus bas. Leur intelligence n'a pas encore fleuri, elle est encore en germe, en puissance.

Vous pouvez le constater. Les personnes avides peuvent être intelligentes et rusées - elles doivent l'être - mais vous ne verrez jamais d'intelligence en elles. Vous ne verrez pas l'acuité, vous ne verrez pas la créativité en eux. Vous ne verrez aucun parfum dans leur vie ; ils pueront. La personne cupide pue.

Il en va de même pour l'assoiffé de pouvoir, l'homme politique, qui court toujours après des postes de plus en plus puissants, un statut bien plus élevé, qui veut devenir président ou premier ministre, dont la vie entière est consacrée à l'unique objectif de dominer les gens.

Ces personnes sont ennuyeuses. Leur vie est celle de la forme la plus laide. Ils n'ont aucun sens de la beauté, de la poésie, de la musique. Ils n'ont aucun sens de l'esthétique. Tout leur intérêt est de s'asseoir sur des chaises plus grandes, comme si en s'asseyant sur des chaises plus grandes ils devenaient plus grands, comme si en devenant président d'un pays ils avaient atteint une certaine intégrité spirituelle, comme si en dominant des millions de personnes ils devenaient maîtres de leur propre être. Ce sont des gens vides, creux ; leur vie intérieure est tout à fait obscure.

Mais vous ne les verrez jamais s'ennuyer. Ils sont toujours en mouvement, toujours intéressés par des efforts stupides pour gagner du pouvoir, du prestige, de l'argent. Mais ils sont satisfaits ; s'ils réussissent, vous les verrez très joyeux.

Ce sont les personnes les plus intelligentes qui s'ennuient, qui ne voient pas de sens à l'argent. Bien sûr, l'argent a une certaine utilité, mais il n'a pas de sens. Ceux qui ne voient aucun sens, aucune signification, dans la politique du pouvoir, dans les voyages de l'ego, ceux qui peuvent voir la futilité totale de tout cela - pour les personnes d'une telle intelligence, le plus grand problème de la vie sera l'ennui.

La première chose que je voudrais vous dire, Sarjano, c'est de vous sentir béni. C'est le symptôme d'une intelligence supérieure. L'ennui fait que la personne commence à se replier sur elle-même ; trouvant tout ce qui est futile à l'extérieur, elle se replie sur elle-même - parce qu'il n'y a nulle part où aller. Son intelligence est si claire, si transparente qu'il peut voir qu'il peut avoir tout l'argent du monde, il sera toujours la même personne. Il peut avoir tout le pouvoir du monde, il n'en sera pas pour autant devenu un nouvel être, il ne renaîtra pas. Il peut avoir toutes les connaissances disponibles, il n'en restera pas moins la même personne stupide à l'intérieur ; ses connaissances ne seront que celles d'un perroquet. Il répétera de beaux clichés sans en connaître exactement le sens, car celui-ci ne peut être connu que par sa propre expérience. Il peut parler comme Jésus, il peut faire des sermons sur le royaume de Dieu qui est à l'intérieur, mais il n'en a aucun aperçu. Il n'a appris que des mots.

La personne intelligente prend très vite conscience que "tout ceci est un exercice de pure futilité. Rien à l'extérieur ne pourra jamais me donner un accomplissement intérieur, un sens intérieur de la signification". Et si l'on n'en fait pas l'expérience, l'ennui persistera et s'aggravera de jour en jour.

Il y a maintenant deux possibilités. La première est la possibilité occidentale. Si vous ne cherchez qu'à travers la raison, vous ne trouverez jamais de sens à votre vie ; l'ennui deviendra alors de plus en plus aigu, chronique. Il envahira toute votre existence, il imprégnera chaque instant de votre vie. Il ne vous permettra pas de vivre du tout. Il deviendra un tel fardeau que le suicide semblera être la seule issue possible.

C'est ce que dit Fiodor Dostoïevski : "Si je peux rencontrer Dieu, la seule chose que je lui dirai sera : "Pourquoi m'as-tu créé ? Pour quoi faire ? Et sans même me demander mon avis ! Est-ce que c'est juste ? Et la seule chose pour laquelle je veux voir Dieu, c'est pour lui rendre son billet. Je ne veux pas participer à cette existence futile et dépourvue de sens."

Marcel dit : "Le seul vrai problème métaphysique est celui du suicide. Pourquoi l'homme devrait-il continuer à vivre ? Pour quoi faire ?" Si vous ne regardez que par la tête, que par la raison... c'est ce que l'approche occidentale a été jusqu'à présent. Elle est axée sur la tête, elle est rationnelle, elle est aristotélicienne, elle est logique. Elle a donné naissance à de grandes technologies et à la science, mais elle ne peut pas donner un sens à votre vie. La vie est devenue de plus en plus ennuyeuse ; les gens s'ennuient complètement. Ils continuent à vivre parce qu'ils sont lâches, parce qu'ils n'ont pas le courage de s'autodétruire, alors ils continuent à se tirer, à se traîner. L'Occident est arrivé dans un cul-de-sac ; la route se termine. Il n'y a plus de possibilité pour l'approche occidentale de se développer.

Mais l'Orient propose une alternative totalement différente. Lorsque l'esprit échoue, lorsque la raison échoue, cela ne signifie pas que la vie a échoué. Cela signifie simplement que tout ce que la raison pouvait faire, elle l'a fait ; vous devez maintenant rechercher des domaines plus profonds de votre être - et il y a des domaines plus profonds. Plus profond que l'esprit, il y a le cœur. L'amour est plus profond que la logique. L'art est plus profond que la science. La musique est plus profonde que les mathématiques.

L'Orient laisse tomber l'esprit, pas la vie, et commence à se déplacer dans le cœur, dans le monde des sentiments. Et soudain, une grande signification apparaît, l'ennui commence à disparaître. Et n'oubliez pas que le cœur est

Le cœur n'est pas non plus votre noyau le plus profond ; il n'est qu'un point d'appui à mi-chemin. En passant de l'esprit à l'être, le cœur se situe exactement entre les deux. Lorsque vous aurez atteint le cœur, vous vous rendrez compte qu'il existe une couche encore plus profonde. Mais le cœur remplira votre vie de joie, de grands frissons, d'excitation. L'ennui disparaîtra, et avec la disparition de l'ennui, vous prendrez conscience d'un domaine plus profond, le plus profond : la dimension de votre être, votre noyau le plus intime. Ce noyau le plus profond vous comble totalement, absolument. L'atteindre est le but du sannyas. L'atteindre est le but de la méditation.

Sarjano, passe de la tête au cœur. Mais le cœur ne doit être utilisé que comme un tremplin.

La tête vous donne la science, le cœur vous donne l'art, et l'être, qui est au-delà des deux, vous donne la religion. La religion est la félicité, l'extase, et nous la recherchons.

Le sentiment d'ennui montre simplement que vous êtes prêt à entreprendre le voyage intérieur ; si vous n'y allez pas, vous vous sentirez bloqué. Aujourd'hui, la tête ne peut pas répondre à votre désir. Le cœur vous donnera quelque chose, un aperçu, une fenêtre s'ouvrira. Par la fenêtre, tu connaîtras quelque chose du ciel, quelque chose des étoiles, quelque chose de la lune et du soleil, du vent, de la pluie et des fleurs, mais seulement par la fenêtre. Vous devez également sortir de la fenêtre, sous le ciel, car lorsque vous regardez par la fenêtre, tout est encadré - et le cadre est faux. Si l'on regarde le ciel étoilé depuis la fenêtre, on a l'impression que le ciel est encadré, qu'il a une limite, une frontière.

Lorsque vous atteignez votre noyau le plus profond, toutes les frontières disparaissent... vous êtes entré dans l'illimité, le sans limite, l'infini. Cet infini s'appelle Dieu.

L'ennui est une bénédiction. C'est une incitation à la recherche. C'est une incitation à aller vers Dieu, vers le Tao. L'approche occidentale a échoué ; elle est arrivée à un point où il n'y a plus rien à faire. L'Occident est coincé, mais l'approche orientale n'a pas échoué et n'échouera jamais. Mais l'Occident ne peut se rapprocher de l'Orient que lorsque son approche a échoué. Le moment est venu pour l'Occident de comprendre l'Orient et la rencontre peut avoir lieu.

Je ne suis pas contre la raison. Tout ce que la raison peut donner doit être utilisé comme un moyen, mais une chose est sûre : ne demandez pas des choses qu'elle ne peut pas vous donner. Elle ne peut pas donner de sens, elle ne peut pas donner de signification, elle ne peut pas donner de dignité, elle ne peut pas vous donner votre épanouissement ultime. Cela n'est possible que par la méditation, par la découverte de votre moi le plus profond, de votre être ultime, éternel, qui ne naît ni ne meurt jamais.

Utilisez l'ennui comme un tremplin vers l'ultime et vous vous sentirez alors reconnaissant, même reconnaissant envers l'expérience de l'ennui - qui est douloureuse, pleine d'angoisse. Mais le sage peut transformer même la misère en félicité, alors que l'idiot continue à détruire toutes les opportunités de félicité et à créer de la misère à partir de l'énergie qui aurait pu créer un paradis à l'intérieur de vous. Le paradis est déjà là, il suffit de prendre un virage à cent quatre-vingts degrés.

La troisième question

Question 3 :

MAÎTRE,

UNE TELLE SOIF DE TOI ! ET SI FORT LE DÉSIR DE T'ENTENDRE APPELER MON NOM.

MAIS JE NE TROUVE AUCUNE QUESTION, NI AUCUNE PLAISANTERIE COMME PRÉTEXTE.

Prem Upachara, j'ai trouvé une blague pour vous :

Le testament d'un millionnaire excentrique a été lu :

"À ma femme, je laisse son gigolo et la certitude que je n'étais pas l'imbécile qu'elle croyait. À mon fils, je laisse le plaisir de gagner sa vie. Au cours des trente dernières années, il a cru que ce plaisir était le mien. Il s'est trompé. À ma fille, je laisse cent mille dollars. Elle en aura besoin. La seule chose intelligente que son mari ait jamais faite, c'est de l'épouser. À mon valet de chambre, je laisse les vêtements qu'il me vole régulièrement depuis dix ans ainsi que le manteau de fourrure qu'il portait l'hiver dernier lorsque j'étais à Palm Beach. À mon chauffeur, je laisse ma Rolls Royce et mon break - il les a presque ruinés et je veux qu'il ait la satisfaction de finir le travail. Et enfin, avant que je n'oublie, bonjour à toi, John, mon ami bien-aimé qui disait toujours que je t'oublierai dans mon testament. Je ne t'ai pas oublié. Re-bonjour !"

Alors, bonjour, Upchara !

La quatrième question

Question 4 :

MAÎTRE, JE NE SUIS PAS UN LÂCHE, MÊME S'IL EST VRAI QUE JE NE SUIS PAS ENCORE DEVENU UN SANNYASIN. JE PENSE QUE JE N'AI PAS BESOIN D'INITIATION EXTÉRIEURE ; JE SUIS DÉJÀ INITIÉ PAR TOI INTÉRIEUREMENT. J'AI ENTENDU

TA VOIX ME PARLER DEPUIS MON PLUS PROFOND INTÉRIEUR.

Ramchandra,

L'homme est très habile pour trouver des rationalisations. Vous avez entendu ma voix - et je ne sais pas si je vous ai déjà parlé. Ce devait être la voix de quelqu'un d'autre. S'il vous plaît, déchargez-moi de cette responsabilité. Ce devait être votre propre voix. Pour éviter le sannyas, vous pensez que je vous ai déjà initié intérieurement ? Alors je trompe tous mes sannyasins en leur donnant un sannyas extérieur ? Et à vous, monsieur, je vous ai donné le sannyas intérieur - seulement à vous ? Et je ne sais même pas qui vous êtes, je ne vous ai jamais entendu auparavant. Et qu'entendez-vous par "sannyas intérieur" ? Mais l'homme est si rusé.

Je ne dis pas que vous mentez. Vous vous êtes peut-être trompé vous-même ; vous avez peut-être cru que je vous avais donné le sannyas intérieur et qu'il n'y avait plus besoin du sannyas extérieur. Alors pourquoi avoir posé cette question ? Vous auriez pu la poser intérieurement et j'étais tenu d'y répondre intérieurement.

Lorsque les choses se passent sur un plan aussi subtil, pourquoi avez-vous pris la peine de l'écrire ? Pourquoi êtes-vous venu ici ? Ce n'est pas nécessaire.

Vous savez aussi quelque part que vous êtes un lâche, sinon ce n'est pas la peine. Personne ne vous dit de devenir sannyasin, du moins je ne vous ai pas dit de devenir sannyasin. Personne ne vous traite de lâche non plus.

Vous dites :

JE NE SUIS PAS UN LÂCHE.

Pourquoi ? Vous devez le sentir, vous êtes un lâche. Toutes ces ruses sont très anciennes. La nourriture vient de l'extérieur ; on ne mange pas la nourriture intérieure. Les vêtements doivent venir de l'extérieur ; on ne fabrique pas de vêtements intérieurs. Les médicaments viennent de l'extérieur ; on va chez le médecin. Le sannyas se prend à l'intérieur. L'argent, vous devrez le gagner à l'extérieur. Tout le reste, vous le ferez à l'extérieur, et le sannyas, vous le ferez à l'intérieur.

Pourquoi ne pas dire au moins clairement que vous ne voulez pas le prendre ? Qui vous y oblige ? Mais non, vous voulez les deux mondes à la fois. Vous voulez sentir que vous êtes un sannyasin, que vous êtes un grand chercheur intérieur, un aventurier, un explorateur de la conscience, que vous n'êtes pas une personne ordinaire engagée dans des activités mondaines, que votre véritable travail est spirituel. Mais vous êtes aussi un lâche ; vous ne voulez rien risquer pour cela.

Mon sannyas, en particulier, est risqué. Il en a toujours été ainsi, chaque fois qu'un Maître est en vie, il est risqué d'être lié à lui. Lorsqu'il n'est plus là, être lié au passé n'est jamais un risque ; c'est pratique.

Lorsque Jésus vivait, très peu de gens avaient le courage d'être avec lui. Aujourd'hui, près de la moitié du monde est "avec Jésus". Mais seules ces quelques personnes étaient avec Jésus ; cette moitié du monde n'est pas avec Jésus. Elle est avec le passé, avec les morts, avec la tradition, avec la convention. Aujourd'hui, il est commode d'être chrétien, très commode. Cela vous aide dans le monde, cela ne vous gêne pas. À l'époque, il fallait risquer sa vie lorsque Jésus était vivant. Lorsque Bouddha était vivant, c'était dangereux. Il en a toujours été ainsi.

Être avec un Maître vivant signifie être en phase avec la vérité. Et la vérité ne croit pas aux traditions, aux conventions, aux conformités. La vérité est rebelle. Et à moins d'être un rebelle, à moins d'être prêt à mourir pour la rébellion, vous ne pouvez pas être avec un Maître vivant, vous ne pouvez pas vous permettre d'être avec un Maître vivant.

Vous pouvez alors avoir une image d'un Maître mort, vous pouvez vénérer la statue d'un Maître mort, vous pouvez créer une fiction autour du Maître mort de votre choix, à votre guise ; vous pouvez lui imposer tout ce que vous voulez. Vous pouvez le rendre aussi doux et gentil que vous le souhaitez. Les vrais maîtres sont totalement différents.

Le Talmud dit une très belle chose sur Dieu. Je n'ai jamais rencontré ailleurs une déclaration aussi importante. Le Talmud dit : "Dieu n'est pas gentil, Dieu n'est pas ton oncle." Il est dangereux de le fréquenter. Mais vous pouvez créer votre propre Dieu, qui est très gentil, qui est votre oncle, et vous pouvez le gérer comme vous l'entendez. C'est très facile. Vous pouvez faire n'importe quoi à la statue d'un Bouddha ou à la statue d'un Mahavira ; tout ce que vous voulez faire, vous pouvez le faire.

Je séjournais dans un village et j'ai appris que le temple Jain avait été fermé par la police.

Parce qu'il y a deux sectes de Jaïns, les disciples de Mahavira, tout comme les protestants et les catholiques. Les différences entre les Svetambaras et les Digambaras, les deux sectes de Jaïns, sont minuscules, sans aucune importance. Ces différences sont tellement insignifiantes que se battre pour elles semble être le comble de la stupidité.

Par exemple, les Svetambaras vénèrent Mahavira les yeux ouverts, sa statue les yeux ouverts, et les Digambaras vénèrent sa statue les yeux fermés. Et personne ne demande à ce pauvre Mahavira. D'après ce que je peux voir, il doit parfois fermer les yeux et parfois les ouvrir. Vous pouvez donc le vénérer

dans les deux cas, il n'y a pas de problème. Au moins pendant la nuit, il a dû fermer les yeux, alors qu'y a-t-il de mal à l'adorer les yeux fermés ? Et il n'y a rien de mal à l'adorer les yeux ouverts. Il est la même personne avec les yeux ouverts ou fermés.

Le village était petit et il n'y avait qu'un seul temple jaïn, que les deux sectes avaient contribué à construire. Les deux sectes avaient contribué à la construction du temple. Elles avaient réparti le temps : jusqu'à midi, une secte pratiquera le culte, après midi, une autre secte. Mais il arrive parfois qu'une personne malveillante continue à pratiquer son culte même après midi : créer des problèmes ne suffit pas à faire disparaître les yeux. Les faux yeux doivent être fixés parce que la statue a des yeux dosés, vous devez donc fixer les faux yeux sur Mahavira et le vénérer, et quand l'autre secte arrive, vous enlevez les yeux et ils le vénèrent. Mais parfois, une personne malicieuse n'enlève pas les yeux et continue à prier et à prier.

Cela a pris une telle ampleur qu'un jour, il y a eu une grande bagarre. Ils se sont mis à se battre les uns les autres, eux qui croyaient à la non-violence ! Il y avait du sang dans le temple. Même si Mahavira avait eu les yeux ouverts, ils auraient dû se fermer immédiatement en voyant toutes ces absurdités ! La police a dû fermer le temple ; la clé était désormais entre les mains de la police. Et pendant trois ans, le temple est resté sous la garde de la police ; personne ne peut y pratiquer le culte. Le pauvre Mahavira est emprisonné à l'intérieur du temple.

On peut faire cela avec une statue, mais pas avec un maître vivant. Il est dangereux de fréquenter un Mahavira. Il vivait nu, il se déplaçait nu. Les gens le battaient, le chassaient de leur ville, mettaient leurs chiens derrière lui. Il a été torturé de toutes les manières. Et quand il est mort, les mêmes personnes ont commencé à le vénérer - les mêmes personnes.

Vous dites que vous n'êtes pas un lâche ? C'est risqué d'être avec moi.

Ta femme va créer des problèmes, Ramchandra, ta famille va créer des problèmes, tes parents vont créer des problèmes. Si tu es dans un service, ton patron te créera des ennuis. Votre société créera des problèmes. Tu seras boycotté par les gens ; ils penseront que tu es devenu fou.

Vous avez donc fait un compromis. Vous voulez prendre le sannyas, sinon la question ne se serait pas posée du tout, mais maintenant vous vous jouez des tours, vous rationalisez, vous dites que "je ne suis pas un lâche". Il vaut mieux se rendre compte que l'on est un lâche, parce qu'avec cette prise de conscience, on peut sortir de sa lâcheté. Reconnaître que "je suis lâche" est le début du courage ; sinon, vous resterez presque inconscient du fait, si vous continuez à faire semblant. Même les personnes inconscientes n'acceptent pas facilement d'être inconscientes. Même les fous n'acceptent pas du tout d'être fous.

Manifestement en état d'ébriété, un homme est accoudé au bar, un cure-dent à la main, en train de harponner l'olive dans son verre. Une douzaine de fois, l'olive lui échappe. Finalement, le client assis sur le tabouret voisin s'exaspère et saisit le cure-dent.

"Voilà, c'est comme ça qu'on fait", a-t-il dit, et il a facilement embroché l'olive.

"La belle affaire", a marmonné l'ivrogne. "Je l'ai déjà tellement fatigué qu'il ne pouvait pas s'enfuir."

Personne n'est prêt à accepter quoi que ce soit. Même si vous êtes ivre, vous ne l'accepterez pas ; vous le rationaliserez d'une manière ou d'une autre.

Un Français amoureux a emmené sa secrétaire chez lui pendant que sa femme passait le week-end avec des amis. Juste avant qu'ils n'aillent se coucher, la jeune fille dit qu'elle a oublié de prendre la pilule.

"Qu'est-ce qu'on peut faire pour s'assurer que je ne tombe pas enceinte ? demande la jeune fille inquiète.

"Pourquoi ne pas utiliser le diaphragme de ma femme", a-t-il suggéré.

Ils l'ont cherché partout mais ne l'ont pas trouvé.

"Imaginez ça", s'indigne-t-il. "Cette salope ne me fait pas confiance, elle l'a emporté avec elle."

Un chauffeur routier est rentré chez lui très tard un soir pour trouver sa femme qui l'attendait, le feu dans les yeux et le rouleau à pâtisserie à la main.

"Alors", a-t-elle crié. "Où étais-tu ?"

Eh bien, vous voyez", a-t-il répondu, "j'ai ramassé cette jeune sorcière sur la route de Maidstone. Elle devait être une sorcière car chaque fois qu'elle posait sa main sur mon genou, je me transformais en aire de repos".

Vous comprenez ? Vous dites :

JE NE SUIS PAS UN LÂCHE, MÊME S'IL EST VRAI QUE JE NE SUIS PAS ENCORE DEVENU SANNYASIN.

Avec qui parlez-vous ? Qui t'interroge, Ramchandra ? Tu dis :

JE PENSE QUE JE N'AI PAS BESOIN D'INITIATION EXTÉRIEURE.

C'est très bien ! Je suis donc soulagé d'un fardeau. Mon arche de Noé est déjà pleine.

Vous dites :

JE SUIS DÉJÀ INITIÉ PAR TOI INTÉRIEUREMENT.

Si vous dites que je dois être d'accord, je ne voudrais pas vous décevoir. Je ne voudrais pas te décevoir. C'est bien que tu sois déjà initié par moi intérieurement.

Vous dites :

J'AI ENTENDU TA VOIX ME PARLER DU PLUS PROFOND DE MON ÊTRE.

Ne venez plus ici, ne perdez pas votre temps - vous pouvez entendre ma voix où que vous soyez.

Mais toute votre question montre quelque chose d'autre ; vous essayez de vous tromper Vous voyez clairement que vous voulez devenir un sannyasin, mais que vous n'en avez pas le courage ; que vous aimeriez devenir un sannyasin comme les autres sannyasins, mais que vous avez peur des implications.

Et les Indiens sont devenus une race lâche, sinon pourquoi ont-ils vécu pendant deux mille ans en esclavage ? Un pays aussi vaste et aussi grand a été dominé par de petits pays, sans grand effort non plus, pour la simple raison que le pays tout entier est devenu lâche et qu'il est devenu très rusé et intelligent dans sa rationalisation. Lorsque quelqu'un a conquis le pays, le

Les Indiens ont dit : "Que pouvons-nous faire ? C'est la volonté de Dieu. Rien ne peut arriver sans sa volonté. Même une feuille d'herbe ne peut bouger sans sa volonté, alors si nous sommes esclaves, cela doit être sa volonté. C'est notre destin."

Ce sont toutes des rationalisations. Aujourd'hui, vous êtes pauvre, le plus pauvre du monde, et vous continuez à rationaliser en disant que c'est à cause de vos mauvais karmas passés que vous souffrez. Comme si toutes les personnes ayant de mauvais karmas n'étaient nées qu'en Inde et n'étaient pas allées en Amérique. Comme si les âmes n'avaient pas encore appris que Christophe Colomb avait découvert l'Amérique ! Elles ne vont pas en Russie soviétique ; les âmes semblent avoir très peur du communisme. Elles ne vont pas en Europe, ni même au Japon. Toutes les mauvaises âmes viennent en Inde. Est-ce l'enfer ou quelque chose qu'on leur envoie pour qu'elles souffrent ? Mais vous ne faites que rationaliser, rien d'autre. Vous avez perdu tout courage pour affronter n'importe quelle situation, pour faire face à n'importe quel problème de manière authentique, sincère. Vous êtes devenus habiles dans l'évitement.

Ramchandra, que vous deveniez sannyasin ou non, cela ne m'intéresse pas. Je ne cherche pas à convertir les gens au sannyas. Je ne suis pas un missionnaire. Mais tu dois au moins être sincère avec toi-même. Si vous n'avez pas de courage, reconnaissez-le. Si vous êtes un lâche, reconnaissez que vous êtes un lâche. Mais ne jouez pas avec les beaux mots, ne rendez pas ces beaux mots laids : "intérieur", "le plus profond", "la voix intérieure". Ce sont des mots très significatifs ; ne les détruisez pas et ne détruisez pas leur beauté.

La cinquième question

Question 5 :

MAÎTRE, SAVEZ-VOUS POURQUOI VOUS N'AVEZ PAS BEAUCOUP DE SANNYASINS EN ESPAGNE ?

Les taureaux ne les aiment pas !

Sixième question

Question 6 :

MAÎTRE,

AUJOURD'HUI, JE SUIS UN ENFANT D'UN AN DANS TON AMOUR, L'AMOUR DE L'EXISTENCE. PEUX-TU ME DIRE "JOYEUX ANNIVERSAIRE" ?

JOYEUX ANNIVERSAIRE, Anand Joaquin !

Et pour ton anniversaire, quelques blagues. Votre nom m'a fait penser à ces blagues, sinon je n'aurais pas parlé des Portugais.

Chaque soir, lorsque Joaquin rentre du travail, il voit une longue file d'attente d'hommes devant sa maison, attendant d'entrer pour faire l'amour à sa femme. Finalement, un ami s'approche de lui et lui dit : "Comment peux-tu vivre avec une telle femme ? À ta place, je divorcerais immédiatement !"

"Eh, tu es fou ? Si je divorce, je devrai moi-même attendre à la fin de la file d'attente !"

Alors qu'il attendait son tour dans un bordel, le gars a commencé à discuter avec le propriétaire, un Portugais très sympathique.

"M. Joaquin," dit le gars, "à votre avis, sur quoi repose le succès de votre établissement ?"

"A la diversité des services que nous offrons", répond le Portugais. "Ici, vous pouvez trouver ce que vous voulez.

Si vous voulez une femme bien, vous l'aurez. Si vous voulez une fille, vous l'aurez. Si tu veux un gay, tu l'auras".

"Cette activité est donc très rentable", a-t-il demandé.

"Oh, oui ! Mais au début, c'était difficile".

"Pourquoi, M. Joaquin ?"

"Imaginez... au début, il n'y avait que ma femme, ma fille et moi !

Pendant la Seconde Guerre mondiale, un régiment allemand se battait contre un régiment portugais quand soudain un Allemand s'est écrié : "O Joaquin !".

La moitié des soldats portugais se sont levés et ont dit : "Oui ?".

Ta... ta... ta... ils ont tous été tués.

Puis un soldat allemand a crié : "O Manuel !".

De nouveau, des soldats portugais se sont levés et ont répondu : "Oui ?".

Ta... ta... ta... ils ont tous été tués.

Indigné par la stratégie mesquine des nazis, le seul survivant portugais crie "Fritz !".

Tout le régiment allemand se lève et répond : "Il n'y a pas de Fritz ici !". Ce à quoi les Portugais répondent avec colère : "Aie, aie, si seulement il y en avait un !".

Joaquin et Maria étaient mariés depuis quelques années mais n'avaient pas d'enfants. Finalement, fatigués de toutes les demandes d'héritiers que leur faisaient leurs amis et leur famille, ils décidèrent de consulter un médecin.

Le médecin examine Maria et constate avec surprise qu'elle est encore vierge.

"Comment pouvez-vous espérer avoir des enfants si vous n'avez pas de relations sexuelles ?

"Qu'est-ce que c'est que ça, docteur ? demande Joaquin.

"Vous ne savez pas ce qu'est un rapport sexuel ? demanda le médecin stupéfait. "Voulez-vous que je vous montre ?"

"Bien sûr, docteur, c'est pour cela que nous sommes ici !"

Le médecin a donc fait l'amour à Maria, après quoi Joaquin, confus et surpris, a demandé : "Alors, nous pouvons avoir des enfants ?".

"Mais bien sûr, mon ami, sourit le médecin.

"D'accord", répond Joaquin, soulagé. "Nous reviendrons l'année prochaine pour le deuxième fils.

Et le dernier :

Joaquin a emmené sa petite amie en pique-nique. En chemin, leur voiture a crevé. Ils sont donc montés à l'arrière et ont soulevé la voiture à l'aide d'un cric et ont soulevé la voiture à l'aide d'un cric. Puis ils sont sortis et ont réparé la crevaison.

Alors qu'ils étaient assis dans le parc, un petit garçon a frappé la petite amie de Joaquin au sein et lui a cassé trois doigts. Et quand il l'embrassait pour lui souhaiter bonne nuit, elle a croisé les jambes et cassé ses lunettes.

Joyeux anniversaire, Joaquin La septième question

Question 7 :

MAÎTRE, POURQUOI SUIS-JE CONSTAMMENT EN TRAIN DE PENSER AUX FEMMES, AUX FEMMES ET AUX FEMMES ?

Girijanandan,

À QUOI VOULEZ-VOUS PENSER ? Aux hommes ? Tu es fou ? C'est tout à fait naturel. Les psychologues disent que toutes les trois secondes, un homme pense à une femme. Ils ne savent pas ce qu'il en est des Indiens - ils ne s'arrêtent jamais de penser. Cette limite de trois secondes ne s'applique pas aux Indiens ; la psyché indienne doit être explorée. Des siècles de répression les ont amenés à penser continuellement aux femmes. Les femmes pensent aux hommes une fois toutes les six secondes ; c'est là tout le problème - la différence est énorme. C'est ce qui crée le conflit, la lutte, le combat entre les femmes et les maris. Toutes les femmes du monde entier pensent que les hommes ne sont que des pécheurs et naturellement, parce qu'elles y pensent deux fois. Toutes les femmes semblent être plus saintes.

Il est naturel. Il disparaît, mais vous ne pouvez pas le faire disparaître. Si vous essayez de le faire disparaître, il devient plus têtu, plus persistant, plus pervers.

À moins que vous ne deveniez éclairé, vous êtes obligé de penser aux femmes si vous êtes un homme, aux hommes si vous êtes une femme. Et il n'y a rien de mal à cela ! Mais on vous a raconté depuis votre plus tendre enfance des choses stupides, des choses contre nature, et elles vous poursuivent encore. Tu n'en as pas encore fini avec toutes ces bêtises, et si tu n'en finis pas avec ces bêtises, tu ne seras jamais une personne adulte.

Un garçon disait à l'autre : "Mon père disait que je ne devais pas aller au bordel".

"Pourquoi ? demande son ami.

"Il m'a dit que si j'allais dans ce genre d'endroits, je finirais par voir des choses que je ne devrais pas voir.

"Et tu y es allé ?"

"Oui.

"Et qu'avez-vous vu là-bas ?"

"Mon père !

Vos parents vous corrompent, votre société vous corrompt, vos prêtres, vos politiciens vous corrompent. Et cela dure depuis des milliers d'années ; c'est devenu un phénomène courant. Alors naturellement, lorsque vous commencez à penser aux femmes, vous vous sentez coupables. La culpabilité ne vous aide pas à vous débarrasser du désir des femmes ; elle ne fait qu'empoisonner votre joie.

C'est ce que dit Friedrich Nietzsche... et j'ai découvert beaucoup de belles idées chez Friedrich Nietzsche. C'était un fou, mais il arrive parfois que les fous aient des idées plus justes que les personnes dites saines d'esprit, parce que les personnes saines d'esprit pensent à mille et une choses avant d'affirmer quoi que ce soit ; elles sont toujours prêtes à faire des compromis. Les fous continuent à dire des choses : que ces choses aillent à l'encontre de la tradition, des conventions, que ces déclarations leur rendent la vie difficile, mais ils sont suffisamment fous et ils continuent à dire.

Il est bon que, de temps à autre, des gens comme Friedrich Nietzsche naissent dans le monde : ils maintiennent la vérité en vie. Bien sûr, ils souffrent beaucoup - il est devenu fou. Dans une société meilleure, dans une société normale, dans une société saine, il aurait été respecté, mais il est devenu fou parce qu'il a été torturé de toutes les manières possibles, parce que tous ces gens qui vivent de mensonges, qui ne vivent que de mensonges, dont les fondements mêmes sont posés sur des mensonges, ne peuvent pas tolérer de telles personnes.

Friedrich Nietzsche dit : "Les prêtres n'ont pas pu aider l'homme à se débarrasser du sexe, mais ils ont pu empoisonner sa joie de faire l'amour". Et cela a créé une grande difficulté : parce que vous ne pouvez pas en jouir, le désir persiste. Si l'on peut en jouir, un moment viendra naturellement où l'on n'en aura plus besoin.

Ma propre observation est la suivante : de même qu'à l'âge de quatorze ans on devient sexuellement mature, à l'âge de quarante-deux ans on dépasse le sexe. Si la sexualité est vécue naturellement, acceptée totalement, sans culpabilité, sans peur, sans condamnation, à l'âge de quarante-deux ans, vous la dépasserez. Et vous n'aurez besoin d'aucun yoga ni d'aucune méthodologie pour le dépasser ; ce sera une transformation naturelle. Vous l'aurez vécu, vous l'aurez vu. Vous auriez vu ses joies et ses misères, ses extases et ses agonies, vous auriez tout vu. Et l'expérience, et seulement l'expérience, peut vous rendre mûr.

Jésus disait à ses disciples : "Si vous ne haïssez pas vos parents, vous ne pouvez pas me suivre." Une déclaration très étrange, mais qui n'est rien comparée à celle de Bouddha. Il disait à ses bhikkhus, à ses sannyasins : "Si vous ne tuez pas vos parents, vous ne pouvez pas me suivre." Les deux signifiaient - d'un point de vue psychologique - qu'il fallait se débarrasser de ses parents.

Girijanandan, c'est cela qui te préoccupe, pas les femmes : tes parents te pèsent encore.

Un garçon vient voir un avocat en larmes. "Je veux divorcer", dit-il entre deux sanglots. "La vie est trop difficile !

"Mais que voulez-vous dire ? s'exclame l'avocat. "Vous n'avez pas l'âge de vous marier !".

"Je veux divorcer de mes parents", répond le garçon.

Tout le monde a besoin de divorcer tôt ou tard parce que vos parents ont vécu une vie dominée par leurs parents, et ainsi de suite. Si vous voulez vivre de manière authentique, véritable et naturelle, vous devez vous déconnecter de toutes les traditions. Et la seule façon de se déconnecter est de se déconnecter psychologiquement de ses parents. Cela ne signifie pas que vous ne devez pas les respecter ni les aimer. En fait, si vous vous libérez psychologiquement de vos parents, vous serez en mesure de les aimer et de les respecter parce que vous pourrez leur pardonner ; vous aurez pitié d'eux.

Pour l'instant, vous ne pouvez pas leur pardonner, avec toute cette culpabilité.

La chose la plus difficile dans la vie est de pardonner à ses parents. On ne peut leur pardonner que si l'on devient psychologiquement indépendant, mature.

Vous dites :

MAÎTRE, POURQUOI SUIS-JE CONSTAMMENT EN TRAIN DE PENSER AUX FEMMES, AUX FEMMES ET AUX FEMMES ?

Parce qu'on a dû vous dire de ne pas penser aux femmes. On a dû vous dire que les femmes sont les portes de l'enfer, que ce sont elles qui vous retiennent dans le monde, qu'elles sont la cause de la servitude. Si vous voulez vous débarrasser de la misère, si vous voulez vous libérer du monde, vous devez vous libérer des femmes.

Toutes vos écritures ont été écrites par des hommes, c'est pourquoi elles condamnent les femmes. Si les écritures avaient été écrites par des femmes, elles auraient condamné les hommes. Toutes vos écritures sont chauvines. Elles ne montrent qu'un point de vue, un aspect du problème. La femme a été forcée de garder le silence.

Et avec toutes ces idées, vous allez forcément penser à tout ce que vous avez refoulé. Ne refoulez plus.

Si vous me comprenez, si vous voulez vraiment me comprendre, je suis contre la répression, toutes sortes de répressions - je suis pour la compréhension. Comprenez vos désirs, mais ne les réprimez pas. Et c'est par la compréhension que la transcendance se produit. C'est par la compréhension que vous allez au-delà des désirs. C'est en comprenant, en méditant, en devenant plus conscient, que votre inconscient, lentement, se transforme en conscient, que votre continent noir devient plein de lumière. Et c'est cela le nirvana, la liberté, le moksha. L'état de pleine lumière est l'illumination.

Girijanandan, ce n'est qu'à ce moment-là que vous ne penserez ni aux hommes ni aux femmes. Mais ne réprimez pas. Les gens continuent à réprimer de mille et une façons.

Ce matin, alors que j'arrivais à la conférence, Vivek m'a parlé d'une belle conversation qu'elle avait entendue entre Veena et Nandan. Nandan demandait à Veena : "Lorsque vous faites l'amour, si quelqu'un d'autre est présent dans la pièce, comment vous sentez-vous ?". Veena a répondu : "Il n'y a personne dans ma chambre. Je suis seule dans ma hutte." Nandan dit : " Je ne m'en soucie pas moi-même, mais j'aime faire du bruit, me déchaîner, et cela dérange l'autre personne - je ne suis pas inquiet. " Veena dit : "Ce n'est pas bien.

Je reste complètement calme, silencieux, immobile." Et Veena doit faire ça. Nandan a dit : "Je ne suis pas allé aussi loin dans le Tantra."

Et je te bénis, Nandan. N'allez pas aussi loin dans le Tantra ! Appréciez l'amour, appréciez les ébats amoureux. Il est tout à fait naturel de faire du bruit, de crier, de hurler. En fait, lorsque deux personnes font l'amour, l'ensemble de l'atmosphère est en train de se transformer.

Le voisinage doit savoir que c'est maintenant que cela se passe. Ce n'est qu'un jour que vous serez en mesure de le transcender ; vous l'aurez alors totalement vécu. Sinon, si vous suivez Veena et que vous restez cool, calme et posé, alors cela prendra des vies pour vous, parce que cette expression fait partie de l'expérience. Ce qui n'est pas exprimé reste inexpérimenté ; ce qui est exprimé fait partie de l'expérience. Et lorsque vous êtes dans une joie orgasmique, il faut l'exprimer, la danser, la chanter.

Je sais que parmi mes médiums, lorsqu'ils vont loin dans leur médiumnité, il y en a quelques-uns - Nandan en tête de liste - qui se mettent à crier et à dire des mots, des sons incohérents et dénués de sens. Chetana en est un autre ; elle va presque jusqu'au latihan. Mais il y en a quelques-uns qui restent calmes et sereins.

Divya est calme, parfaitement calme. Parfois, je suis même perplexe, car lorsque mes médiums dansent et chantent, ils transpirent tous, sauf Divya. Pour moi, c'est une bonne chose, car elle est la seule à ne pas transpirer, et si je touche son front, son front est le seul à être frais. Sinon, tout le monde transpire, crie, se balance. Maintenant, Divya est devenue cool. C'est une thérapeute primitive. Elle a appris l'art d'amener le cri primal chez l'autre et elle a oublié son propre cri primal. Maintenant, elle va faire naître le cri primal de Yatri !

Aimer totalement, aimer en chantant, aimer en dansant. L'amour doit être une joie dans toutes ses possibilités ; il ne doit pas être froid. Sinon, vous ne faites qu'entrer dans le geste de l'amour, un geste vide qui n'accomplira rien.

Veena fonctionne désormais comme une femme indienne. Sur cent femmes indiennes, quatre-vingt-dix-sept n'ont jamais connu d'orgasme dans leur vie. J'ai posé la question à beaucoup de mes sannyasins indiens. Il est très rare de rencontrer une femme indienne qui ait atteint l'orgasme, parce qu'on leur a appris à rester calmes et calmes, immobiles - parce que ce sont les prostituées qui bougent, qui font des gestes d'amour. La femme parfaite, elle, reste calme. Mais elles ne savent pas ce qu'est l'orgasme, et sans savoir ce qu'est l'orgasme, vous ne pourrez jamais transcender votre sexe.

Et le sexe doit être transcendé. Je ne dis pas qu'il ne doit pas être transcendé - il doit l'être, mais par la compréhension. Pas par l'effort, pas par la force - avec grâce, naturellement. Un jour, il tombe de lui-même, et lorsqu'il tombe de lui-même, il ne laisse aucune trace derrière lui.

Il ne laisse pas derrière lui un soi-disant saint, mais un être extrêmement beau et gracieux.

Ce n'est pas une personne morte et ennuyeuse, mais un être absolument intelligent, enflammé, divin, plein de feu, d'amour. La passion disparaît, mais elle devient compassion. Et si vous réprimez la passion, vous n'atteindrez jamais la compassion. La passion réprimée continuera à vous entourer ; elle salira toute votre vie.

Girijanandan, il est encore temps. Ne vous contentez pas de penser aux femmes, cela ne vous aidera pas. Il ne suffit pas de penser, il faut vivre l'expérience. Aimez une femme, tombez amoureux, prenez des risques et oubliez toutes vos traditions et conventions. Et un jour... ce jour n'est pas loin - si vous avez vécu intensément, ce jour viendra, ce jour doit venir, lorsque vous verrez que le sexe a disparu et que la même énergie est devenue l'amour. Et l'amour fleurit ; le parfum qui émane de cette floraison est la prière.

L'oiseau s'est envolé

UN MOINE RÉCITAIT LE SUTRA DU DIAMANT : "... SI L'ON VOIT QUE LES FORMES NE SONT PAS DES FORMES, ON VOIT ALORS LE BOUDDHA".

LE MAÎTRE PASSAIT PAR LÀ ET L'A ENTENDUE. IL A DIT AU MOINE : "TU RÉCITES MAL. VOICI CE QU'IL EN EST : "SI L'ON VOIT QUE LES FORMES SONT DES FORMES, ON VOIT LE BOUDDHA".

S'EXCLAMA LE MOINE, "CE QUE VOUS AVEZ DIT EST EXACTEMENT LE CONTRAIRE DES PAROLES DU SUTRA !"

LE MAÎTRE A ALORS RÉPONDU : "COMMENT UN AVEUGLE PEUT-IL LIRE LE SUTRA ?"

C'EST L'UNE DES ANECDOTES ZEN LES PLUS PRÉGNANTES. L'approche zen de la vie n'est pas celle du savoir mais celle de l'être. La vérité n'est pas une question de savoir, c'est une question d'être. Ce n'est pas quelque chose que l'on peut accumuler auprès des autres, des écritures, des traditions. Ce n'est pas une information :

c'est la transformation. Il s'agit d'une naissance totalement nouvelle. Vous devez mourir tel que vous êtes et renaître.

Jésus dit à Nicodème : "Si tu ne nais pas de nouveau, tu n'entreras pas dans mon royaume de Dieu". Nicodème était un rabbin, un érudit célèbre, un professeur de religion, de théologie et de philosophie très respecté, bien plus connu que Jésus : "Si tu ne nais pas de nouveau..." Il a dit : "Cela signifie que je dois attendre une autre vie ? Cela ne peut pas se produire dans cette vie.

Il est passé à côté de l'essentiel. Jésus ne dit pas qu'il faut attendre une autre vie, il dit qu'il faut atteindre une autre vision, une autre manière de voir. Il ne s'agit pas de changer les objets, ce qui est vu. Tout dépend du changement de celui qui voit.

Le savant continue à nourrir sa mémoire de belles paroles, de théories, d'idéologies, dans l'espoir qu'en accumulant tous ces trésors, il se rapproche de la vérité, du Tao, de Dieu.

C'est même le contraire qui se produit : il s'éloigne de plus en plus de la vérité car plus la mémoire s'épaissit, plus sa connaissance se renforce ; il y aura une muraille de Chine entre lui et ce qui est.

Pour connaître ce qui est, on n'a pas besoin d'informations, on a besoin de clarté. Et l'information crée toujours de la confusion, parce que l'information provient de nombreuses sources qui sont confuses et contradictoires ; elles le sont forcément.

C'est l'un des problèmes les plus importants auxquels l'homme contemporain est confronté aujourd'hui. Il n'a jamais été aussi aigu qu'aujourd'hui, parce que le monde est devenu un petit village et que toutes les sources de connaissances sont devenues accessibles à tout le monde. Aujourd'hui, tout le monde sait quelque chose sur le judaïsme, le jaïnisme, le bouddhisme, l'hindouisme, le christianisme, le mahométanisme, le communisme. Et toutes ces sources différentes continuent à accumuler en vous des informations contradictoires. Vous devenez une contradiction, une contradiction vivante. Vous devenez confus. Vous ne savez plus où vous en êtes, vous ne savez plus ce qui est bien et ce qui est mal.

Tout ce que vous pouvez faire, c'est découvrir dans ce fouillis de votre esprit quelque chose qui semble plus valable, plus probable, plus possible que d'autres informations. Mais cela est très provisoire, hypothétique. Aujourd'hui, vous pouvez décider que le christianisme est juste parce que vous en savez plus sur le christianisme que sur le bouddhisme. Demain, vous en saurez plus sur le bouddhisme, et soudain votre christianisme commencera à s'évaporer. Mais votre bouddhisme est également pris au piège. Un jour, vous découvrirez peut-être le jaïnisme, et votre bouddhisme cédera. Ce sont tous des châteaux de sable. Vous ne pouvez pas y vivre.

C'est pourquoi l'homme moderne est devenu très confus : plus de connaissances, plus de confusion.

Le zen insiste sur le fait qu'il faut faire passer l'ensemble de la conscience du savoir à l'être. La question n'est pas de savoir ce que vous savez, mais de savoir ce que vous êtes. La question n'est pas celle de votre mémoire, mais de votre intégrité. La question n'est pas celle de votre esprit, mais celle de votre conscience, de votre éveil.

Un homme peut continuer à réciter de beaux sutras dans son sommeil, cela ne l'aidera en rien. En fait, cela ne l'aidera qu'à s'endormir plus profondément parce qu'il pensera qu'il n'est plus nécessaire de se réveiller.

Rappelez-vous toujours que la dernière ruse de l'esprit est de vous donner l'illusion que vous êtes éveillé. C'est la dernière stratégie. On peut rêver dans un rêve que l'on est éveillé ; alors, toute possibilité de se réveiller est terminée. Il n'est pas nécessaire de se réveiller, on est déjà réveillé. C'est ce dont vous rêvez.

C'est ce qui arrive en fait aux érudits : ils répètent les belles paroles de Bouddha, de Jésus, de Zarathoustra, de Lao Tseu. Mais lorsque Bouddha dit quelque chose, cela a une signification totalement différente, parce que cela vient de son expérience, c'est enraciné dans son être. C'est vivant ! C'est une fleur de rose encore sur le rosier. Le jus des racines continue de couler vers la fleur. Lorsque vous répétez le même sutra, ce n'est qu'une fleur en plastique, parce qu'il n'y a pas d'expérience dans votre être pour la soutenir, la nourrir, l'alimenter. Elle est simplement imposée de l'extérieur.

Le Bouddha ne répétait aucun sutra ancien ; il le disait simplement de sa propre autorité. Et souvenez-vous de la différence : il ne faisait pas autorité. L'érudit fait autorité. Bouddha parlait simplement de sa propre autorité ; il ne fait pas autorité. Tout ce qu'il dit, c'est : "C'est ce que j'ai expérimenté, c'est mon expérience. Que les écritures le confirment ou non n'a aucune importance.

Même si toutes les écritures du monde s'y opposent, cela n'a aucune importance. C'est quand même vrai, parce que je me suis connu moi-même". Il y a là une certaine validité intérieure, une évidence.

Les mots peuvent être de simples mots si vous les répétez et que vous n'êtes pas la source de leur origine. Ils ressemblent exactement à Jésus, Bouddha, Mahomet, mais ce n'est que la surface. Le contenant est le même, mais où est le contenu ? Le contenu vient de l'expérience. Ils sont comme des cadavres. Lorsque vous répétez un sutra, une déclaration extrêmement importante de Bouddha ou de Jésus, vous ne faites que transporter un cadavre ; l'âme n'y est plus. Vous ne portez que la cage ; l'oiseau s'est envolé. La cage peut être belle en elle-même : elle peut être dorée, constellée de diamants, très précieuse. Mais où est l'oiseau vivant, l'oiseau qui peut chanter, l'oiseau qui est en vie ? L'oiseau est mort. Ou peut-être avez-vous placé à l'intérieur un simple jouet qui ressemble à l'oiseau, qui fait même semblant de chanter ; il peut contenir un disque de gramophone caché, mais il n'y a toujours pas de vie.

Un jour, un ivrogne rentrait chez lui après être allé au pub. Avant d'aller au pub, il se dit : "La nuit est très sombre et quand je reviendrai, il sera tard et je serai très ivre, alors il vaut mieux que je prenne une lampe avec moi." Il emporta donc une lampe. Et lorsqu'il tomba presque par terre au milieu de la nuit, il s'aperçut qu'il était temps de rentrer à la maison. Tout le monde était déjà parti. Le propriétaire attend qu'il parte pour fermer le magasin.

Il prit donc sa lampe. Mais il était très perplexe : sur le chemin, il commença à trébucher. Il trébucha sur un buffle, puis sur un âne, puis sur un arbre. Il regarda encore et encore sa lampe : Qu'est-ce qu'il y a ? Il porte la lampe, pourquoi trébuche-t-il ? Finalement, il tomba au bord de la rue.

Le matin, il a été ramené chez lui par des amis.

Au milieu de la journée, le propriétaire du pub est venu et a dit : "S'il vous plaît, rendez-moi ma cage. Au lieu de prendre votre lampe, vous avez emporté mon perroquet !".

Puis il a regardé... Mais quand un homme est ivre, cela doit arriver.

Vous lisez la Bible, mais êtes-vous assez méditatif pour comprendre le message de Jésus ?

Un jour, j'ai été invité par le plus grand établissement d'enseignement supérieur de l'Est qui prépare les missionnaires chrétiens, le Leonard Theological College - un cours de six ans pour préparer les missionnaires. Il a préparé des milliers de missionnaires et, chaque année, des centaines de personnes passent les examens et deviennent missionnaires. Je suis allé jeter un coup d'œil ; le directeur m'a tout montré. Je lui ai demandé : "Enseignez-vous à ces gens une forme de méditation ?"

Il a dit : "La méditation ? Pour quoi faire ? Nous préparons des missionnaires ! Nous leur enseignons la Bible, comment l'interpréter, comment la soutenir par des arguments logiques, par des preuves - parce que le monde devient athée - comment argumenter contre les religions païennes qui ne sont pas de vraies religions, comment prouver que le christianisme est la seule vraie religion et que le Christ est le fils unique de Dieu. La méditation n'est pas nécessaire, ils ont besoin d'érudition. Et ces six années, nous les consacrons à une grande érudition". Et ils avaient une très grande bibliothèque.

J'ai fait le tour, et ils enseignaient toutes sortes de choses - cela avait l'air tellement stupide. Dans une classe, j'ai vu que le professeur enseignait aux futurs missionnaires comment prononcer un sermon : comment se tenir debout, comment faire des gestes avec les mains, où faire une pause, où parler lentement et où crier fort, où il faut frapper sur la table avec son poing pour souligner le point...

J'ai dit au directeur : "Vous préparez des acteurs, pas des missionnaires. Vous ne préparez pas des chrétiens. Pouvez-vous me dire où Jésus a été préparé, dans quel type de collège, quelles leçons il a suivies en matière d'éloquence, où il a appris à prononcer le Sermon sur la Montagne - comment se tenir, comment parler, quels mots mettre en valeur ?"

Le directeur a dit : "Il n'a jamais rien appris".

J'ai dit : "La différence est donc claire. Les paroles qui lui sont parvenues provenaient de son expérience, et ces pauvres gens stupides que vous préparez, ils ne feront que répéter comme des perroquets. Jésus ne sera pas dans leur cœur. Il leur manque l'expérience, ils n'auront pas d'authenticité. Lorsque vous avez quelque chose à dire, l'expérience même trouve sa propre façon de s'exprimer. Lorsque vous avez quelque chose à dire, elle trouve son propre chemin ; elle trouve les mots, les gestes. Mais vous pouvez apprendre les gestes et les mots, cela ne signifie pas que vous trouverez l'expérience. S'il y a expérience, il y a expression, et non l'inverse.

"Vous préparez des perroquets. Vous rendez ces gens encore plus stupides qu'ils ne le seraient venus ici. Et ce qu'ils font est tellement stupide que seules des personnes très médiocres peuvent faire ce genre de choses."

Mais c'est ce qui se passe partout dans le monde.

La religion n'a rien à voir avec les mots ; elle a quelque chose à voir avec la prise de conscience. Lorsque votre cœur est rempli d'une chanson, vous commencez à trouver les mots. Vous commencez à trouver la bonne langue, ou quelle que soit la langue que vous utilisez, elle devient la bonne langue et les mots que vous utilisez deviennent significatifs.

Jésus n'est pas un grand érudit ; il utilise des mots très ordinaires, des mots de tous les jours, le langage des gens ordinaires, de la place du marché, des ouvriers, des fermiers, des jardiniers, des pêcheurs, des bûcherons, des mendiants, des prostituées, des joueurs, des ivrognes. Il n'est pas un érudit, mais personne n'a parlé aussi bien.

Ses mots ont une telle qualité, une telle magie. Oui, on ne peut parler de magie que pour la simple raison qu'ils sont vivants.

Vous ne connaissez le nom d'aucun rabbin ayant participé au complot visant à crucifier Jésus. Tous ces grands érudits ont été oubliés. Et ce jeune homme, le fils d'un charpentier, a encore une importance énorme, pour la simple raison que ses paroles contiennent une part de vérité. Ce ne sont pas seulement des récipients vides ; il y a un contenu.

ZEN DIT : Les mots justes, même les mots justes, entre de mauvaises mains deviennent mauvais, et vice versa.

Même des mots erronés entre de bonnes mains deviennent justes. C'est la magie de la personne, c'est le charisme de l'homme expérimenté et éveillé qui fait que tout ce qu'il touche devient de l'or ; même la poussière devient divine. Dans les mains de ceux qui dorment profondément, même l'or n'est pas de l'or.

C'est quelque chose dont il faut se souvenir. Ensuite, ces petites paraboles commenceront à vous révéler de grands trésors. Nous pouvons utiliser des mots, mais le sens viendra de notre propre expérience.

Un péquenaud traîne son fils protestataire dans une nouvelle école qui vient d'ouvrir ses portes dans une commune voisine. En arrivant à l'école, le père péquenaud demande à l'enseignant : "Quel type d'enseignement enseignez-vous ?"

L'enseignant a répondu : "Eh bien, toutes les matières habituelles. La lecture, l'écriture, l'arithmétique... "

Le père sérieux l'interrompt : "Qu'est-ce que c'est que cette arith... arith... ce que tu as dit ?".

"L'arithmétique, monsieur", répète le professeur. "Je vais donner un cours complet de géométrie, d'algèbre, de trigonométrie..."

"Triggemometry !" s'écrie le péquenaud. "Mince alors ! C'est exactement ce dont mon fils a besoin - c'est le plus mauvais tireur de la famille !"

C'est inévitable. Dès qu'un mot vous parvient, il change immédiatement de sens. Il devient votre mot, il prend votre couleur.

Le professeur demande à sa classe qui a inventé l'ampoule.

Tout le monde crie "Edison", sauf Pierino qui crie "Mon père, mon père".

Le professeur, perplexe, demande : "Ton père, Pierino ? Qu'est-ce que tu veux dire ?"

"Eh bien, répond le petit garçon, tous les soirs au lit, mon père dit à ma mère : "Éteins l'ampoule, et nous en ferons une autre !

Le garçon peut avoir son propre sens, il ne peut avoir que son propre sens. C'est naturel. Vous pouvez entendre de grands mots, mais d'où allez-vous donner un sens à ces mots ?

L'autre jour, Mutribo m'a demandé : "Maître, as-tu entendu parler de la vrillette de Polack ?"

Oui, Mutribo, on l'a trouvé dans une brique ! Un ver à bois Polack, une chose est sûre, ne se trouve pas dans le bois. Un Polack est un Polack ! Et il en va de même pour tout le monde.

En visitant le gibet russe, l'ambassadeur américain a été choqué par les cris horribles des exécutés. Il a immédiatement ordonné qu'une chaise électrique moderne soit livrée des États-Unis, en guise de cadeau du peuple américain.

Quelques mois plus tard, lors d'une nouvelle visite au gibet, il s'alarme en entendant des cris bien pires que ceux qu'il avait entendus lors de sa précédente visite. "Qu'est-ce qui se passe ? demanda-t-il.

Le commissaire dit : "Nous avons reçu la chaise électrique, merci, mais nous n'avons pas d'électricité... nous devons donc utiliser des bougies."

UN MOINE RÉCITAIT LE SUTRA DU DIAMANT.

LE SUTRA DU DIAMANT est certainement l'un des trésors les plus précieux jamais transmis à l'humanité. C'est certainement l'écriture la plus précieuse, d'où le nom de "Sutra du Diamant". Ce nom lui a également été donné parce qu'un diamant coupe tout, et le Sutra du Diamant coupe votre sommeil, vos rêves, vos projections, vos désirs, votre esprit, toute votre stupidité, comme un diamant.

Il va comme une épée à l'intérieur de vous, coupant toutes les couches, coupant tout ce que vous avez accumulé au cours de millions de vies. Il vous permet de retrouver votre noyau le plus profond. Mais il ne s'agit pas de le réciter.

C'est ce que font les bouddhistes depuis vingt-cinq siècles : ils continuent à le réciter. Ils l'ont récité tellement de fois qu'il y a des millions de bouddhistes dans le monde entier qui peuvent réciter tout le Sutra du

Diamant de mémoire. Ils n'ont pas besoin de regarder le livre ; ils peuvent le réciter les yeux fermés. Mais la récitation ne vous aidera pas ; en fait, elle entravera votre progrès, votre croissance, car la récitation est une sorte d'autohypnose. Si vous récitez un certain sutra encore et encore et encore, cela crée un profond sommeil en vous.

L'hypnose vient du mot hypnos ; hypnos signifie sommeil délibéré, sommeil créé. Il a été constaté que si vous répétez un certain mot ou un certain mantra encore et encore, cela vous aide à tomber dans un sommeil profond - un sommeil très rafraîchissant bien sûr, un sommeil rajeunissant bien sûr - mais un sommeil est un sommeil ; ce n'est pas un éveil. Et vous vous sentirez bien : après avoir pratiqué la méditation transcendantale pendant quinze minutes, vous vous sentirez bien. Il n'y a aucun doute à ce sujet, car pendant quinze minutes, l'esprit cesse tout autre type de bavardage, car c'est l'une des lois de l'esprit, qui ne peut répéter qu'une seule chose à la fois. Si vous répétez un certain mantra ou sutra assez rapidement et que vous ne laissez pas d'intervalles entre les répétitions, l'esprit ne peut plus rien faire d'autre. Vous pouvez continuer à répéter "Ram, Ram, Ram..." n'importe quoi. Vous pouvez répéter votre propre nom et cela suffira. Cela n'a rien à voir avec un nom sacré ou un mantra sacré. Il n'est pas nécessaire de l'obtenir de qui que ce soit ; vous pouvez inventer votre propre mantra. N'importe quoi peut faire l'affaire - abracadabra - il suffit de le répéter. L'essentiel est de répéter constamment et rapidement, car si vous faites des pauses, votre esprit commence à bavarder. Si vous dites "Ram..." et que vous faites une pause, pendant cette pause, l'esprit pensera : "Le train passe... quelqu'un pleure... la fourmi rampe sur le pied...". Je me demande quelle heure il est..." et mille et une choses. Mais si vous ne donnez pas de temps, si vous répétez de telle manière qu'un bélier commence à chevaucher un autre bélier, alors cela créera un sommeil très apaisant en vous.

Cela peut se faire par n'importe quel type de répétition, pas seulement celle d'un mot. Vous pouvez suspendre un pendule et regarder le pendule bouger, de droite à gauche, de gauche à droite. En regardant le pendule bouger continuellement, vous vous endormirez rapidement en quelques minutes. Vous tomberez dans un sommeil profond qui sera plus profond que votre sommeil ordinaire, parce que votre sommeil ordinaire continue à avoir des rêves.

Ce sommeil délibérément créé vous emmène plus profondément que le sommeil ordinaire ; même les rêves s'arrêtent.

Et si vous avez répété le mantra pendant de nombreuses années, vous vous endormirez, mais le mantra est devenu presque autonome. Il continuera à se répéter, à se répercuter à l'intérieur de vous, "Ram, Ram" ; vous continuerez à l'entendre. Vous commencez par le répéter ; après quelques mois ou quelques années, vous commencez à entendre le mantra se répéter. Votre mécanisme prend le relais. L'esprit a une partie robotique qui prend toujours les choses en main.

Vous commencez à apprendre à conduire. Il faut d'abord être attentif à tout. Il faut être attentif à l'accélérateur, aux freins, à l'embrayage, à la boîte de vitesses, à la route et aux gens qui passent - et il y a mille et une choses. Et vous tremblez vraiment à l'intérieur, vous vous demandez si vous allez y arriver ou non parce que tant de choses se produisent ensemble, si vous allez réussir à vous souvenir de tout cela. Si vous regardez la route, vous oubliez le frein ; si vous vous concentrez sur le frein, vous oubliez l'accélérateur ; si vous regardez l'accélérateur, vous oubliez la route.

Mais après quelques jours, vous n'aurez plus besoin de vous souvenir de quoi que ce soit. Vous pouvez continuer à chanter une chanson ou à discuter, à parler, à écouter la radio, à fumer ou à faire ce que vous voulez, ou à penser à mille et une choses - et votre partie robotique a pris le dessus. Vous n'aurez plus besoin de votre esprit qu'en cas d'urgence. Si une voiture arrive soudainement devant vous et qu'il s'agit d'une question de vie ou de mort, alors votre esprit interviendra ; vous deviendrez conscient. La partie robot ne peut plus fonctionner parce que vous ne pouvez pas la préparer aux situations d'urgence. Vous ne pouvez pas le préparer aux accidents, il n'a donc aucune idée de la façon de gérer un accident. Ce n'est donc que de temps en temps que votre conscience se manifestera, sinon tout continuera à se dérouler dans l'inconscience.

Cette partie robotique continue à prendre tout ce que vous apprenez. Si vous récitez un mantra ou un sutra pendant des années, la partie robotique l'apprend. Puis vous vous endormez, mais la partie robotique continue à le répéter en votre nom, et vous continuez à penser que vous n'avez pas dormi. Vous avez récité le sutra, comment pouvez-vous dormir ? Vous avez fait votre mantra, comment pouvez-vous dormir ? Et il semble y avoir une certaine logique, un certain raisonnement.

De nombreux méditants transcendantaux m'ont dit : "Vous dites que nous nous endormons, mais nous continuons à répéter le mantra ! C'est vrai. Vous continuez à répéter le mantra parce que maintenant vous n'avez plus besoin d'être là pour répéter le mantra ; c'est la partie robotique de l'esprit qui le répète. La partie robotique continue à faire beaucoup de choses pour vous. Qui fait circuler votre sang ? Vous ? Si vous deviez faire circuler le sang, vous seriez mort depuis longtemps... parce que vous voyez une belle femme passer et que vous oubliez de faire circuler le sang ! Et le temps que tu t'en souviennes, c'est fini ! Qui respire ? Vous ? C'est la partie robot, sinon qui va respirer quand vous êtes endormi ? Même dans le coma, vous continuez à respirer.

Une fois, je suis allé voir une femme qui était dans le coma depuis neuf mois et qui respirait encore, parfaitement. La partie robotique continue à le faire.

Vous serez surpris d'apprendre que la partie robot devient tellement capable de faire des choses que même lorsque vous mourrez, la partie robot continue à faire certaines choses. Que dire du sommeil ? Si vous creusez une tombe un mois ou deux après l'enterrement d'un homme, vous serez surpris : ses cheveux ont poussé, ses ongles ont poussé. Et l'homme est mort ! Qui en est responsable ? Comment ses cheveux et ses ongles ont-ils poussé ? La partie robot est devenue tellement autonome qu'elle n'a pas encore entendu parler de la mort de l'homme. À moins que tout ne se dessèche dans la terre, il continuera, il continuera à faire son travail. C'est une chose mécanique - que vous soyez dans la pièce ou non, votre horloge continuera à fonctionner - tout comme l'horloge !

Vous aurez donc l'impression d'avoir répété, de ne pas avoir dormi - c'est absolument faux.

Vous étiez complètement endormi. Mais la partie robot est en vous ; elle se répète pour que vous puissiez entendre la vibration. Lorsque vous vous endormez, vous l'entendez et lorsque vous sortez du sommeil, vous l'entendez. Vous ne pouvez pas vous souvenir de l'intervalle entre les deux parce que vous étiez endormi, et vous pensez donc que vous avez toujours entendu.

Pendant des siècles, des millions de personnes religieuses se sont trompées elles-mêmes en recourant à l'autohypnose. Quatre-vingt-dix-neuf pour cent de votre religion consiste en l'autohypnose et rien d'autre. Une fois que vous l'aurez abandonnée, vous pourrez découvrir la vraie religion, pas avant.

UN MOINE RÉCITAIT LE SUTRA DU DIAMANT...

La récitation est devenue un tel rituel. Le mot même de "koran" signifie réciter - le mot même de "koran"

signifie réciter, comme s'il ne s'agissait que de réciter. Personne ne cherche à en comprendre le sens.

Je connais de nombreux amis mahométans qui peuvent réciter le Coran sans en connaître exactement le sens ; ils ne se préoccupent pas du sens. Je connais des amis jaïns qui peuvent réciter le Kundkund Samayasar sans en connaître le sens. Et je connais des bouddhistes, moines et nonnes, qui peuvent réciter le Sutra du Diamant, le Sutra du Lotus, sans en connaître le sens. Et même s'ils en connaissent le sens, ce sera faux. Ce sera faux parce qu'ils sont faux. Le sens dépend de leur être. Le sens ne peut être juste que s'ils atteignent la bouddhéité ; il ne peut jamais être juste avant cela.

Le Sutra du Diamant dit, et le moine récitait "... SI L'ON VOIT QUE LES FORMES NE SONT PAS DES FORMES, ON VOIT LE BOUDDHA".

LE CHEMIN DU BOUDDHA est le chemin du neti-neti, de la via negativa, ni ceci ni cela. C'est tout le processus qu'il met en œuvre pour atteindre votre noyau essentiel. Il faut continuer à se débarrasser, à éliminer. Vous devez dire : "Le corps n'est pas moi, je ne suis pas le corps, parce que je peux voir le corps, je peux sentir le corps".

Vous avez été un enfant et vous saviez que votre corps était un corps d'enfant. Puis vous êtes devenu jeune et vous savez que votre corps est devenu jeune. Puis vous êtes devenu vieux et vous savez que votre corps est devenu vieux. Vous avez parfois été malade, parfois en bonne santé, et vous avez ressenti intérieurement la santé, le bien-être, la maladie.

Vous êtes le connaisseur et le connaisseur ne peut jamais être le connu ; c'est l'arithmétique de la via negativa.

L'observateur ne peut pas être l'observé. Ainsi, "Je ne suis pas le corps" - telle doit être la première expérience lorsque l'on pénètre à l'intérieur. Le premier blocage est lié au corps, il faut donc se déconnecter du corps. C'est votre première identité : "Je suis le corps".

Lorsque vous avez faim, vous dites "j'ai faim", mais en réalité, la situation est différente. Vous observez seulement que votre corps a faim, que votre estomac est vide ; c'est votre expérience. Vous n'avez pas faim.

Et lorsque vous mangez et que vous êtes rassasié, c'est également votre expérience. Vous êtes l'observateur ; la nourriture n'entre pas dans la conscience, et la conscience ne devient jamais affamée ou rassasiée, ni assoiffée ou désaltérée. Elle n'est qu'un observateur.

Bouddha a dit : "Observez et déconnectez-vous du corps. Vous n'êtes pas le corps."

Il faut faire de même avec l'esprit. Observez à nouveau : êtes-vous les pensées ? Comment pouvez-vous être les pensées ? Les pensées vont et viennent - et vous restez. Les pensées sont comme des reflets dans un miroir, des nuages qui passent dans le ciel, mais le ciel n'est pas les nuages. Les désirs, les souvenirs, l'imagination, tout cela va et vient. Vous n'êtes pas non plus votre esprit, alors dites : "Je ne suis pas mon esprit".

Et troisièmement, "je ne suis pas non plus mon cœur" - les sentiments, les émotions, qui sont les plus subtils. Alors qui suis-je ? Lorsque vous avez coupé ces trois identités, il ne reste presque rien. Vous avez coupé la racine même de l'ego. Alors vous ne pouvez même pas dire "Je suis", vous pouvez seulement dire "Il y a une certaine amabilité, mais il n'y a pas de moi".

Le "moi" est constitué du corps, de l'esprit et du cœur. Ce sont les trois composantes du corps, de l'ego. Une fois que ces trois éléments sont abandonnés, éliminés, l'ego disparaît. Il n'y a alors que la pure conscience. Le corps est une forme, l'esprit aussi est une forme, et le cœur aussi est une forme. Et l'ego est le tout, le paquet de toutes les formes. Lorsque tout a été enlevé, l'ego devient vide et s'effondre.

C'est pourquoi le Sutra du Diamant dit

"... SI L'ON VOIT QUE LES FORMES NE SONT PAS DES FORMES..."

"Le corps n'est pas mon corps, l'esprit n'est pas mon esprit. Je ne suis ni dans le corps ni dans l'esprit ; ce ne sont que des formes." Et les formes ne sont pas vraies. Les formes ne sont que des formes, des vagues, des phases passagères, comme les rêves.

Les formes ne sont pas des formes. Si l'on réalise cela une fois, on devient le Bouddha, on voit le Bouddha.

La conscience est Bouddha.

Il y a une histoire sur Bouddha que j'ai beaucoup aimée :

Il est assis sous un arbre. Un grand astrologue passe par là. Il a vu les empreintes de Bouddha sur la rive de la rivière, dans le sable. Il vient de pleuvoir, le sable est mouillé et il peut voir très clairement les empreintes des pieds de Bouddha. Il est perplexe, très perplexe. Toute son astrologie est menacée, car il a étudié toute sa vie que ce sont les symboles d'un chakravartin. Chakravartin signifie l'homme qui règne sur le monde entier, l'empereur des six continents. "Qu'est-ce qu'un chakravartin fait ici, dans ce petit village pauvre, au bord de cette rivière ordinaire ? Et marcher pieds nus dans le sable - un chakravartin ? C'est impossible !"

Il a regardé de très près - il a dû regarder à travers sa loupe. Toutes les indications sont si exactes que soit toute son astrologie est fausse, soit un chakravartin a marché pieds nus. Il a suivi les traces de pas de cet homme et a trouvé Bouddha assis sous un arbre juste à côté de la rive. Il est de plus en plus perplexe. Le visage de l'homme ressemble à celui d'un chakravartin - si gracieux, si beau. Il n'a jamais vu une telle splendeur de sa vie. Mais c'est un mendiant, ses vêtements sont ceux d'un mendiant. Et à côté de Bouddha, il y a son bol de mendicité.

Il s'y rendit, se prosterna et demanda au Bouddha : "Puis-je vous demander qui vous êtes, monsieur ? Êtes-vous un dieu descendu du ciel pour une visite spéciale sur terre ?"

Bouddha a répondu : "Non, je ne suis pas un dieu."

"Alors vous êtes un ange ?"

Et Bouddha a dit : "Non, je ne suis pas un ange."

Ainsi, il continue à demander et Bouddha continue à dire : "Non, non, non..." Agacé, il demande : "Au moins, tu répondras oui à cette question. Es-tu un homme ou diras-tu que tu n'es pas un homme ?"

Bouddha a dit : "Moi non plus, je ne suis pas un homme".

Exaspéré, l'homme demande : "Alors qui êtes-vous ?".

Bouddha a dit : "Je ne suis que la conscience. J'ai abandonné toutes les formes parce que les formes ne sont pas des formes... juste des rêves, des fleurs du ciel."

On les voit parfois quand on est près de l'océan : ce sont les fleurs du ciel.

Dans la mythologie indienne, on les appelle les fleurs du ciel. Les physiciens disent qu'il s'agit d'oxygène condensé, car près de l'océan, il y a trop d'oxygène dans l'air, si bien qu'en regardant, on voit parfois des formes bouger dans le ciel.

Bouddha a dit : "Je ne suis que conscience, rien d'autre".

Ce moine récitait ce sutra.

LE MAÎTRE PASSAIT PAR LÀ ET L'A ENTENDU.

LES MAÎTRES UTILISENT TOUJOURS TOUTES LES OPPORTUNITÉS pour aider les gens à se réveiller ; ils ne manquent pas une seule occasion. Le moine devait être son disciple.

LE MAÎTRE PASSAIT PAR LÀ ET L'ENTENDIT. IL DIT ALORS AU MOINE : "TU RÉCITES MAL. VOICI CE QU'IL EN EST : SI L'ON VOIT QUE LES FORMES SONT DES FORMES, ON VOIT LE BOUDDHA".

Or, le Maître dit exactement le contraire du sutra. Le moine récite correctement, le Maître dit mal. Mais le Maître a raison et le moine a tort, car entre les mains d'une personne juste, même les mots erronés deviennent justes, et entre les mains d'une personne fausse, même les mots justes deviennent erronés.

Cela m'est arrivé plusieurs fois. À Sarnath, j'ai été invité par les bouddhistes ; un moine bouddhiste, Bhikshu Jagdeesh Kashyap, m'avait invité. J'ai parlé aux moines bouddhistes. Sarnath est l'endroit où Bouddha a prononcé son premier sermon. J'ai raconté quelques histoires sur Bouddha.

Après mon intervention, Bhikshu Jagdeesh Kashyap, mon hôte, s'est levé et a déclaré : "Nous sommes très reconnaissants.

Personne ne nous a parlé ainsi. Mais les histoires que vous avez racontées ne sont pas exactement celles qui figurent dans les Ecritures ; vous les avez modifiées en de nombreux endroits". C'était un grand érudit, il connaissait toutes les écritures.

Je lui ai dit : "Vous connaissez les écritures, je connais le Bouddha ! Donc, si je dis quelque chose qui n'est pas dans les écritures, vous pouvez l'ajouter dans vos écritures. Si je dis quelque chose qui est différent des écritures, alors vous pouvez corriger vos écritures. Vous ne connaissez que les écritures, je connais le Bouddha".

Il lui dit : "Que voulez-vous dire par connaître Bouddha ? Il est mort depuis vingt-cinq siècles !"

J'ai répondu : "Cela aussi est conforme aux écritures ; sinon, il est vivant en chacun - dès maintenant ! Il est même vivant en vous. Vous n'êtes pas conscient de lui, je suis conscient de lui. Je ne parle pas de Gautam le Bouddha. J'ai fait l'expérience de la conscience, et tout ce que je dis est conforme à mon expérience.

Les histoires doivent se dérouler de cette manière, de la manière dont je les raconte. Si vos écritures disent autre chose, c'est que quelqu'un les a mal rédigées".

Comme il était mon hôte, il ne pouvait pas discuter autant, cela aurait été impoli. Plus tard dans la nuit, il a dit : "Mais c'est trop ! Mais c'est trop ! J'y ai réfléchi toute la journée. Voulez-vous dire que nos écritures, que nous respectons depuis des siècles, sont fausses ?

J'ai répondu : "Je n'ai pas dit cela. Ce que je dis, c'est que vous ne connaissez que les écritures, et que votre connaissance n'est donc pas fiable." Et je lui ai raconté cette histoire, cette histoire de zen :

UN MOINE RÉCITAIT LE SUTRA DU DIAMANT :... SI L'ON VOIT QUE LES FORMES NE SONT PAS DES FORMES, ON VOIT ALORS LE BOUDDHA.

Le moine récitait parfaitement, exactement comme il est dit.

LE MAÎTRE PASSAIT PAR LÀ ET L'ENTENDIT. IL DIT ALORS AU MOINE : "TU RÉCITES MAL. CELA SE PASSE AINSI..."

Il a fait exactement le contraire.

SI L'ON VOIT QUE LES FORMES SONT DES FORMES...".

que le corps est le corps, l'esprit est l'esprit, le cœur est le cœur... alors on voit le Bouddha.

S'EXCLAMA LE MOINE, "CE QUE VOUS AVEZ DIT EST EXACTEMENT LE CONTRAIRE DES PAROLES DU SUTRA !"

Le moine a raison en ce qui concerne le sutra, mais il ne connaît que le sutra ; il n'a pas d'expérience directe de la réalité.

LE MAÎTRE A ALORS RÉPONDU : "COMMENT UN AVEUGLE PEUT-IL LIRE LE SUTRA ?"

Vous êtes aveugle et vous parlez de lumière ! Vous avez peut-être lu des articles sur la lumière, mais que pouvez-vous en dire ? Tout ce que vous direz sera faux.

Ramakrishna racontait sans cesse l'histoire d'un aveugle.

Un aveugle est invité par quelques amis ; il y a un festin. Pour la première fois, il goûta un nouveau bonbon à base de lait. Il demanda à la personne qui était assise à ses côtés - et la personne assise à ses côtés était un grand pundit, un grand érudit - il demanda : "Qu'est-ce que c'est ?"

L'expert dit : "C'est un bonbon au lait".

L'aveugle demanda : "S'il te plaît, parle-moi encore du lait pour que je puisse mieux comprendre le bonbon".

Le journaliste a répondu : "Le lait ? Le lait est blanc."

L'aveugle dit : "Vous créez encore plus de casse-tête pour moi. Je suis un aveugle. Ne me créez pas d'autres énigmes, aidez-moi à comprendre. Qu'est-ce que le blanc ? Qu'entendez-vous par "blanc" ?"

Mais les experts sont bien plus aveugles que les aveugles. L'expert a dit : "Blanc ? Vous ne savez pas ce qui est blanc ? Quel genre de question est-ce là ? Avez-vous déjà vu un cygne ? La couleur du cygne est blanche, c'est ce qu'est le blanc".

L'aveugle dit : "Vous avez l'air ennuyé, mais pardonnez-moi, je suis aveugle. Ne vous fâchez pas, mais vos réponses ont éveillé ma curiosité. Je me demande maintenant ce que vous entendez par 'cygne' ? Je n'ai jamais entendu parler, personne ne m'a jamais parlé du cygne. Comment est un cygne ? De quoi a-t-il l'air ? Et dites-le clairement, sachant parfaitement que je suis aveugle. Pensez d'abord à ma cécité et essayez ensuite de m'expliquer ; en fonction de ma cécité, vous devez illustrer votre propos".

Le journaliste a un peu repris ses esprits. Il a dit : "C'est à l'infini. Quoi que je dise, cet homme va poser une autre question. Il faut en finir !" Il a donc pris la main de l'aveugle, a mis la sienne sur son propre bras et a dit : "Bougez votre main sur mon bras. Sens-tu quelque chose ?"

Il a répondu : "Oui, je sens une main courbée".

La réponse de l'aveugle a réjoui le pitre. Il dit : "Maintenant, tu vas comprendre. C'est ainsi que le cou du cygne est courbé comme cette main."

L'aveugle était fou de joie. Il dit : "Merci, merci beaucoup ! Maintenant, je sais de quoi est fait ce bonbon - une main courbée !"

C'est une conclusion logique. Un aveugle ne peut pas comprendre la couleur, ne peut pas comprendre la blancheur. Il est stupide de le lui expliquer. Il peut réciter des sutras sur la blancheur pendant des vies entières, il ne saura pas ce qu'est la blancheur. Ce dont il a besoin, ce n'est pas de sutras sur la blancheur : ce dont il a besoin, c'est d'un homme qui puisse le réveiller, d'un médecin qui puisse soigner ses yeux, qui puisse lui faire voir.

LE MAÎTRE A ALORS RÉPONDU : "COMMENT UN AVEUGLE PEUT-IL LIRE LE SUTRA ?"

"Vous êtes aveugle. Vous ne savez rien. Je sais aussi, dit le Maître, ce que dit le Sutra.

C'est une façon d'aborder la conscience : via negativa neti-neti - ni ceci ni cela. C'est la voie négative. Il y a une autre voie : via affirmativa iti-iti - ceci aussi, cela aussi. C'est une autre voie. On peut passer par le négatif, on peut passer par le positif. Et la personne qui a atteint ces deux portes les connaît toutes les deux.

La première déclaration concerne la voie négative :

"SI QUELQU'UN VOIT QUE LES FORMES NE SONT PAS DES FORMES, IL VOIT ALORS LE BOUDDHA.

Mais si vous avez vu le Bouddha en vous, si vous êtes parvenu à cette compréhension, vous comprendrez également ma déclaration. Dans ce cas, elle ne la contredit pas, elle ne fait que la compenser ; elle est complémentaire. Il s'agit alors d'une via positiva via affirmativa : "SI L'ON VOIT QUE LES FORMES SONT DES FORMES, ON VOIT LE BOUDDHA."

Mais pour l'aveugle, les deux déclarations paraissent contradictoires ; pour l'homme qui a des yeux, il n'y a aucune contradiction.

Il y a des gens qui trouveront mille et une contradictions dans les paroles de Bouddha, dans les paroles de Jésus, pour la simple raison qu'ils n'ont pas connu cet état de conscience où les opposés se rencontrent, se mêlent, fusionnent et deviennent un, où les opposés ne sont plus opposés mais deviennent complémentaires, où les opposés sont absolument nécessaires à l'existence les uns des autres, où ils ne sont plus des ennemis mais des amis, des partenaires dans une danse. Ceux qui ont connu cela n'ont aucune contradiction.

C'est mon expérience... Depuis vingt-cinq ans que je parle aux gens, à chaque fois, des érudits, des professeurs, des experts et des théologiens m'approchent et me disent : "Vos déclarations sont contradictoires. À un endroit, vous dites une chose, à un autre endroit, vous dites exactement le contraire".

Je leur ai dit : "Ils ne vous paraîtront contradictoires que si vous n'avez pas atteint la conscience. la conscience. Une fois ce sommet atteint, on peut voir tous les chemins qui mènent au même sommet. Le chemin qui vient du nord et le chemin qui vient du sud ne sont pas opposés".

Mais les personnes qui se trouvent dans la vallée, la vallée sombre, diront bien sûr que le chemin qui part du nord et le chemin qui part du sud sont des chemins opposés : ils ne peuvent pas vous mener au même but. Ils se querelleront, se disputeront, se battront et perdront leur temps. Toutes les religions se sont querellées, mais il n'y a pas de querelle entre Bouddha et Lao Tseu, Zarathoustra et Mahomet, Bahauddin et Ramakrishna, Raman et Krishnamurti ; il n'y a pas de querelle. La querelle n'existe qu'entre philosophes. Oui, Bouddha a aussi argumenté contre les fous, mais jamais contre un autre Bouddha. Mahavira a aussi argumenté contre les pseudo-maîtres, mais jamais contre un vrai Maître. Jésus a aussi dit des choses contre les rabbins, les prêtres, mais jamais contre un vrai prophète ; c'est impossible. Ils ont tous le même goût, la même expérience, ils ont connu la même vérité.

C'est la classe du dimanche et le prêtre vante la beauté de l'altruisme et de la générosité. Pierino se lève et dit : "Oui, mon père dit aussi que dans la vie, il faut donner, donner et donner".

Le prêtre est très satisfait et répond : "Votre père doit être un homme pieux et craignant Dieu. Il serait bon qu'il y en ait beaucoup d'autres comme lui. Que fait-il ?"

"C'est un boxeur", répond Pierino.

Manuel quitte le Portugal et se rend au Brésil pour y créer une entreprise. Lorsqu'il est arrivé à Rio, il a consulté son vieil ami, Joaquin, qui lui a conseillé de se lancer dans le commerce des motels, car c'était l'activité la plus rentable à Rio.

Quelques mois plus tard, les deux amis se retrouvent.

"Votre suggestion me conduit à la faillite", se plaint Manuel.

"Comment est-ce possible ? demande Joaquin. "Il n'y a pas de risques dans ce métier. Peut-être que tu as fait quelque chose de mal".

"Non, non ! dit Manuel. "J'ai fait tout ce que tu m'as suggéré. J'ai fait appel au meilleur architecte et au meilleur décorateur d'intérieur. Tout a de l'ambiance et du goût. Tout le motel est conçu dans un style arabe.

C'est très romantique - comme si on campait dans une tente dans le désert. Les lits sont ronds, il y a des miroirs au plafond, de la musique exotique est diffusée et de fins voiles scintillent dans la douce lumière rouge de la lampe".

"Qu'est-ce qui ne va pas alors ? demande l'ami.

"Je ne sais pas", répond Manuel. "Aucun des couples dont vous aviez dit qu'ils viendraient toutes les heures n'est venu. Ce n'est que de temps en temps qu'une famille s'arrête".

"Quel nom avez-vous donné à votre motel ?"

"Motel de Notre Sainte Mère Marie", répond Manuel.

Les gens fonctionnent à partir de leur propre compréhension ; ils ne peuvent pas aller au-delà - on ne peut même pas s'attendre à ce que...

Tom se rend dans une agence de voyage à New York pour réserver ses vacances en Angleterre. La fille au comptoir lui demande : "Voulez-vous louer une voiture pendant votre séjour à Londres ?".

"Oui, pourquoi pas ? répond Tom.

"D'accord, monsieur, mais vous savez qu'en Angleterre, on roule à gauche", lui explique la jeune fille.

Tom est surpris. "Je ne le savais pas, mais les coutumes diffèrent d'un pays à l'autre, alors pourquoi pas ?

Tom quitte joyeusement l'agence de voyage et tout est arrangé.

Deux semaines plus tard, il se traîne dans le bureau de l'agence de voyage, les bras et les jambes dans le plâtre.

"Je veux annuler mon voyage en Angleterre !"

La fille au comptoir veut savoir ce qui lui est arrivé.

Eh bien", explique-t-il, "j'ai pensé qu'avant d'aller en Angleterre, je ferais mieux de m'entraîner à conduire du côté gauche de la rue pendant un certain temps !

Un Brésilien s'est rendu à une fête et s'est beaucoup enivré, au point de s'évanouir sur le chemin du retour. Un petit serpent, qui passait par là, s'est glissé dans son pantalon et s'est confortablement installé dans le bois noir près de son bassin.

Le lendemain matin, il se réveilla, se frotta les yeux et alla faire pipi. En mettant la main dans sa braguette, il en sort le serpent. Surpris, il dit : "Qu'est-ce que c'est, zeezee ? Je savais que tu avais cette petite bouche, mais ces deux petits yeux, je ne m'en souviens pas !".

Deux chats tabby bavardent sur la décharge. L'un d'eux dit : "Qui est le père de tes derniers chatons ?".

L'autre répond : "Le grand et magnifique tomate gingembre du bord du canal. Et vous ?"

"Je ne sais pas qui l'a fait, j'avais la tête dans une boîte à sardines à l'époque.

Trois femmes ont été envoyées chez un psychiatre pour un bilan de santé mentale. Le psychiatre utilise des tests d'association de mots. "Mer bleue, ciel bleu, falaises blanches, sable scintillant, soleil brillant dans le ciel : à quoi pensez-vous ? demanda-t-il à la première femme.

"Oh, un beau tableau", dit la femme. Elle était peintre.

"D'accord, vous pouvez partir, vous êtes sain d'esprit", dit le psychiatre.

La deuxième femme entre dans la pièce. "Mer bleue, ciel bleu, falaises blanches, sable scintillant, soleil brillant dans le ciel - à quoi pensez-vous ? demanda le psychiatre.

"Vacances d'été", dit la femme. Elle était professeur dans une université.

"D'accord, vous pouvez partir, vous êtes sain d'esprit", dit le psychiatre.

La troisième femme est entrée et le psychiatre a répété sa question : "Mer bleue, ciel bleu, falaises blanches, sable scintillant, soleil brillant dans le ciel - à quoi pensez-vous ?"

"Une bite", répond la femme.

"Un con ?" dit le psychiatre. "Qu'est-ce qui vous fait penser à un connard ?"

Je ne pense qu'à ça", dit la femme.

"Vous êtes fou ? demande le psy.

"Non, je ne suis pas folle, je suis juste une religieuse catholique", répond la femme.

Mais on ne peut rien attendre de plus d'une religieuse catholique !

Les gens vivent dans leur propre esprit. Même les nuages blancs, le ciel bleu, le soleil qui brille dans le ciel, ne font pas de différence. Ils ne se souviendront que de ce dont ils peuvent se souvenir.

Vous pouvez lire le Sutra du Diamant, mais vous ne verrez que ce que vous pouvez voir, vous ne comprendrez que ce que vous pouvez comprendre. Le but n'est pas d'en savoir plus, le but est d'être plus. Plus vous êtes intégré, plus vous êtes conscient, plus vous êtes conscient, plus il y a de sutras partout - dans les brins d'herbe, dans les rochers. Oui, des sermons dans les rochers et des écritures dans les arbres. La question est celle de vos yeux. Si vous êtes capable de voir, alors Dieu est partout. Vous n'avez pas besoin d'aller dans une église, un temple ou une mosquée. Si vous avez une vision claire et transparente, vous n'avez pas besoin de lire la Gita, le Dhammapada, le Diamond Sutra, le Coran, la Bible. Ce que vous lirez deviendra le Sutra de diamant, la Bhagavad Gita, le Coran - tout dépend de vous.

C'est pourquoi j'insiste ici pour que vous deveniez plus méditatifs, et non plus informatifs, pour que vous deveniez si méditatifs que vous soyez capables de voir de part en part, de sorte que rien n'entrave votre vision, de sorte qu'il n'y ait plus de barrières entre vous et la réalité. Lorsque la réalité se tient nue devant vous et que vous vous tenez nu devant la réalité, il y a bénédiction, il y a félicité.

C'est pourquoi les moines zen, les maîtres zen ont même dit : "Brûlez les écritures". Non pas qu'ils le veuillent littéralement.

Un maître zen, Ikkyu, séjournait dans un temple. La nuit, il faisait trop froid et le temple possédait trois statues de Bouddha en bois ; il prit donc la plus grande statue et fit un feu à l'intérieur du temple. Le prêtre a été réveillé par le feu et s'est précipité. Il avait un peu peur de cet homme parce qu'il avait l'air un peu excentrique, mais il lui avait permis de rester. Il avait aussi l'air très gentil et bon. Et qu'avait-il fait ?

Le prêtre était furieux. Il lui dit : "Qu'est-ce que vous faites ? Vous avez brûlé le Bouddha !"

Ikkyu prit un petit morceau de bois et commença à chercher dans les cendres. La statue avait presque disparu.

Le prêtre demande : "Que cherchez-vous ?"

Il a dit : "Pour les os du Bouddha !".

Il lui dit : "Vous êtes complètement fou ! Comment une statue de bois peut-elle avoir des os ?"

Ikkyu dit : "Alors la longue nuit est encore là et il fait trop froid, et le bouddha qui est en lui frissonne.

Vous apportez... il y a deux autres statues - vous venez aussi et vous nous laissez nous réchauffer !"

Bien sûr, le prêtre l'a mis à la porte. Cet homme était dangereux ! Il pourrait brûler tous les bouddhas, il pourrait même brûler le temple. Mais Ikkyu montrait quelque chose à cet homme : une statue en bois est une statue en bois ; ce n'est pas Bouddha. Bouddha est en vous. Mais si vous continuez à vénérer une statue de bois, vous resterez dans l'illusion.

Le matin, le prêtre ouvrit les portes du temple et vit Ikkyu assis devant la porte avec quelques fleurs, vénérant la pierre milliaire. Il lui dit : "Tu es vraiment fou, tu me fais pitié !

Hier soir, tu as brûlé ma meilleure statue, et maintenant, que fais-tu ?"

Il disait : Buddham sharanam gachchhami Sangham sharanam gachchhami, Dhammam sharanam gachchhami... et jetait des fleurs sur la borne. "Je vais aux pieds du Bouddha, je vais aux pieds de sa commune, je vais aux pieds du Tao ultime qu'il a enseigné. Et Ikkyu de dire : "Quand j'ai envie de prier, je prie ; alors n'importe quelle excuse suffit. Ce sont des excuses ! Pourquoi avoir des excuses spéciales ? Vos statues sont des excuses ; j'invente mes excuses à tout moment, où que je sois. Je n'ai pas besoin de me préoccuper d'un temple, ni d'une statue. Où que je sois, je crée mes bouddhas.

"Pour l'instant, ce jalon est parfaitement bon. Qu'est-ce qui ne va pas ? Regardez comme elle est belle, avec les fleurs qui la couvrent. Et quand j'ai dit Buddham sharanam gachchhami - je vais aux pieds du Bouddha, il a hoché la tête. Il m'a dit : "Vous êtes accepté, vous êtes béni ! "

Ikkyu montrait à nouveau le même phénomène sous un angle différent. Si vous savez, si vous savez vraiment, alors tout est sacré ; si vous ne savez pas, alors rien n'est sacré, pas même les écritures sacrées. Si vous savez, alors le banal se transforme en sacré. Si vous ne savez pas, alors tout ce qui est sacré n'est que de la poudre aux yeux. Tous vos temples, toutes vos statues et toutes vos écritures ne sont que des inventions, des imaginations, des rêves.

Méditez sur cette histoire :

"COMMENT UN AVEUGLE PEUT-IL LIRE LE SUTRA ?

Découvrez vos yeux. Et il n'y a pas d'autre médecine que la méditation qui puisse aider à ouvrir les yeux. Les mots "médecine" et "méditation" viennent de la même racine ; ils ont le même sens.

La médecine soigne le corps, la méditation soigne l'âme. La médecine soigne la forme extérieure, la méditation soigne l'être essentiel.

C'est une transmission
spéciale

La première question
Question 1 :

MAÎTRE,

JE VAIS PRENDRE LE SANNYAS DANS QUELQUES JOURS. J'AIMERAIS BEAUCOUP QUE VOUS ME DISIEZ QUELQUE CHOSE. J'AI PEUR - IL Y A DES DOUTES - ET JE SENS LE BONHEUR SURGIR.

Evi Huber,

Il est naturel d'avoir peur lorsqu'on s'engage dans quelque chose d'inconnu. Chaque aventure apporte son lot de peurs. Si l'on veut vivre sans peur, on ne peut vivre que dans la tombe. C'est ainsi que beaucoup de gens vivent : ils ne font que paraître en vie. Ils respirent, ils font leur travail, mais ce n'est pas la vie.

La vie ne peut signifier qu'une seule chose : l'aventure constante, le passage du connu à l'inconnu et, enfin, le saut quantique de l'inconnu à l'inconnaissable.

Le sannyas comporte deux étapes : La première consiste à passer du connu à l'inconnu, et la seconde à passer de l'inconnu à l'inconnaissable. Il est naturel d'avoir peur et il n'y a pas de contradiction à ce que vous ressentiez aussi le bonheur ; c'est aussi naturel que la peur. La personne qui vit sans aventure vit sans peur mais aussi sans bonheur. Il vit une vie commode, confortable, douillette, mais ennuyeuse, stupide, dépourvue de sens, sans joie, sans chant, sans danse ; rien ne se produit jamais dans son être, il végète simplement. De la naissance à la mort, il meurt chaque jour, à chaque instant, lentement. Bien sûr, sa mort est si lente qu'il ne peut pas la sentir. C'est une sorte de suicide lent.

Les gens ont choisi ce genre de suicide lent simplement parce qu'ils veulent éviter toute peur. C'est éviter la vie elle-même, et si vous évitez la vie, vous évitez Dieu.

Quelqu'un a demandé un jour à Mark Twain : "Quelles sont, selon vous, les trois meilleures choses de la vie ?"

Avec humour et sarcasme, il a dit : "La première chose à faire est de ne jamais naître. La deuxième meilleure chose est de mourir immédiatement après la naissance. Et la troisième meilleure chose est de mourir le plus tôt possible". Mais son humour est empreint d'une grande vérité. C'est aussi votre logique, c'est la logique de l'esprit moyen, c'est la logique de l'esprit en tant que tel.

L'esprit a très peur de l'inconnu parce qu'il se sent capable de fonctionner dans les limites du connu. L'esprit est synonyme de connaissance. Vous connaissez tous les avantages et les inconvénients, vous savez ce qu'il faut faire et ce qu'il ne faut pas faire. Vous avez emprunté le même chemin tant de fois que vous pouvez maintenant passer les yeux fermés sans craindre de trébucher, de tomber ou de vous égarer. Vous pouvez fonctionner comme un robot. L'esprit n'est constitué que de ce qui est connu. Dès que vous commencez à introduire l'inconnu, le mental s'affole. Il dit : "Non, c'est dangereux. Je ne suis pas d'accord."

N'écoutez pas l'esprit, car l'esprit est synonyme de passé ; il est mort, déjà mort et parti. Il n'existe pas. Il n'est que l'empreinte des événements qui n'existent plus. Le mental ne sait rien du présent, il ne peut rien savoir du présent. Il n'a pas la capacité de communier avec le présent parce que le présent est toujours inconnu. On ne peut pas le réduire au passé. Et la peur du mental est que dès que vous rencontrez le présent, vous devez être spontané, et le mental devient inutile. Le mental doit être mis de côté.

C'est à ce moment-là que la méditation commence à se produire. Rester confiné dans le connu, c'est être dans l'esprit ; permettre à l'inconnu d'entrer dans votre être, c'est le début de la méditation, le début du zen. Le présent ne peut être approché que par le non-esprit. Si vous avez des conclusions, vous êtes encore dans le passé ; les conclusions viennent du passé, les préjugés viennent du passé. Vous devez mettre de côté tout ce que vous avez connu. Vous devez regarder le présent dans un état de non-savoir. L'esprit tremblera

- laissez-le trembler. Laissez-le mourir de tremblement. Ne l'écoutez pas.

L'esprit créera de nombreux doutes. C'est pourquoi, Evi Huber, vous dites... QU'IL Y A DES DOUTES... Il est naturel que l'esprit crée de nombreux doutes. L'esprit dira : "Vous êtes parfaitement heureux, vous êtes parfaitement à l'aise. Pourquoi prenez-vous des risques ? Pour quoi faire ? Vous pouvez perdre même ce que vous avez ; vous pouvez ne rien gagner. Ne prenez pas de risques !" Le mental vous apprend à être calculateur, à être prudent.

Et le sannyas est pour les joueurs, il n'est pas pour les hommes d'affaires, il n'est pas pour les calculateurs, il n'est pas pour les ordinateurs. C'est pour les hommes, les vrais hommes, les hommes authentiques qui sont toujours prêts à relever le défi de l'inconnu, qui sont prêts à s'aventurer sur une mer inexplorée. Il n'y a aucune garantie de l'autre rive ; il ne peut y avoir aucune garantie dans le sannyas.

La religion ne peut fournir aucune garantie. Et dès qu'une religion commence à fournir des garanties, elle n'est plus une religion ; elle devient une partie de certains intérêts acquis ; elle fait partie de l'establishment ; elle perd toute rébellion. Jésus ne peut vous donner aucune garantie ; l'Église chrétienne peut vous donner toutes sortes de garanties. Bouddha n'aurait pu vous donner aucune garantie ; l'Église bouddhiste vous fournit toutes sortes de garanties, ici et dans l'au-delà, même dans l'autre monde.

Les personnes qui suivent sont toujours à la recherche de garanties, consciemment, inconsciemment ; elles attendent certaines indications pour que la vérité soit assurée. "Alors nous pouvons nous lancer dans n'importe quelle aventure - mais ce n'est plus une aventure si elle est garantie.

La félicité ne peut être garantie, la vérité ne peut être garantie, l'extase ne peut être garantie. Oui, on peut dire que cela arrive. L'homme qui l'a goûté peut dire : "Je l'ai goûté et il est possible que vous le goûtiez aussi. Si j'y ai goûté, pourquoi pas vous ?". Mais il n'y a pas de garantie : vous pouvez, vous ne pouvez pas.

Et l'esprit vit de ces doutes. L'esprit dit : "Qui sait ? Cet homme peut être trompeur.

Peut-être qu'il ne trompe pas, mais qu'il est lui-même trompé. Il peut avoir des hallucinations sur l'extase, le samadhi - rêver, croire. Peut-être s'est-il auto-hypnotisé ou peut-être n'est-il qu'un imposteur qui trompe les autres et exploite leur crédulité". L'esprit crée toutes ces questions, des milliers de questions. Dans l'esprit, les questions surgissent comme les feuilles poussent sur les arbres ; l'esprit continue à faire naître de nombreuses questions à chaque instant. Aucune réponse n'est utile ; à partir de chaque réponse, l'esprit crée de nombreuses autres questions.

Il est naturel de ressentir des doutes. S'il n'y a pas de doute, il n'y a pas non plus de croissance. Plus vous êtes rempli de doutes et plus vous continuez le voyage, plus cela fait la différence. La personne stupide, l'imbécile, l'idiot peut ne pas ressentir de doutes, il peut simplement croire, mais il ne part pas à l'aventure ; il ne peut pas comprendre ce qu'est l'aventure. Il est juste accidentel, il est à la merci des vents. Mais la personne intelligente est obligée d'avoir des doutes. Malgré les doutes, il faut aller de l'avant ; c'est ainsi que va la vie. Ais dhammo sanantano - c'est la loi de la vie. En dépit de tous les doutes, il faut aller de l'avant.

Pensez-vous que les personnes qui tentaient d'atteindre l'Everest n'étaient pas pleines de doutes ? Depuis cent ans, combien de personnes ont essayé et combien ont perdu la vie ? Savez-vous combien de personnes ne sont jamais revenues ? Même leurs cadavres ne sont pas revenus ; ils se sont perdus, perdus à jamais. Mais, malgré tout, quelques personnes courageuses ont continué, encore et encore.

Il faut noter ce fait : aucun Indien n'a jamais essayé. Ce pays a perdu l'esprit d'accepter les défis. C'est pourquoi ce pays a vécu en esclavage pendant deux mille ans, et ce n'est toujours pas une grande liberté, parce que la liberté ne peut pas être seulement politique ; elle doit fondamentalement être spirituelle. Et ce pays n'est pas spirituellement libre.

Mais les gens ont continué à venir du monde entier, en prenant des risques, en sachant qu'ils ne reviendraient peut-être jamais, qu'ils seraient peut-être perdus. Mais cela en vaut la peine, car dans le risque même, quelque chose naît en vous : le centre. Il ne naît que dans le risque. C'est la beauté du risque, le don du risque.

Les gens qui allaient sur la lune, pensez-vous qu'ils étaient certains de l'atteindre ? Pensez-vous qu'ils étaient certains de pouvoir revenir avec leurs familles, leurs enfants, leurs femmes, leurs parents ? Rien n'est certain. En fait, il y a plus de chances que quelque chose se passe mal.

L'un des dictons les plus célèbres de Murphy est le suivant :

Si quelque chose peut mal tourner, c'est que cela va mal tourner.

Des millions de choses auraient pu mal tourner, car c'était la première fois que l'on tentait d'atteindre la lune. Quelques secondes de différence et ils manquent la lune ; ils peuvent être perdus à jamais dans l'espace. Nous ne saurons peut-être même pas s'ils sont vivants ou morts.

Aujourd'hui, on cherche à aller de plus en plus loin ; tôt ou tard, l'homme essaiera d'atteindre les étoiles.

Le voyage sera long, mais il vaut la peine d'être entrepris, de prendre des risques. Ce sera un voyage très étrange, car selon Albert Einstein, lorsque vous vous déplacez à cette vitesse, vous ne vieillissez pas, vous gardez exactement le même âge - le temps s'arrête. Lorsque vous vous déplacez à la vitesse de la lumière... et elle est énorme, cent quatre-vingt-six mille miles par seconde, alors seulement nous pourrons atteindre les étoiles. Il faut quatre ans pour atteindre l'étoile la plus proche à cette vitesse et quatre ans pour en revenir ; c'est l'étoile la plus proche. L'étoile suivante mettra soixante ans pour aller et soixante ans pour revenir ; et puis l'univers est infini - il y a des millions d'étoiles qui prendront des millions d'années pour aller et venir. Mais les gens vont essayer un jour ; les préparatifs sont en cours, des plans sont élaborés.

La personne qui part en voyage pour une si longue période, lorsqu'elle reviendra, sa femme ressemblera à sa mère - et il restera le même. S'il avait quitté la terre à l'âge de quarante ans, il restera quarante ans. C'est l'un des miracles de la vitesse : on ne vieillit pas. Ses parents seraient morts, ses enfants seraient devenus exactement comme lui, à l'âge de quarante ans. Sa femme peut avoir quatre-vingts ans, être très vieille, méconnaissable. C'est un risque ! Mais c'est ainsi que l'esprit de l'homme grandit.

Et ce sont des aventures extérieures, rien à voir avec l'aventure intérieure du sannyas, de la méditation, du zen, parce que lorsque vous allez vers l'intérieur, vous allez seul, absolument seul ; personne ne peut vous accompagner. Vous perdez tout contact avec le monde extérieur : plus vous vous enfoncez, plus le monde extérieur commence à disparaître. Au centre même de votre être, le monde disparaît comme un rêve.

Ce n'est pas seulement une philosophie : les mystiques ont qualifié le monde d'illusoire, de maya, de rêve, fait de la même matière que celle dont sont faits les rêves. C'est une expérience, une expérience existentielle. Ils en ont fait l'expérience. Au moment où vous atteignez le centre même de votre être, le monde entier disparaît : les gens, les montagnes, les étoiles, ils commencent à reculer et un moment vient où ils ne sont plus là Il y a une immensité infinie, le néant.

Et lorsque le monde disparaît, rappelez-vous que vous, en tant qu'ego, disparaissez également, car vous ne pouvez exister qu'en relation avec les autres. Je/tu est une paire : le "je" ne peut exister sans le "tu". Les psychologues disent que le "tu" vient d'abord à l'existence et qu'ensuite vient le "je" ; le "je" est ajouté plus tard. L'enfant prend d'abord conscience des autres - la mère, le père, les autres enfants. Il prend d'abord conscience du "tu", et lentement, il commence à sentir que "je suis séparé".

Au début, les jeunes enfants s'adressent à eux-mêmes à la troisième personne. Par exemple, un enfant dira : "Johnny a faim". Il a faim - il s'appelle Johnny - et il dit : "Johnny a faim". Il n'est pas encore assez conscient pour dire "J'ai faim". Même à propos de lui-même, il pense comme s'il était quelqu'un d'autre. En se regardant dans un miroir, un petit enfant ne reconnaît pas que c'est son visage ; il pense qu'il s'agit d'un autre enfant. Il essaie d'attraper l'enfant. S'il n'y parvient pas, il essaie de se cacher derrière le miroir : "Peut-être se cache-t-il derrière le miroir". Très lentement, au fur et à mesure que le "tu" se précise, il prend conscience du "je".

La même chose se produit à l'inverse lorsque l'on passe à la méditation. D'abord, le "tu" disparaît et ensuite, lentement, le "je" perd toute signification. Naturellement, on a peur, on doute. C'est un voyage dangereux, le plus dangereux qui soit, mais avec une extase extraordinaire. Chaque instant est rempli d'extase, d'excitation, de surprises et de surprises, de mystères et de mystères.

La personne courageuse n'est pas celle qui n'a pas peur - seuls les idiots n'ont pas peur - la personne courageuse est celle qui a peur mais qui, malgré la peur, poursuit le voyage, malgré la peur, poursuit l'enquête sur l'inconnu. Et l'inconnu n'est qu'un processus d'apprentissage, car il faut finalement faire le saut quantique de l'inconnu à l'inconnaissable. L'inconnu n'est pas si risqué, ne l'oubliez pas.

Evi Huber, l'inconnu est ce qui peut devenir connu, il n'est donc pas opposé au connu, il est réductible au connu, il peut être transformé en connu. L'esprit a des doutes, des craintes, mais pas tant de craintes, pas tant de doutes que lorsque vient le moment de sauter dans l'inconnaissable, parce que l'inconnaissable ne peut pas être réduit au connu. "Inconnaissable" signifie qu'il restera inconnaissable ; sa nature même est l'inconnaissabilité.

Dieu est inconnaissable, pas inconnu.

La science ne croit qu'en deux catégories : le connu et l'inconnu. La religion croit en trois catégories : le connu, l'inconnu et l'inconnaissable. Si la science a raison, nous aurons tôt ou tard réduit tout l'inconnu au connu - et la science se suicidera - il n'y aura plus besoin de science. Parce que chaque jour, le territoire de l'inconnu est de plus en plus occupé par le connu - des choses qui étaient inconnues hier sont devenues connues aujourd'hui, des choses qui sont inconnues aujourd'hui seront connues demain - tôt ou tard, quel que soit le temps que cela prendra, mais tout l'inconnu sera réduit au connu. C'est pourquoi la science pense qu'il n'y a pas besoin de religion - la science suffit.

Mais si vous interrogez les plus grands scientifiques dans leurs rares moments de révélation, leurs déclarations sont totalement différentes. Juste avant de mourir, deux jours avant, Albert Einstein a déclaré : "L'univers est devenu plus mystérieux pour moi qu'il ne l'a jamais été avant que je ne commence à m'interroger à son sujet. J'en sais moins aujourd'hui que ce que je pensais auparavant."

Eddington, un autre grand scientifique, a écrit dans son autobiographie : "Lorsque j'ai commencé ma carrière scientifique, j'étais totalement matérialiste. J'ai été élevé dans une atmosphère matérialiste. On m'a dit que seule la matière existait et j'ai cru que seule la matière existait. Mais aujourd'hui, avant de mourir, je veux qu'il soit consigné que l'existence ressemble davantage à une pensée qu'à une chose. Plus j'ai essayé de comprendre, plus j'ai ressenti le mystère de tout cela".

Il y a quelque chose dans l'existence qui est irréductible au connu, qui n'est pas inconnu mais inconnaissable. Le sannyas est un voyage du connu à l'inconnu et de l'inconnu à l'inconnaissable.

Vous dites :

JE VAIS PRENDRE LE SANNYAS DANS QUELQUES JOURS. J'AIMERAIS BEAUCOUP QUE VOUS ME DISIEZ QUELQUE CHOSE. J'AI PEUR - IL Y A DES DOUTES - ET JE SENS LE BONHEUR SURGIR.

Écoutez votre bonheur, suivez votre bonheur. Il vous donne toujours la bonne indication. Si un homme écoute son bonheur, il ne peut jamais se tromper. Le bonheur est simplement une indication que vous vous rapprochez de la vérité, que vous vous rapprochez de l'harmonie de l'existence. Même le désir de s'en rapprocher libère en vous des sources cachées de joie. Et dès que vous êtes en harmonie avec elle, votre vie devient une pure extase.

Ne vous laissez pas arrêter par vos doutes, vos incertitudes et vos peurs. Tout le monde y est confronté et plus on est intelligent, plus on y est confronté. Mais la véritable intelligence, c'est d'être capable de sauter le pas malgré tout.

La deuxième question

Question 2 :

MAÎTRE, QU'EST-CE QUE L'AVIDITÉ ?

Sahajo,

L'homme se sent insignifiant, vide, creux à l'intérieur, et veut le remplir, l'étoffer. L'effort pour le remplir d'une manière ou d'une autre est l'avidité. Cet effort est voué à l'échec pour la simple raison que tout ce que vous accumulez reste à l'extérieur ; il ne peut pas vous atteindre à l'intérieur. Le problème est à l'intérieur et la solution que vous cherchez est à l'extérieur.

Par exemple, vous vous sentez vide de sens à l'intérieur de vous et vous essayez de le combler par de l'argent. C'est un effort stupide, inconscient, qui ne tient pas compte d'un point très simple : l'argent peut être rassemblé, accumulé, mais il s'accumulera autour de vous. Vous pouvez avoir des montagnes d'argent autour de vous... il y a eu des gens qui avaient des montagnes d'argent.

Andrew Carnegia était l'un des hommes les plus riches du monde. Il a laissé des trésors inestimables, mais au moment de mourir, son biographe lui a demandé : "Meurs-tu satisfait ?".

Il a ouvert les yeux et a dit : "Non, je suis un homme très mécontent. Toute ma vie a été un échec.

Je meurs insatisfait".

Le biographe est surpris. Il lui dit : "Mais vous avez tant d'argent ! Peut-être que personne d'autre n'a autant d'argent que vous. Pourquoi ne seriez-vous pas satisfait et comblé ?"

Andrew Carnegie rit et dit : "Oui, la même logique a détruit toute ma vie. Je me disais aussi que si je pouvais avoir autant d'argent, tout irait bien. L'argent est là, et j'ai perdu ma vie à accumuler toute cette camelote, mais à l'intérieur je suis aussi vide que jamais, en fait beaucoup plus vide que jamais, parce que quand j'étais pauvre..." Il est né pauvre. Il n'a pas hérité de l'argent, il l'a gagné lui-même. Il a travaillé dur, dix-huit heures par jour ; même les mendiants ne travaillent pas aussi dur. Il était la cupidité incarnée. Toute sa vie est l'histoire de la cupidité.

Et son expérience est significative car il dit : "Quand j'étais pauvre, j'avais au moins l'espoir qu'un jour je deviendrais riche et que tout irait bien. Aujourd'hui, j'ai même perdu cet espoir, car je suis riche et ma pauvreté reste la même".

La cupidité est l'effort de l'homme inintelligent pour donner un sens à sa vie. Mais souvenez-vous de l'accent que j'ai mis :

l'effort d'un homme inintelligent. Aucun changement quantitatif ne peut réellement transformer votre vie. Vous pouvez avoir des millions de dollars ou des billions de dollars, cela ne changera rien. Il ne s'agit que de regarder dans la direction de la quantité.

Ce dont vous avez vraiment besoin, c'est d'une transformation qualitative de votre être. Vous avez besoin que votre vie devienne pleine de lumière. Vous avez besoin d'une certaine richesse intérieure ; la richesse extérieure ne vous aidera pas. En fait, elle vous rendra plus conscient de votre pauvreté intérieure. Et si vous avez un million de dollars et que rien ne s'est passé, comment pouvez-vous espérer qu'avec deux millions de dollars, cela va se produire ? Si un million de dollars ne vous a rien donné, deux millions de dollars ne vous donneront rien. Si un million de dollars vous a apporté une joie intérieure, une splendeur intérieure, alors bien sûr, deux millions de dollars vous apporteront le double, ils deviendront plus nombreux. Mais les gens n'y pensent jamais. Ils continuent à se précipiter presque inconsciemment, à demander la même chose encore et encore, toujours plus.

L'avidité est le désir d'en avoir plus sans en voir la totale futilité. Si moins ne vous apporte rien.

alors ce n'est pas en continuant à faire la même chose que l'on y parviendra.

Lors de son vol matinal dans la forêt, un ange rencontre un nain polonais. L'ange lui dit : "Nain, je t'accorde deux souhaits. Quel que soit ton désir, dis-le-moi et il sera exaucé."

Le nain Polack se gratte la tête, ce qui l'aide à réfléchir, et dit avec un grand sourire : "Eh bien, si c'est le cas, je ne serais pas contre une bonne bière bien fraîche".

Une énorme chope de bière apparaît immédiatement devant lui. L'ange dit : "C'est une chope enchantée. Tu ne pourras jamais la vider. La bière en coulera toujours. Tu seras ivre, mais tu n'en seras jamais malade. Il suffit d'y goûter pour ne jamais l'oublier. Elle étanchera toute ta soif et tu y boiras toujours."

Le nain Polack est satisfait. Il boit une gorgée, se lèche les lèvres et se sent très satisfait de lui-même.

L'ange regarde le nain et lui dit : "Il te reste encore un souhait."

"Vraiment ?" s'exclame-t-il. "Eh bien, je ne serais pas contre une autre bière, comme celle-ci."

L'avidité est une stupidité, Sahajo, une stupidité totale. L'homme avide ne fonctionne pas de manière intelligente. La personne intelligente peut le voir, mais quel est son besoin ? Son besoin fondamental est de savoir en premier lieu "Qui suis-je ? - car si je ne sais pas qui je suis, tout ce que je ferai sera erroné ; cela ne me comblera pas. Une fois que je sais exactement qui je suis, tout ce que je fais va accroître ma richesse, mes trésors, ma félicité, ma bénédiction, parce que j'agirai alors conformément à ma nature".

Être enraciné dans sa nature, c'est connaître la félicité. Si vous ne connaissez pas votre nature, si vous ne connaissez pas votre être intérieur, vous ne pouvez que vous égarer. Tout ce que vous faites n'est que devinettes, tout ce que vous faites n'est qu'imitation des autres. Les gens veulent de l'argent, alors vous voulez de l'argent. Les gens veulent de grandes maisons, alors vous voulez de grandes maisons. Les gens veulent ceci, alors vous voulez cela. Vous ne faites qu'imiter les autres, et seule une personne stupide imite les autres.

La personne intelligente n'est jamais imitative. Il essaie d'abord de trouver "quelle est ma nature". Il n'imite jamais, il ne suit jamais les autres. Il écoute sa voix intérieure.

La première chose à faire est d'être si silencieux, si méditatif que vous pouvez écouter votre propre voix intérieure.

C'est une petite voix très calme, mais une fois que vous l'écoutez, elle vous dirige et vous ne vous égarez jamais.

Il était une fois un Portugais très pauvre qui ne possédait qu'une charrette et un âne. Les choses allant très mal, il décida de demander conseil à un ami plus riche.

"Manuel, lui dit son ami, la solution est de vendre l'âne. Tu économiseras ainsi l'argent que tu consacres à nourrir l'âne et tu pourras tirer la charrette toi-même. Tu verras, tu pourras faire tout ce que fait l'âne".

Manuel suit son conseil et vend son âne. Quelques semaines plus tard, alors qu'il tirait la charrette, il rencontra son riche ami.

"Tu vois, Manuel, lui dit son ami, je t'avais dit que tu pouvais faire tout ce que l'âne faisait !

"Je peux presque tout faire, Antonio, répondit Manuel, sauf une chose : je ne peux toujours pas chier en marchant !

Et c'est ce que les gens font tout le temps, en imitant les autres. Et ils ont toujours des problèmes parce qu'ils ne peuvent pas faire ceci ou cela. Quelqu'un fait cela, ils en sont incapables et se sentent inférieurs. Le monde entier souffre de complexes d'infériorité d'une manière ou d'une autre, pour la simple raison que nous continuons à comparer.

En fait, chacun est tellement unique que toute comparaison est erronée, totalement erronée. Mais vous ne connaissez pas votre unicité. Vous n'avez jamais pénétré dans votre propre être, vous ne vous êtes jamais rencontré, vous n'avez jamais regardé dans cette direction. Vous ne pouvez que vous sentir inférieur. Même les plus grands personnages de votre histoire, ceux que vous qualifiez de très grands, se sentent tous inférieurs d'une manière ou d'une autre, peut-être de différentes manières, mais personne ne peut vraiment se sentir supérieur - il lui manquerait quelque chose. Il n'est peut-être pas aussi beau qu'un autre, il n'est peut-être pas en aussi bonne santé qu'un autre, il n'est peut-être pas un aussi grand musicien qu'un autre. Il peut être président d'un pays, mais lorsqu'il s'agit de chanter, un mendiant peut lui donner un sentiment d'infériorité. Il peut être président d'un pays, mais ne pas être très riche. Il y a des milliers d'autres personnes qui sont bien plus riches.

La vie est faite de millions de choses et si vous comparez constamment... et c'est ce qu'on vous a dit de faire. Vous avez été élevés d'une telle manière, éduqués d'une manière si stupide que vous êtes constamment en train de comparer. Quelqu'un est plus grand que vous, quelqu'un est plus beau que vous, quelqu'un semble plus intelligent que vous, quelqu'un semble plus vertueux, plus religieux, plus méditatif. Et vous êtes toujours dans un état d'infériorité, de souffrance.

Regardez en vous et vous ferez l'expérience d'une grande unicité. Et toute infériorité disparaît, s'évapore ; elle a été créée par vous et par une mauvaise éducation, elle a été créée par une stratégie subtile - la stratégie de la comparaison. Une fois que vous connaissez votre singularité, vous êtes heureux et il n'est plus nécessaire de suivre qui que ce soit. Apprenez de tout le monde. Une personne intelligente apprend même des idiots, car il y a peu de choses que l'on ne peut apprendre que des idiots, parce qu'ils sont experts en idiotie. Au moins, en les regardant, en les observant, vous pouvez éviter certaines choses dans votre vie.

On peut apprendre de tout le monde, non seulement de l'homme, mais aussi des animaux, des arbres, des nuages, des rivières. Mais il n'est pas question d'imiter. On ne peut pas devenir une rivière, mais on peut apprendre certaines qualités qui ressemblent à celles d'une rivière : l'écoulement, le laisser-aller. On peut apprendre quelque chose d'une fleur de rose. Vous ne pouvez pas devenir une fleur de rose, vous n'en avez pas besoin, mais vous pouvez apprendre quelque chose de la fleur de rose. Vous voyez la fleur de rose si délicate et pourtant si forte dans le vent, sous la pluie, au soleil. Le soir venu, elle aura disparu, mais elle ne s'en préoccupe pas, elle se réjouit de l'instant présent. La fleur de rose peut vous apprendre à vivre dans l'instant présent. En ce moment, la fleur de rose danse dans le vent, sous la pluie, sans peur, sans souci de l'avenir. Le soir venu, ses pétales se faneront, mais qui se soucie du soir ? L'instant présent est tout et cette danse est tout ce qu'il y a.

Apprenez quelque chose de la rose. Apprenez quelque chose de l'oiseau qui vole : le courage - le courage d'aller vers l'illimité. Apprenez de toutes les sources, mais n'imitez pas. Mais cela n'est possible que si l'on a trouvé le bon espace pour commencer, à savoir la connaissance de soi.

Alors, Sahajo, l'avidité disparaît. L'avidité est une méconnaissance de soi. L'avidité est due au fait que vous n'avez jamais regardé en vous, que vous vous sentez vide et que vous faites toutes sortes d'efforts pour combler ce vide. Ce vide ne peut être comblé. Faites-en l'expérience et vous serez surpris : ce vide ne semble vide que de l'extérieur ; quand vous y pénétrez, c'est une plénitude à part entière. Il n'est pas vide du tout ; il est vaste, il est infini. Il a une immense beauté de silence, de pureté. Vous ne le verrez plus comme un vide au sens négatif du terme ; vous commencerez à y ressentir un bien-être positif. C'est de l'espace, pas du vide. C'est de l'espace, pas du vide.

Et c'est là le message du zen : faire l'expérience du vide si totalement que le vide lui-même devient plénitude. Alors, toute avidité disparaît, et c'est la seule façon dont elle disparaît ; il n'y en a pas d'autre.

La troisième question

Question 3 :

MAÎTRE,

LES DIFFÉRENTES RACES D'HOMMES NE SONT-ELLES PAS RÉELLEMENT ET FONDAMENTALEMENT DIFFÉRENTES ?

Prageeto,

L'HOMME EST ESSENTIELLEMENT LE MÊME - mais essentiellement, intrinsèquement, au centre. Sur le pourtour, il n'est pas le même, et il existe des millions de variétés. En fait, il ne s'agit pas de races différentes - il n'y a pas deux individus qui se ressemblent, comment l'humanité entière pourrait-elle se ressembler ? Les gens ont vécu dans des climats différents, dans des situations différentes, face à des défis différents ; bien sûr, ils ont développé des circonférences différentes, des esprits différents. En ce qui concerne l'esprit, les gens sont différents, et chaque race a un certain type d'esprit.

Mais la différence n'est que dans l'esprit et l'esprit n'est pas très substantiel ; c'est une ombre. Votre ombre est différente de la mienne, mais la différence n'est que de l'ordre de l'ombre. En fait, mon ombre n'est pas la même toute la journée : le matin elle est différente, le soir elle est différente, l'après-midi elle est différente.

J'ai entendu parler d'un renard :

Le renard est sorti de son trou tôt le matin. Le soleil se levait à peine, et le renard vit son ombre, une très longue ombre. Et, bien sûr, comment se reconnaître ? - Par ses ombres. Les renards n'utilisent pas de miroir, mais c'est la même chose. Vous le faites d'une manière plus technologique : vous utilisez le miroir ou vous utilisez les yeux d'autres personnes comme miroir, leurs opinions. C'est ainsi que vous créez votre identité. Les renards sont des gens pauvres, simples, primitifs, pas très sophistiqués, cultivés et éduqués.

Le renard vit son ombre, une très longue ombre, dans le soleil matinal. Et bien sûr, il pensa : "Mon Dieu, je suis donc si grand ! Il semble que j'aurai besoin, sinon d'un éléphant, du moins d'un chameau pour le petit déjeuner !" Et en regardant l'ombre, il avait parfaitement raison. Et il partit à la recherche d'un chameau ou d'un éléphant pour le petit déjeuner, mais le pauvre renard ne trouva ni éléphant ni chameau.

Il est midi et il a très faim - il n'a pas pris de petit déjeuner. Et l'heure du déjeuner approche et il n'y a même pas de petit déjeuner ! Il regarda à nouveau son ombre et fut très surpris :

"Qu'est-ce qui s'est passé ?" Puis il a ajouté : "Bien sûr, sans petit-déjeuner, cela va se produire !".

L'ombre était si petite, juste en dessous de lui, qu'il pensa : "Mon Dieu, je suis très proche de la mort, semble-t-il. Si je ne trouve pas quelque chose immédiatement, je vais mourir ! Et maintenant, plus besoin d'éléphant ou de chameau - même si je peux trouver une grosse fourmi, cela suffira - au moins pour le petit déjeuner !"

Votre ombre change ; même votre propre ombre n'est jamais la même. Chaque race a sa propre ombre.

En d'autres termes, chaque race a sa propre histoire. En d'autres termes, chaque race a son propre esprit - le passé. Bien sûr, le passé des Juifs n'est pas celui des Hindous. Comment peuvent-ils avoir le même type d'esprit ? C'est impossible. Le passé des chrétiens n'est pas celui des jaïns. Comment peuvent-ils avoir le même type d'esprit ? C'est impossible.

Mais ces différences ne concernent que la circonférence, rappelez-vous ; au centre, la conscience est la même. Que votre peau soit noire ou blanche, jaune ou rouge, cela n'a pas d'importance. Ce n'est qu'une question de quelques pigments de couleur ; cela ne vaut pas grand-chose non plus. En fait, entre un Noir et un homme très très blanc, la différence ne tient qu'à un petit pigment de couleur, qui ne vaut que quatre annas, pas plus. Et n'oubliez pas que le Noir a quatre annas de pigment de plus que l'homme blanc ; il est beaucoup plus riche, il n'est pas plus pauvre de ce point de vue. L'homme blanc est plus pauvre de ce point de vue. Mais la différence de peau et de couleur n'est pas la différence de conscience.

L'humanité entière n'a besoin que d'un seul type de méditation, car la méditation appartient à l'état de non-esprit ; ce n'est pas une question d'esprit. Il existe de nombreuses moralités dans le monde, c'est inévitable, car des esprits différents ont des moralités différentes. On peut discuter à l'infini, il n'y aura rien de concluant au sujet des moralités.

En Inde, il y a des Jaïns qui croient au végétarisme absolu. Je suis née dans une famille jaïn. Dans mon enfance, même les tomates n'entraient pas dans la maison à cause de leur couleur - elles ressemblent à de la viande.

En fait, je ne sais pas si elles ressemblent exactement à de la viande ou non, parce que je n'ai jamais vu de viande ; même pas maintenant, je n'ai pas encore vu de viande. L'idée que la viande doit être rouge et que les pauvres tomates sont également rouges... Ma grand-mère était très opposée aux pauvres tomates. Je n'avais pas mangé de tomates jusqu'à l'âge de dix-huit ans, et lorsque j'en ai mangé pour la première fois, j'ai immédiatement vomi. Je ne pouvais pas l'absorber, je devais la jeter, car elle était si répugnante.

Maintenant, je sais qu'il n'y a pas de problème. Je peux manger la tomate Michael très facilement - il n'y a pas de problème ! Mais c'était un certain esprit.

Une fois, un chrétien quaker a séjourné chez moi... et les Jaïns pensent qu'ils sont le peuple le plus végétarien au monde ; ils devraient oublier tout cela. Je pensais aussi auparavant que les Jaïns étaient le peuple le plus végétarien. J'ai demandé au quaker - c'était un missionnaire quaker - ce qu'il aimerait :

lait, café, thé ?

Il a dit : "Du lait ? Un homme comme toi boit du lait ?!"

Il avait l'air si perplexe. Je n'en croyais pas mes yeux - qu'est-ce qui ne va pas avec le lait ? Je lui ai demandé : "Qu'est-ce qui te prend ? Y a-t-il quelque chose qui ne va pas avec le lait ?"

Il a répondu : "Bien sûr ! C'est un produit animal. Nous, les quakers, n'utilisons aucun produit d'origine animale. C'est comme la nourriture non végétarienne. Que vous buviez du sang ou du lait, c'est la même chose - les deux proviennent du corps."

Et il y a une certaine raison, une certaine logique à cela. En Inde, tous les végétariens pensent que le lait est la nourriture la plus pure, la plus sattvique - la plus pure, la plus spirituelle. Il y a des gens, des saints, qui sont célèbres pour la simple raison qu'ils ne boivent que du lait et rien d'autre ; ils ne mangent rien.

Et ils sont vénérés - pour cette raison, parce que leur sacrifice est grand. Or, selon les quakers, ce sont des pécheurs et ils iront en enfer.

Les morales sont forcément différentes parce qu'elles sont issues de l'esprit. Une seule chose peut unir l'humanité entière, c'est la méditation. Une seule chose peut faire de la terre entière une famille, et c'est la méditation. Toutes les autres religions se sont disputées et continueront à se disputer ; elles ont divisé l'humanité. Il y a trois cents religions dans le monde, et ce sont les plus importantes ; il y a de petites sectes et sous-sectes. Si vous les comptez toutes, vous arriverez à environ trente mille - mais trois cents divisions au sein de l'humanité.

Aucun chrétien ne croit que quelqu'un d'autre que les chrétiens puisse jamais entrer au paradis. Le dernier jour du jugement, on fera le tri entre les chrétiens et les non-chrétiens. Il en va de même pour les jaïns, les hindous et les mahométans. Tout le monde sera trié.

Les mahométans iront au paradis et les non-mahométans, les kafirs, iront en enfer. Les hindous ont bien sûr un droit de naissance, ils sont le peuple le plus religieux, le plus sacré de la planète. Il en va de même pour les juifs, le peuple élu de Dieu ; personne n'a été choisi par Dieu à l'exception des juifs. Ce sont toutes des idées égoïstes.

Mais sur le pourtour, les gens diffèrent. Dans leurs philosophies, dans leurs idéologies, dans leurs moralités, dans leurs esprits, ils sont forcément différents. Mais en ce qui concerne le noyau essentiel, ils ne font qu'un.

Et j'insiste ici sur le noyau essentiel. Ici, personne n'est hindou, mahométan ou chrétien. Mes sannyasins ne sont pas une nouvelle religion, mes sannyasins sont seulement religieux. C'est une religion sans religion. Il s'agit d'une sorte de religiosité, pas d'une idéologie, pas d'une morale, mais d'une méditation. C'est du zen pur : la transmission spéciale au-delà des écritures, au-delà des mots, au-delà des esprits.

Et je ne suis pas opposé à la diversité des personnes. Je ne dis pas que tout le monde devrait devenir exactement pareil ; ce serait une terre très ennuyeuse, une situation très ennuyeuse. Les gens doivent rester différents. S'ils reconnaissent l'unité essentielle, il n'y a pas de problème. La variété est alors magnifique.

Le seigneur anglais franchit la porte de son château et dit à James, son majordome : "James, claque la porte pour moi - j'ai eu une dispute avec

Milady !

Un touriste américain visite l'Allemagne de l'Ouest. Avant de rentrer chez lui, il décide de visiter le quartier rouge de Munich.

Après avoir goûté aux plaisirs de l'une des blondes plantureuses du quartier rouge, il est reparti immédiatement, sans payer d'argent.

"Et les marques ? s'écrie la prostituée.

"Oh oui, dix sur dix ! Dix sur dix !", répond-il.

Un Irlandais a acheté à sa petite amie un magnifique bouquet de roses. En recevant son cadeau, elle le prit par la main, le conduisit dans sa chambre, puis elle se déshabilla et s'allongea nue sur le lit.

"C'est pour les roses", dit-elle de manière sexy.

"Ne soyez pas stupide", a-t-il répondu, "elles dureront plus longtemps dans un vase".

Un Noir entre dans un restaurant qui vient d'être obligé par la loi de servir des personnes de couleur. Il est le seul Noir dans la salle. Tous les autres clients le regardent avec indignation.

Le serveur s'approche donc de lui avec la carte des vins. "Qu'est-ce que vous voulez ?

Le Noir, regardant autour de lui avant de répondre, dit à haute voix : "Donnez-moi un blanc, sec !".

En Inde, un prisonnier est conduit à la potence lorsqu'une tempête se déchaîne.

Le prisonnier dit à son escorte : "Sale temps !".

Le bourreau le regarde en silence pendant un moment, puis lui dit : "Tu as de la chance, mon pote, je dois rentrer dedans !".

Un Allemand, montant dans un train, s'adresse au contrôleur, lui remet son billet et demande qu'on lui indique sa place. Le conducteur s'exécute.

Peu de temps après, le passager allemand s'adresse à nouveau au chef de train et demande une place près de la fenêtre. On lui répond : "Pas de problème. Si vous voulez vous asseoir près de la fenêtre, il vous suffit de demander à la personne assise près de la fenêtre de changer de place avec vous."

"Oui, oui", dit l'Allemand. "C'est très bien, mais vous voyez, il n'y a personne assis à la fenêtre !"

Un gynécologue est perplexe. Ces derniers jours, il avait reçu cinq clientes qui s'étaient fait tatouer la lettre "W" sur le ventre. Avec l'arrivée du sixième cas, le médecin n'a pas pu retenir sa curiosité et a interrogé la dame à ce sujet.

"Eh bien, doc, répondit-elle, il y a un navire américain au port en ce moment. À bord, il y a ce merveilleux marin appelé William qui a ses initiales tatouées sur le ventre. Il a utilisé un procédé moderne de tatouage qui laisse une marque si elle touche quelque chose d'autre - comme du papier buvard".

Le médecin a été très impressionné, à la fois par la forme originale du tatouage et par la performance manifestement brillante de William.

Lorsque la dame suivante est arrivée avec la marque, il a dit : "Ah, je vois par cette marque que vous avez rencontré un marin américain appelé William !"

"Non, doc", lui répond-on avec surprise. "J'ai eu une liaison avec un marin dont le tatouage laisse des traces, mais il est français et s'appelle Maurice !

Un Brésilien, assis dans le compartiment restaurant du train, mangeait lentement son repas, lorsqu'une Anglaise et ses deux fils se sont assis à sa table. Pendant qu'ils commandaient, le Brésilien a terminé son repas, s'est curé les dents, a étiré ses jambes et a fait une grosse éructation.

La dame est choquée et s'exclame : "Avez-vous l'habitude de faire ces choses devant vos fils ?".

Le Brésilien a répondu : "Oi, donna, dans ma maison, nous n'avons pas de règles. Parfois ils rotent, parfois je rote".

Le Polack demande à sa petite amie de se battre, mais celle-ci lui répond qu'elle ne veut pas parce qu'elle ne se sent pas bien.

"Comment ça, tu ne te sens pas bien ?" dit-il.

"Vous savez", dit-elle, "j'ai ma période du mois".

"Comment ça, la période du mois ?" dit-il.

"Tu sais", dit-elle, "j'ai mes règles".

Qu'est-ce que tu veux dire par "point" ?

"Vous savez", dit-elle, "je saigne ici". Et elle ouvre son pantalon pour le lui montrer.

"Jésus, dit-il, il n'est pas étonnant que tu saignes ! Ils t'ont coupé la queue !".

Le couple grec nouvellement marié est profondément enlacé. Tout en l'embrassant et en la caressant, il murmure : "Mon amour, maintenant je vais le mettre là où personne ne l'a jamais fait !".

D'une voix effrayée, elle s'écrie : "Oh non ! Dans mes oreilles... jamais !".

Et le dernier :

Une inspectrice de la santé, après avoir vérifié les conditions sanitaires de la boulangerie Boccala, a convoqué le propriétaire.

"Ecoutez, se plaint-elle, l'un des boulangers là-bas jette la pâte contre son torse nu pour l'aplatir pour les pizzas !

"Ce n'est pas si mal", dit Boccala, "tu aurais dû être là hier quand il a fait les beignets".

La quatrième question

Question 4 :

MAÎTRE, JE SUIS HEUREUX COMME JE SUIS. JE SUIS UN HOMME TRÈS AMBITIEUX ET JE NE VEUX PAS ÊTRE ILLUMINÉ. S'IL TE PLAÎT, BÉNIS-MOI POUR QUE JE PUISSE RÉALISER MES RÊVES. TOUT EST POSSIBLE PAR VOTRE GRÂCE.

Sunderlal,

CE N'EST PAS LE BON ENDROIT POUR VOUS. Vous êtes tombé dans une mauvaise compagnie. D'abord, vous dites :

JE SUIS HEUREUX COMME JE SUIS.

Un homme heureux n'est jamais ambitieux. Il n'est pas nécessaire qu'il soit heureux s'il est ambitieux, ou s'il est heureux, il n'est pas nécessaire qu'il soit ambitieux. Ces deux choses ne peuvent exister ensemble. Si vous êtes heureux, l'ambition disparaît ; si vous êtes ambitieux, vous êtes malheureux. Ce n'est que dans la misère que l'ambition grandit.

L'ambition signifie simplement que vous n'êtes pas satisfait de votre situation actuelle.

Quels sont les rêves que vous voulez réaliser ? Cela signifie que la réalité dans laquelle vous vivez ne vous satisfait pas, qu'elle n'est pas suffisante ; vous voulez quelque chose de plus. Seul un esprit malheureux veut quelque chose de plus. L'idée même du "plus" est issue de la misère. Mais vous semblez être très inconscient de votre misère, ou peut-être très rusé. Vous ne voulez pas la reconnaître, vous ne voulez pas l'avouer. Vous dites :

JE SUIS HEUREUX COMME JE SUIS.

Cela n'est possible que si vous êtes éclairé. Et la personne éclairée n'a plus de rêves à réaliser ; elle en a fini avec les rêves. Non pas que tous ses rêves soient réalisés, mais il a appris que les rêves sont des rêves et qu'ils ne peuvent pas être réalisés. Il a compris la futilité totale de tous les rêves, de tous les songes. Il est éveillé ; les rêves ne peuvent exister que dans le sommeil.

Mais si vous êtes heureux dans votre misère, alors je ne vous dérangerai pas du tout. C'est votre vie, c'est à vous d'en décider. Si vous la voulez telle qu'elle est, restez comme vous êtes. Pourquoi êtes-vous venu ici ?

Un jour, dans un lointain pays hivernal, vivait un jeune moineau rebelle. Lorsque la fin de l'automne approcha et que les autres moineaux s'apprêtèrent à s'envoler vers le soleil, le jeune moineau décida de ne pas les suivre.

Bientôt, l'hiver arrive et le petit moineau a de plus en plus froid. Finalement, il décida de s'envoler vers le sud, sachant qu'il mourrait de froid s'il restait là où il était.

Il faisait si froid que de la glace se forma sur ses ailes pendant qu'il volait, et il tomba frappé sur la terre et atterrit dans une cour de ferme.

Une vache qui passait dans la cour a chié sur le petit moineau. Le moineau pensait qu'il allait suffoquer, mais au lieu de cela, il fut réchauffé et revint à la vie. Ainsi, au chaud, heureux et capable de respirer, le jeune oiseau se mit à chanter.

Un chat de passage, entendant le chant joyeux, a nettoyé la bouse de vache, a vu l'oiseau heureux et l'a mangé.

Il y a trois morales dans cette histoire :

Premièrement : Toute personne qui vous chie dessus n'est pas nécessairement votre ennemi.

Deuxièmement : toute personne qui vous sort de la merde n'est pas nécessairement votre ami.

Et troisièmement : si vous êtes heureux et au chaud dans un tas de merde, fermez votre grande gueule.

Pourquoi cette question ? Tais-toi ! Sinon, il y a du danger... il y a beaucoup de chats éclairés par ici ! Vous dites :

JE SUIS HEUREUX COMME JE SUIS.

Vraiment ? Je n'ai jamais entendu parler d'une telle chose ! Bouddha peut le dire, Mahavira peut le dire, Zarathoustra peut le dire, mais alors ils ne demanderont pas d'autres choses que vous demandez. Ils ne diront pas qu'ils sont ambitieux, très ambitieux. Vous avez peur de l'illumination parce que vous avez compris que si vous voulez être illuminé, vous devez abandonner votre ambition. C'est un obstacle. L'ambition est synonyme d'ego. L'ambition est synonyme d'efforts continus pour magnifier votre ego, pour le gonfler, pour le rendre de plus en plus grand. C'est pourquoi vous avez peur de l'illumination.

Mais vous êtes venus ici pour être bénis. C'est ainsi que le génie indien s'est détérioré. Vous venez voir un religieux en Inde pour être béni, pour réaliser vos rêves. Et il existe en Inde des personnes dites spirituelles qui béniront vos rêves stupides et vous donneront l'espoir qu'ils se réaliseront. Vous vous êtes habitués à toutes ces absurdités. Ni vous, ni eux ne sont religieux. S'ils sont religieux, ils détruiront tous vos rêves, parce qu'une personne religieuse n'a qu'un seul travail à faire : détruire vos rêves. C'est la seule façon dont il peut vous aider, c'est la seule façon dont il peut être une bénédiction pour vous.

Je ne peux pas bénir vos rêves. Je peux vous bénir, mais pas vos rêves. Et je peux vous bénir pour que vous puissiez être éveillés, pour que vous puissiez sortir de vos rêves.

Cette ambition, Sunderlal, est une pure stupidité. C'est de la singerie. Chez les singes, on a découvert qu'il existe une hiérarchie. Il y a toujours un singe en chef - le président ou le premier ministre - le plus rusé, le plus dangereux, le plus destructeur, le plus violent, le plus sanguinaire ; il devient le chef, il domine tout le monde. Si vous allez dans un arbre où plusieurs singes sont assis, vous pouvez voir leur hiérarchie. Le singe le plus haut placé est sur la branche la plus haute, puis en dessous de lui se trouvent les gens qui espèrent qu'il mourra, qui espèrent qu'il deviendra trop vieux pour pouvoir prendre le pouvoir, et ainsi de suite. Au bas de l'échelle, on trouve de jeunes singes qui apprennent comment atteindre un statut de plus en plus élevé.

Le singe le plus haut placé aura beaucoup plus de femelles, évidemment ; les plus belles femelles lui appartiendront. Il aura le premier droit de faire l'amour avec n'importe quelle femelle, puis d'autres pourront être autorisées, mais là encore, une hiérarchie s'impose.

Si Darwin n'avait pas découvert que l'homme était issu des singes, la politique aurait suffi à démontrer que l'homme devait être issu des singes.

Vous avez un esprit politique. Un esprit ambitieux signifie un esprit politique - saisir, s'agripper, s'accrocher pour en avoir toujours plus, en essayant toujours d'atteindre le sommet. Et il n'y a rien au-delà du sommet ; vous avez simplement l'air stupide en restant assis là. Mais comme il n'y a nulle part où aller, il faut s'arrêter. Seuls les Polacks ont une chose qui est très belle : sur les échelles des Polacks, sur le dernier échelon, il y a une petite note - "STOP" - parce que les Polacks peuvent continuer encore et encore.

Un homme a dû subir une ablation chirurgicale des testicules, et tout ce qui était disponible pour le remplacer était une paire de couilles de singe.

Quelque temps plus tard, lorsque sa femme a donné naissance à leur premier enfant, il a demandé à l'infirmière si c'était un garçon ou une fille.

"Je ne sais pas", répond-elle. "On n'arrive pas à enlever ce bâtard poilu du plafond !"

Que ferez-vous même si vous atteignez le plafond ? Tu auras l'air idiot !

Essayez de comprendre que tous vos rêves ne sont au fond qu'une fuite de vous-même. Vous dites que vous êtes heureux, mais vous ne l'êtes pas. Vous essayez de vous échapper à vous-même dans vos rêves, dans vos ambitions.

L'homme heureux est détendu, il est dans le laisser-aller, il est dans le repos. Il n'est pas intéressé par le fait de devenir quelqu'un d'autre, il n'est pas intéressé par le fait d'être ailleurs - il n'est pas du tout intéressé par l'avenir. Son présent est une telle joie, son moment est une telle extase, qu'il n'a pas à se préoccuper de l'avenir. Le lendemain n'existe que pour les misérables, parce que les misérables vivent dans l'espoir. Sa vie est tellement pleine de misère que la seule façon de la supporter est de continuer à garder espoir, en espérant que demain les choses seront différentes.

S'il vous plaît, lorsque vous êtes ici, soyez au moins honnête et sincère. Je ne souhaite pas que vous deveniez éclairé - personne ne peut vous l'imposer - mais ne continuez pas à vous faire croire que vous êtes heureux. Ce n'est pas le cas.

Et bientôt, tous vos rêves vous épuiseront, vous fatigueront, vous ennuieront. Et souvenez-vous d'une chose : il est très difficile de les réaliser. Même avec toutes les bénédictions de tous vos soi-disant saints, ils ne peuvent être réalisés ; ils sont intrinsèquement irréalisables. En fin de compte, vous n'aurez que la frustration entre les mains. Et si, par hasard, par pure coïncidence, un rêve se réalise, vous serez encore plus frustrés et épuisés que s'il ne s'était pas réalisé, parce qu'une fois qu'il se sera réalisé, vous verrez la futilité de tout cela.

Sa majesté le lion, roi de la jungle, fait une promenade matinale. Sur son chemin, il rencontre Charlie, le singe, en proie à un profond désespoir, les larmes aux yeux.

"Qu'est-ce qu'il y a, Charlie mon ami ? demande le lion avec tendresse.

"Oh, mon roi, pleure Charlie. "Je suis tombé amoureux d'Alexandra, la belle girafe, mais les autorités ne nous autorisent pas à nous marier, pour des raisons de discrimination raciale. Je vous en prie, mon roi, accordez-nous ce mariage. Je ne peux pas vivre sans elle."

Sentant la vérité de son amour, le roi autorise ce mariage exceptionnel.

Quelques semaines plus tard, le roi rencontre Charlie lors de sa promenade matinale. Charlie a tellement maigri qu'il tient à peine sur ses jambes tremblantes. Le roi est surpris. "Charlie, mon ami, que se passe-t-il ?

"Eh bien, tu vois, mon roi", répond Charlie en balançant ses bras de singe, "l'amour circule toujours entre Alexandra et moi, mais c'est très difficile, tu sais, courir pour embrasser, courir pour baiser, courir pour embrasser, courir pour baiser... !".

Même si vos rêves se réalisent, vous serez très épuisé, très fatigué. Et je ne suis pas non plus un magicien.

Vous dites :

TOUT EST POSSIBLE PAR TA GRÂCE.

N'essayez pas de me corrompre de quelque manière que ce soit - on ne peut pas me corrompre. N'espérez pas qu'en me louant, vous obtiendrez mes bénédictions. Je ne peux vous bénir que pour l'illumination, et rien d'autre ne peut bénéficier de mon soutien de quelque manière que ce soit, parce que je sais que ce n'est que si vous devenez plein de lumière que votre vie aura un sens, une vérité, une joie, une célébration, une danse.

Et n'oubliez pas que je ne suis pas un magicien. Vous devriez aller voir Satya Sai Baba ou des gens comme lui, des gens qui prétendent faire des miracles. Mais n'oubliez jamais que ces miracles peuvent parfois aller jusqu'à l'autre extrême. L'esprit passe toujours d'un extrême à l'autre ; il ne s'arrête jamais au milieu. S'il s'arrête au milieu, il devient éclairé. Il passe d'un extrême à l'autre.

Le pauvre veut être riche, le riche veut être pauvre. Les gens demandent continuellement le contraire. Le contraire semble attrayant parce qu'il vous est inconnu. Quels sont vos rêves ? Ce doivent être des contraires, des choses que vous n'avez pas vécues ; et vous en avez envie, tout en pensant que d'autres jouissent de toutes ces choses. Personne ne profite de quoi que ce soit dans le monde - je n'ai pas rencontré une seule personne qui profite de quoi que ce soit. Il n'y a que quelques rares personnes - que l'on peut compter sur les doigts - qui jouissent, mais elles ne jouissent pas de quoi que ce soit. Elles jouissent de leur être, de leur conscience. Et c'est ce que signifie l'illumination.

Un homme venait de se marier avec une belle jeune fille. Il voulait lui faire l'amour, mais il avait une queue très courte et il est allé voir un magicien. Le magicien lui donna une pilule et lui dit : "Chaque fois que quelqu'un dira 'Pardonnez-moi', la bite grandira d'un centimètre."

Il a donc essayé. Il a traversé des foules en disant : "Pardonnez-moi, pardonnez-moi, pardonnez-moi", et le magicien avait raison - le miracle se produisait. Il était fou de joie.

Il rentra bientôt chez lui et s'apprêtait à faire l'amour à sa belle jeune fille lorsque quelqu'un entra dans la chambre. "Pardonnez-moi, s'exclame l'intrus. Pardonnez-moi ! s'exclame l'intrus. "Mille fois pardon !"

Pensez à cet homme... Maintenant, l'homme a disparu. Il est maintenant à la recherche d'un autre magicien qui pourrait l'aider.

Oubliez ces magiciens, ils sont bons pour les histoires. Dans la vie réelle, il n'y a qu'une seule magie, celle de l'éveil. Il n'y a qu'un seul miracle : le miracle du retour à la maison. Et cela est possible, et je suis prêt à vous bénir et à vous aider. Je peux vous tenir la main et vous conduire vers cette ultime félicité. Mais ne demande pas d'autres choses stupides.

Mais c'est un problème constant. Les Indiens continuent à m'écrire : "Si nous prenons le sannyas, cela nous aidera-t-il à devenir prospères ? Est-ce que cela nous aidera à avoir plus de succès dans la vie ?" Ce ne sont pas des personnes qui peuvent m'appartenir, et je ne suis pas la personne qui peut avoir une quelconque communion avec ce genre de personnes frustrées et ambitieuses. Et ce sont ces personnes qui se croient religieuses.

Mais il y a des soi-disant saints - Muktanandas et Akandanandas - qui continuent à les bénir pour n'importe quelle stupidité. Vous demandez et ils sont prêts à vous bénir.

Je ne peux vous bénir que pour une seule chose, absolument une seule, et c'est l'illumination. Et vous dites que vous n'êtes pas intéressé par l'illumination, alors vous ne m'intéressez pas non plus. Ce qui m'intéresse, ce sont les personnes qui souhaitent s'illuminer. Cet endroit leur appartient, toute mon énergie leur appartient. Ils sont mon peuple. Les autres ne devraient pas s'en préoccuper, ne devraient pas prendre la peine de venir ici.

235